中国经济
文库
应用经济学精品系列

中国经济文库·应用经济学精品系列（二）

丁　继
于萨日娜 ◎著

农户生计视角下农牧交错带农牧系统耦合研究

——以内蒙古科左后旗为例

Coupling of Agro-pastoral Systems in Agro-pastoral Ecotone from the Perspective of Household Livelihood

中国经济出版社
CHINA ECONOMIC PUBLISHING HOUSE
北 京

图书在版编目（CIP）数据

农户生计视角下农牧交错带农牧系统耦合研究：以内蒙古科左后旗为例／丁继，于萨日娜著．—北京：中国经济出版社，2021.8

ISBN 978-7-5136-6545-2

Ⅰ.①农… Ⅱ.①丁… ②于… Ⅲ.①农牧交错带-研究-内蒙古 Ⅳ.①F323

中国版本图书馆 CIP 数据核字（2021）第 140648 号

责任编辑　耿　园
责任印制　巢新强
封面设计　华子图文

出版发行　中国经济出版社
印 刷 者　北京九州迅驰传媒文化有限公司
经 销 者　各地新华书店
开　　本　710mm×1000mm　1/16
印　　张　18.25
字　　数　288 千字
版　　次　2021 年 8 月第 1 版
印　　次　2021 年 8 月第 1 次
定　　价　78.00 元
广告经营许可证　京西工商广字第 8179 号

中国经济出版社 **网址** www.economyph.com **社址** 北京市东城区安定门外大街 58 号 **邮编** 100011

本版图书如存在印装质量问题，请与本社销售中心联系调换（联系电话：010-57512564）

序 言

产业振兴是乡村振兴的物质基础。乡村产业振兴，就是要形成绿色安全、优质高效的乡村产业体系，为农民持续增收提供坚实的产业支撑。农民既是乡村产业振兴的主体，也是乡村产业振兴的受益者，因此，必须通过实施乡村振兴战略把亿万农民群众的积极性、主动性、创造性调动起来。

生计是民生之本，关注农户生计是乡村振兴发展的需要。转变农户生计策略、提高农户生计水平，是解决“三农”问题的核心。确保生计安全基础上的农民自我发展，符合“以人为本”和可持续发展的科学理念。因此，从农户生计视角出发研究农牧系统耦合发展是实现乡村振兴的微观基础，对于农户家庭和乡村产业振兴的发展具有重要的意义。

位于内蒙古农牧交错带地区的科尔沁左翼后旗，有发展农牧业循环经济的天然优势，但长期以来，受传统种植养殖模式等因素的影响，农牧业经济发展水平不高，严重制约了地区经济社会发展、农民收入水平提高和生态环境改善。因此，从农户生计视角出发研究农牧业系统耦合发展，对于农牧交错带地区农业和农村的发展与稳定，对于全面建成小康社会，具有理论和现实意义。

科尔沁左翼后旗的发展实践证明，内蒙古农牧交错带蕴藏着巨大的发展潜力，也为我国农业经济理论研究者从事农牧交错带农户生计和农牧业产业融合问题研究提供了一个很好的研究案例。丁继同志于 2017 年进入中央民族大学经济学院攻读博士学位。进入学院后，经过与我商讨，确定将农牧交错带科尔沁左翼后旗的农牧业耦合问题作为学位论文的选题。而且，丁继本人也是科尔沁左翼后旗人，对地区环境较熟悉，这非常有利于他从理论上，以农户生计视角为切入点对农牧系统耦合做出系统分析与研究。今天，丁继同志的这一研究成果能够与读者见面和分享，我倍感欣慰！

本书在作者博士论文的基础上，运用可持续生计分析框架，以系统耦合理论为支撑，系统研究了地区农户生计的客观现实、内在要素评价和农户分类描述三个方面，并在此基础上，提出了农户生计对农牧系统耦合的影响因素，建立了促进农牧系统耦合的实践路径；梳理影响农户生计的主要因素和指标，提出了提高农户生计能力的对策建议。该书是从农户微观视角对农牧交错带农牧系统耦合发展进行新视角、新方法研究的尝试，其前瞻性的观点和有针对性的对策建议对乡村振兴发展具有指导作用。但同时，该书也存在着疏漏之处，还请各位读者批评指正。

随着乡村振兴战略的实施，农户生计风险不确定性增加。从农户生计视角研究农牧系统耦合问题将成为新的研究热点。本书的出版可谓适逢其时，它的学术价值和实践指导作用值得肯定。作者是我的学生，是我所熟悉的善于思考、勇于实践的青年学者，希望他在今后的研究中有更新的见解与大家分享。

樊胜岳

2020 年 9 月于中央民族大学

前　言

乡村振兴是习近平总书记于2017年10月18日在党的十九大报告中提出的重大发展战略。2018年2月4日，中共中央、国务院印发2018年中央一号文件，即《中共中央　国务院关于实施乡村振兴战略的意见》。2018年3月5日，国务院总理李克强在作政府工作报告时提到，大力实施乡村振兴战略。“三农”问题是关系国计民生的根本性问题，产业兴旺是实现乡村振兴的基石。发展现代农业是产业兴旺最重要的内容，其重点是通过产品、技术、制度、组织和管理创新，提高良种化、机械化、科技化、信息化、标准化、制度化和组织化水平，推动农业、林业、牧业、渔业和农产品加工业转型升级。一方面，要大力发展以新型职业农民、适度经营规模、作业外包服务和绿色农业为主要内容的现代农业；另一方面，要推进农村一、二、三产业融合发展，促进农业产业链延伸，为农民创造更多就业和增收机会。

新中国成立特别是改革开放以来，内蒙古“三农三牧”发展取得了较大成就，农牧业生产条件逐步改善，生产能力不断增强，农牧业质量效益稳中向好，农牧民生活水平显著提高，农村牧区面貌焕然一新。然而，内蒙古“三农三牧”仍然存在发展不平衡不充分的诸多问题与挑战，还存在一些急需补齐的短板。因此，要以习近平新时代中国特色社会主义思想为遵循，有效贯彻落实《中共中央　国务院关于抓好“三农”领域重点工作确保如期实现全面小康的意见》文件精神，立足内蒙古的客观实际，在乡村振兴战略及其规划的总体框架下，加快补齐“三农三牧”领域存在的短板与不足，走出一条生态优先、绿色高质量的“三农三牧”发展振兴之路。

内蒙古农牧交错带分布于我国“三北”地区，是我国北方农牧交错带的重要组成部分，也是内蒙古自治区农业生产比较集中的地区。长期以来，该地区生态环境比较脆弱，农牧业产业化程度低，农户生计单一且脆弱。最根本的原因在于这一地区长期处于传统农业发展阶段，农村经济发展落后，农民收入水平低。该地区不像江南、东部地区那样具有工商业发展优势，但我们也应该看到该地区的发展潜力和农牧业资源优势。近些年，部分地区采取农牧耦合的发展方式，农业经营效益较好。由此看来，利用当地的资源禀赋条件完全可以改变农业发展水平低、农村发展落后、农民收入水平低的状况，解决问题的关键在于调整农牧业产业结构、改变农户生计策略行为。而农户生计策略行为的选择直接关系到农牧民增收、农牧业经济高质量发展，以及乡村振兴战略的全面实施和实现。

本书以内蒙古农牧交错带科尔沁左翼后旗（以下简称“科左后旗”）为研究个案，系统地分析了地区农牧系统耦合的机理。科左后旗隶属于内蒙古自治区通辽市，位于北方农牧交错带，是半湿润农区向半干旱、干旱牧区过渡的半农半牧区，农用耕地与牧业草地交错分布，种植业与牧业并存。农耕区种植业生产力低下，粮食作物生产自然条件不稳定、水分和热量条件较差，多旱灾、风灾和霜冻，但饲草料资源丰富、品种齐全，草食牲畜处于匮乏状态；在草原畜牧区，牲畜数量大大超过最适宜的载畜量，当务之急是减少牲畜头数和分布密度，才能在草地禁牧的基础上使草地资源得到合理利用，尤其是冬春季节的禁牧舍饲，是草地生态恢复的关键途径。目前科左后旗种植业和家畜自繁自育的生产模式没有使农牧业之间、农区与牧区之间得到很好的结合，这种生产模式不能解决上述农耕区和草原畜牧区存在的根本问题。因此，如何实现农牧系统耦合是值得深入研究的课题。

已有农牧系统耦合的研究多数从宏观视角进行，鲜有研究将农户生计微观因素综合起来分析农牧系统耦合。事实上，农牧系统耦合同时受到宏观和微观等多种因素的综合影响，如果将宏观、微观影响因素分开进行研究，有可能导致研究结论解释力的不足。因此，本书从农户生计视角出发，提出用农户生计资本、生计策略来分析农牧系统耦合影响因素的分析方法，全面分析调研地农户的五种生计资本、农户的生计策略、家庭收入特征以及科左后旗经济发展水平等构成要素对农牧系统耦合的影响机理。这将有助于我们厘清影响农牧系统耦合的制约因素，以便提出农牧系统耦合的实践途径和政策措施。另外，促进农牧系统耦合对于促进地区生态保护、农牧民增收和社会经济可持续发展更具有重要战略意义。

本书按照“理论奠基—规范分析—实证分析—实践路径—政策措施”的逻辑进行章节安排。首先，通过对可持续生计资本和系统耦合理论进行阐述，提出从农户生计角度分析科左后旗农牧系统耦合的重要性，然后通过定性和定量的研究方法分析科左后旗农户生计资本的现状和农牧系统耦合的现状；其次，进行实证考察，在对现状分析和调研数据进行描述性统计的基础上，分析农户生计对农牧系统耦合的影响和制约因素；最后，提出农牧系统耦合的实践途径和政策建议。

为更好地研究科左后旗农牧系统耦合，本书以村、乡镇、旗为区域单元，从农户生计现状、农牧系统耦合现状和农户生计对农牧系统耦合的影响等三种发展状态开展农牧系统耦合研究，并结合农牧系统耦合发展的制约因素，根据农户的不同类型，进行农牧系统耦合发展路径的综合布局，并从五大生计资本角度提出促进科左后旗农牧系统耦合的政策建议，最终形成如下研究内容。

一、农户生计资本测量

从调查区域的五大生计资本单项测量值看，自然资本值最高的是阿古拉镇，测量值为 0.5552；物质资本值、金融资本值和人力资本值最高的是甘旗卡镇，测量值分别为 0.7000、0.6496、0.5335；社会资本值最高的是茂道吐苏木，测量值为 0.5180。从生计资本综合测量值情况看，甘旗卡镇第一，测量值为 2.7976；阿古拉镇第二，测量值为 2.0546；查日苏镇第三，测量值为 2.0483；金宝屯镇第四，测量值为 1.9863；常胜镇第五，测量值为 1.6314；巴嘎塔拉苏木第六，测量值为 1.5137；茂道吐苏木第七，测量值为 1.4773。这说明科左后旗中部地区或者半农半牧地区（甘旗卡镇、阿古拉镇）农户的生计资本测量值最高，其次是东部种植业地区（查日苏镇、金宝屯镇、常胜镇），西部畜牧业养殖区（巴嘎塔拉苏木、茂道吐苏木）农户生计资本测量值较低。

二、农牧系统耦合研究

从旗（县）域视角看，科左后旗种植业和畜牧业之间的耦合度不高。2012年以前，耦合度都没有达到0.1，自2012年开始耦合度逐年提高，2016年耦合度达到最高（0.6603）。从耦合协调度上看，科左后旗农牧系统在2012年以前处在极度不耦合协调发展阶段，2012年后经过不断调整和磨合，逐渐趋于协调，2016年达到良好耦合协调发展。研究结果表明，科左后旗农牧业经济在今后的发展过程中以及在目前的宏观经济政策的指导下会朝着农牧系统良性耦合协调发展的趋势发展。种植业与畜牧业生产经营管理水平的提高，将进一步促进农牧系统的协调发展，其良好耦合协调发展需要一段磨合时间，耦合速度较为缓慢。实现农牧系统更好地协调发展、促进农牧民增收，需要科左后旗在今后的发展中大力提倡畜牧业养殖，不断提高种植业生产技术和生产条件，促使农牧业两大经济生产系统耦合协调发展。

从农户生计视角看，科左后旗自然资本值较高。自然资本主要体现在耕地面积和质量、林地面积和质量、草地面积和质量上。因此，科左后旗具有得天独厚的农牧耦合条件。

从农户拥有的物质资本整体情况看，物质资本在五大生计资本中的测量值最高，这说明在促进农牧系统耦合发展过程中，科左后旗农户的生计资本基础较好，但也存在地区分布不均匀的情况。从牲畜的拥有量来看，种植业区农户的牲畜拥有量少于畜牧业养殖区。从拥有的畜牧业生产资料看，西部畜牧业养殖区农户拥有的棚舍和畜圈数量多于东部种植业区农户，而东部种植业区农户拥有的饲料加工机械数量多于西部牧区农户。从调查的488户农户拥有的生产、生活资料看，西部地区拥有的收割机和打草机数量较少。因此，要实现科左后旗农牧系统耦合，就要扩大农耕区牲畜的养殖规模、完善畜牧业生产基础设施的建设、加大生产工具的购买。

从农户拥有的金融资本整体情况看，金融资本在五大生计资本中的测量值最低。由于农户金融资本少，畜牧业发展融资难，阻碍了其发展。由于畜牧业养殖的主要资金，是用于建设养殖圈舍和饲料购买等的流动资金，农户大多数没有国有土地使用证和房产证，不符合金融部门的抵押条件，不能获得金融贷款支持，制约了农牧系统耦合发展。

从农户拥有的人力资本整体情况看，人力资本在五大生计资本中的测量值较低。人力资本的缺失，影响了农户家庭生计，农民没有从事其他职业的能力。若要实现农牧系统耦合，就要大力提高科左后旗农户人力资本水平。

从农户拥有的社会资本整体情况看，社会资本在五大生计资本中排名第三。对于农户来说，拥有社会资本的多少，决定了其应对风险能力的大小。农户的社会资本较少，说明农牧民参与社会组织的组织化程度较低，农户在面临生计风险时抵御风险的能力较弱。农牧系统耦合的发展，需要农牧民合作经济组织的建立和完善。

三、农牧系统耦合的制约因素研究

首先，由于自然条件、植被组成和生产方式的差异，科左后旗农耕区和畜牧业养殖区牲畜的饲草料资源分布具有不同的时间和空间变化特征。草原牧区和农耕区牲畜的分布现状与饲草饲料资源的分布不相适应，也就是与适宜的牲畜分布密度不协调，导致种植业生产系统和畜牧业生产系统相悖。

其次，生产方式落后、生计呈弱质性。在农耕区或半农半牧区农户自繁自育少量牛、羊等牲畜，消耗自产的玉米和秸秆，生产水平较低，生产规模较小。在草原畜牧区，由于科左后旗实行全年禁牧政策，农户主要采取舍饲圈养的形式进行畜牧业养殖，同时种植少量的农作物。由于耕地质量不高，种植农作物的目的就是给牲畜提供饲草料，但能够提供给牲畜的饲草料数量不足、质量不高，造成了畜牧业养殖区畜草矛盾，不利于农牧系统的耦合。

最后，产业化程度低。科左后旗农牧业发展正处在由传统农牧业向现代农牧业转型升级发展的关键时期。通过农牧业产业化的发展逐步推进农牧系统耦合，成为科左后旗农牧业经济现代化发展的最佳途径。但是，目前农牧业产业化滞后已严重制约了科左后旗农牧业系统耦合发展。

四、农牧系统耦合协调发展实践路径选择研究

科左后旗作为重要的产粮地区和畜牧业生产基地，具有显著的半农半牧经济特点，出现了从东部到西部逐渐从种植业到半农半牧，再到畜牧业养殖为主的农业分布结构。草地、林地、耕地等多种土地类型为科左后旗地区农牧系统的耦合、农业生产系统的升级提供了良好的条件，为大幅度提高农牧业产出水平、依托畜牧业为主发展多种特色经营提供了可能。本书根据科左后旗现有经济基础和自然条件以及调查户的不同家庭类型（种植业户、畜牧业养殖户和农牧业兼作户），分别设计了合适的农牧系统耦合发展路径。

五、促进农牧系统耦合的对策建议研究

在对农户生计进行定性和定量分析、探究农户生计对农牧系统耦合的影响、分析农牧系统耦合路径的选择的基础上，本书从提升五大生计资本的角度，分别从“合理利用土地资源，提升自然资本价值”“构建物质资本体系，奠定农牧耦合的物质基础”“完善金融资本体制，加大对农牧系统耦合的金融支持”“加快人力资本开发，构建技术创新体系”“加强组织建设，为农牧系统耦合提供社会资本支持”等五个方面，提出了促进科左后旗农牧系统耦合快速发展的政策建议。

作者
2020 年 9 月

目　录

第1章　导　论

1.1　选题背景

乡村振兴是习近平总书记2017年10月18日在党的十九大报告中提出的重大发展战略。2018年2月4日发布了2018年中央一号文件，即《中共中央　国务院关于实施乡村振兴战略的意见》。2018年3月5日，国务院总理李克强在作政府工作报告时提到，大力实施乡村振兴战略。农业、农村、农民问题是关系国计民生的根本性问题，产业兴旺是实现乡村振兴的基石。发展现代农业是产业兴旺最重要的内容，其重点是通过产品、技术、制度、组织和管理创新，提高良种化、机械化、科技化、信息化、标准化、制度化和组织化水平，推动农业、林业、牧业、渔业和农产品加工业转型升级。一方面，大力发展以新型职业农民、适度经营规模、作业外包服务和绿色农业为主要内容的现代农业；另一方面，推进农村一、二、三产业融合发展，促进农业产业链延伸，为农民创造更多就业和增收机会。

新中国成立特别是改革开放以来，内蒙古“三农三牧”发展取得了较大成就，农牧业生产条件逐步改善，生产能力不断增强，农牧业质量效益稳中向好，农牧民生活水平显著提高，农村牧区面貌焕然一新。然而，内蒙古“三农三牧”仍然存在发展不平衡不充分的诸多问题与挑战，因此，要以习近平新时代中国特色社会主义思想为遵循，有效贯彻落实《中共中央　国务院关于抓好“三农”领域重点工作确保如期实现全面小康的意见》文件精神，立足内蒙古的客观实际，在乡村振兴战略及其规划的总体框架下，加快补齐“三农三牧”领域存在的短板与不足，走出一条生态优先、绿色、高质量的“三农三牧”发展振兴之路。

内蒙古农牧交错带分布于我国“三北”地区，是我国北方农牧交错带的重要组成部分，也是内蒙古自治区农业生产比较集中的地区。长期以来，该地区生态环境比较脆弱，农牧业产业化程度低，农户生计单一且脆弱。最根本的原因在于这一地区长期处于传统农业发展阶段，农村经济发展落后，农民收入水平低。该地区不像江南、东部地区那样具有工商业发展优势，但我们也应该看到该地区的发展潜力和农牧业资源优势。近些年，部分地区采取农牧耦合的方式，农业经营效益较好。由此看来，利用当地的资源禀赋条件完全可以改变农业发展水平低、农村发展落后、农民收入水平低的状况，解决问题的关键在于调整农牧业产业结构、改变农户生计策略行为。而农户生计策略行为的选择直接关系到农牧民增收、农牧业经济高质量发展，以及乡村振兴战略的全面实施和实现。

1.1.1 生态优先、绿色发展的需要

习近平总书记就生态文明建设提出了一系列新理念、新思想、新战略，形成了系统科学、逻辑严密的生态文明思想，成为新时代生态文明建设的理论指南。“生态文明建设”“绿色发展”“美丽中国”被写进党章和宪法，成为全党的意志、国家的意志和全民的共同行动。当前，我国生态文明建设正处于压力叠加、负重前行的关键期，必须咬定青山不放松，坚定不移保持加强生态环境保护的定力。要保持战略定力，必须坚持新发展理念，走高质量发展之路。要探索以生态优先、绿色发展为导向的高质量发展新路子，让“人与自然和谐共生”“绿水青山就是金山银山”理念深入头脑、融入血液、化为行动。要转变发展方式和生活方式，加快构建绿色产业体系，破除“唯 GDP 论英雄”的政绩观以及“发展经济和治理污染是跷跷板两头”的传统发展路径，使绿水青山持续发挥生态效益和经济社会效益。

山水林田湖草是生命共同体。加大生态系统保护不能头痛医头、脚痛医脚，必须遵循生态系统内在的机理和规律，从系统工程角度寻求治理修复之

道。内蒙古正是这方面的典型。作为一个长期形成的综合性生态系统，内蒙古有森林、草原、湿地、河流、湖泊、沙漠等多种自然形态，生态保护和修复必须综合推进，构筑我国北方重要生态安全屏障，把祖国北疆这道风景线建设得更加亮丽。

内蒙古农牧交错带位于祖国的正北方，地处边疆地区，独特的区位条件决定了农牧交错带在祖国生态安全与边防建设中的重要地位。内蒙古是我国北方重要的生态安全屏障。内蒙古的生态状况，不仅关系到全区各族群众的生存和发展，还关系到华北、东北、西北乃至全国的生态安全。守护好内蒙古这片碧绿、这方蔚蓝、这份纯净，是全区各族人民的共同愿望。生态环境是人类生存和发展的基石，生态环境保护既是重大政治问题、经济问题，也是重大民生问题、社会问题。然而，农牧交错带地区生态环境脆弱、产业结构不合理、农户生计风险高，与农牧交错带绿色发展、产业融合发展等发展要求不相适应。只有探索科学的农牧系统耦合发展，加快提升农牧交错带地区产业结构转型升级，促进农户生计多样化发展，才能实现生态优先、绿色发展。

1.1.2 乡村振兴发展的需要

中国是个农业大国，农业曾长期占据主导地位，农民占人口绝对多数，农村数量多且分布广。经历40多年的改革开放，中国的农业与农村已经发生了深刻变化。人口城镇化率由1978年的17.9%增长至2017年的58.5%，第一产业就业比重由70.5%降至27.0%，第一产业增加值比重由27.7%降至7.9%，农民居住城市化、就业非农化、生计多样化。工业反哺农业、城市支持乡村，为解决中国“三农”问题提供了广阔空间，但也带来了生产要素非农化、村庄主体老弱化、农村空心化、生态环境恶化等诸多问题。农业产业的吸引力大幅降低，农民生计日益脱离农村，乡村发展呈现落后凋敝景象，成为建成社会主义现代化强国蓝图中的关键短板。在农村人地关系已经发生深刻变化的背景下，农业是否依然是基础产业、农业如何实现振兴，直接关乎产业兴旺乃至乡村振兴。①

党的十九大报告首次提出乡村振兴战略，以及“产业兴旺、生态宜居、乡风文明、治理有效、生活富裕”的总要求，为有效解决“三农”问题、实现农业农村现代化指明了方向。《乡村振兴战略规划（2018—2022 年）》进一步明确“产业兴旺”是实施乡村振兴战略的重点。乡村产业振兴能为乡村振兴提供坚实的物质基础，改变以往乡村治理过程中的单向“输血”现象，提高乡村自身的建设能力，同时为乡村人口提供必要的就业岗位，促进农民收入的增加。② 当前，在农牧交错带地区，要想实现乡村产业振兴，应在深入推动农业内部结构性改革的过程中，围绕农牧业内部结构矛盾，加快推进农牧业系统耦合。

1.1.3 深化农牧业经营体制改革的需要

党的十一届三中全会开启了承包到户的农村改革。党的十八届三中全会又提出，要在维护承包农户主体地位的基础上允许土地经营权流转，这是生产力发展的必然选择。40 多年前的承包到户是生产关系的重大调整，使农村生产力的能量得到极大的释放，农业有了质的飞跃，农民的生活有了极大改善。40 多年后的今天，由于劳动生产率的不断提高，过去一家一户的小农经济已经不能适应生产力发展的要求了，更不能适应现代科学技术推广、农业机械广泛应用、农民收入快速增长的现实需要。农业劳动生产率低下的问题尤为突出，已成为影响我国农产品国际竞争力的重要原因。③

党的十八届三中全会针对当前农业农村发展新形势，以及同步推进新型工业化、信息化、城镇化、农业现代化的要求，提出了进一步深化农村改革的重大任务。目前的农村牧区改革是在工业化、城镇化深入发展的进程中展开的，是在工农、城乡发展明显失衡背景下进行的，既要调整农村牧区内部

① 陈秧分，刘玉，李裕瑞．中国乡村振兴背景下的农业发展状态与产业兴旺途径［J］．地理研究，2019，38（3）：632-642.

② 刘海洋．乡村产业振兴路径：优化升级与三产融合［J］．经济纵横，2018（11）：111-116.

③ 王玉明．关于加快我区农牧业经营体制改革的几点思考［J］．理论研究，2014（3）：2-10.

的生产关系和上层建筑，激发农牧业和农村牧区活力，又要考虑“四化同步”，还要考虑全球化背景下提高农牧业的国际竞争力。

改革开放以来，农村经济改革、农业经营体制的创新，调动了农牧民生产的积极性，农牧业生产力发展水平得到了极大提高，但是在农牧交错带地区，种植业与畜牧业经营之间的矛盾越来越突出，种植业生产、畜牧业生产和再生产成本不断提高，单个农牧民难以抵御自然灾害，农户生计脆弱性不断加大。探索科学的农牧业经营体制，改变农户生计策略，整合农牧交错带地区农户生计资本，可以提高农牧业资源的使用效率，提升防疫水平、种植技术水平，完善农牧区农村金融资本，构建新型农牧区社会化服务组织，探索农牧业经济发展规律，有利于制定切实可行的农牧业支持政策。

1.1.4 实现农牧交错带可持续发展的需要

农牧交错带地处偏远、生态环境脆弱且少数民族聚集，农户生计问题一直是学界关注的焦点。内蒙古农牧交错带是位于我国东南部农业区与西北部草原牧区之间的一个狭长地带，区内农田与草地镶嵌分布、种植业和畜牧业并存，是具有生态脆弱特征的特殊区域，也是蒙汉民族混居区。农牧业的可持续发展不仅关系到农业农村发展、生态保护，更关系到民族融合与边疆稳定，是我国全面实现乡村振兴的重点任务。历史上，种植业和畜牧业兼营一直是农牧交错区农户的主要生计模式。随着人口数量的增加、粮食种植面积的扩大和宏观政策的驱动，开荒种植已经成为这一区域的主导生计活动，畜牧业逐渐萎缩成为种植业的附属产业。一方面，由于干旱少雨，农业生产收益风险巨大，农业劳动力不得不脱离农业选择非农就业，以维持生计；另一方面，大部分农户由于专业技术匮乏，又要照料家庭，不能长期外出打工和脱离农业生产，只能依赖农业资源和家庭劳动力的季节性配置，获取农业和农业内部的务工性收入，却又面临农业生产季节性的劳动投入冲突，因此务工收入在其总收入中的比重偏低。综上，在农业生产主导的生计模式中，探索出一种有效的生计模式是提升农牧交错区域生计水平的关键。①

1.1.5 解决民生问题的需要

农户是农村社会的主体，是农村社会各种社会关系的承担者。农民和农村社会的广泛存在，是中国社会结构的重要特征。农民和农村社会的变迁，牵动着中国社会结构的各个方面。当前，内蒙古农业和农村社会正经历从传统向现代的转型。在经受自然灾害、市场风险、生态破坏和突发事件的冲击时，农户特别是贫困农户的生计风险比较大，威胁着农户的生计安全。

中央连续多年出台有关“三农”的一号文件，体现出对“三农”问题的高度重视，形成了一系列支农惠农政策体系。2010 年中央提出“将改善农村民生作为调整国民收入分配格局的重要内容”。党的十七大报告以改善民生为重点，提出“学有所教、劳有所得、病有所医、老有所养、住有所居”的民生发展重要方向，体现出党中央加强民生建设、促进农村发展的坚定决心。各地政府也根据当地的具体情况，纷纷推出民生工程，推动公共资源向低收入群体、困难群众、农村和贫困地区倾斜，逐步实现包容性增长和共享式发展。

“十二五”规划纲要提出，强农惠农加快社会主义新农村建设，包括加快发展现代农业、拓宽农民增收渠道、改善农村生产生活条件、完善农村发展体制机制四个方面；在工业化、城镇化深入发展中同步推进农业现代化，完善以工促农、以城带乡长效机制，加大强农惠农力度，提高农业现代化水平和农民生活水平，建设美丽乡村，提高农民的幸福感和获得感。“十三五”规划纲要提出，农业是全面建成小康社会和实现现代化的基础，必须加快转变农业发展方式，着力构建现代农业产业体系、生产体系、经营体系，提高农业质量效益和竞争力，走产出高效、产品安全、资源节约、环境友好的农业现代化道路。

民生，指人民的基本生存和生活状态以及基本发展机会、能力和权

① 道日娜. 农牧交错区域农户生计资本与生计策略关系研究［J］. 中国人口·资源与环境，2014，24（5）：274-278.

益，核心是人的全面自由发展（董一冰、郝志新，2010）。农村的发展，要以农民民生的改善为基础。农民民生的发展，关系到国家全局的发展。随着改革的不断推进和工业化水平的提高，我国人民的收入水平和消费水平大幅提升。与此同时，改革中产生了许多问题，如城乡收入差距、贫困和农村居民的社会保障等。为解决这一系列问题，党和国家将“三农”作为改革的突破口。只有农民民生得到改善，收入稳定增长，才能充分调动农民生产的积极性，蓬勃发展农业和农村经济，促使农村社会稳定。内蒙古农牧交错带地区农村的稳定和农民的生计安全，有助于保障民族团结和社会全局的稳定发展，促进小康社会的全面实现。①

科尔沁左翼后旗隶属于内蒙古自治区通辽市，地处中温带边缘地区，位于北方农牧交错带，是一个从半湿润农业地区过渡到半干旱和干旱牧区的农牧交错区。农业耕地和畜牧业草地交织在一起，农作物种植和畜牧业养殖同时存在。从土地利用的空间分布看，耕地主要集中在科左后旗的东南部。在农耕区，受农业生产自然条件差和农业基础设施落后的限制，种植业生产力水平较低，生产的自然风险较高，导致生产成本提升。由于是种植业区，牛、羊等草食牲畜所需要的饲草料资源丰富，但是草食牲畜较少。草地主要分布在科左后旗的西北部和中部地区，这些地区也是沙化较严重的区域。该地区牲畜数量较多，超过了最合适的载畜量。在草原禁牧政策的背景下，实现草畜平衡发展，是草原生态建设、恢复和发展的重要途径。目前，科左后旗农牧业自繁自育的生产方式，没有将种植业生产和畜牧业养殖很好地耦合在一起，不能解决农牧系统相悖的根本问题。如何实现农牧系统耦合是值得深入研究的课题。

耦合的概念源于物理学中的系统耦合，是两个或多个实体相互依赖的量度。系统耦合是指具有相似特性的两个或多个生态系统相互兼容的趋势。通过各种交互作用，它们可以组合形成一个新的更高层次的结构功能体（任继周等，1999）。农牧系统耦合是农业（狭义上的农业，即种植业）与畜牧业通

① 赵靖伟. 农户生计安全与保障［M］. 北京：社会科学文献出版社，2014.

过某种介质以相互依存和互动的方式相结合，实现农牧业循环利用的重要途径。农牧系统耦合就是要通过人工干预的形式，将种植业和畜牧业两大系统耦合成一种相互作用、相互影响、相互依赖的机制，从而形成一个高于农牧分离、各自独立的高级系统。农牧耦合系统能够将种植业资源和畜牧业资源进行循环使用，形成一个融经济系统、生态系统和社会系统为一体且效益非常高的耦合系统。通过种植业带动畜牧业、畜牧业促进种植业，实现农牧业产业融合发展。

解决好“三农”问题，基础在农业，难点在农村，关键在农民。因此，本书将基于农户生计的视角研究科左后旗农牧系统耦合问题，以寻求促进科左后旗农牧系统耦合的对策。农户生计包含农户生计资本、生计策略、生计能力等方面的内容，农户为了提高生活水平、改善生活质量，就要提高生计能力水平、增强生计资本、调整生计策略。在一些生计方式单一、现代农业发展缓慢、市场经济不完善的地区，农户生计主要依赖于自然资源，表现为农户收入增长缓慢且收入来源单一。然而，这并不代表农户生计方式是不能改变的，随着社会经济的发展和技术的进步，人们的生计方式也在逐渐发生变化，正在重新建构一种新的生计方式。关于如何提高生计水平，目前的研究集中在一个焦点：是生计活动还是生计资产对提高生计水平起决定性作用。

对内蒙古农户生计的研究，主要集中在农区或牧区，对半农半牧区农户生计的研究还不多。实现农牧系统耦合的关键是建立整体协调的种植区与畜牧区农牧生产系统，以实现农牧业生产系统之间的耦合。目前，虽然农业与畜牧业耦合工作已经开展，但农牧业产业化融合发展程度低，仍然是制约农牧业高质量发展的重要因素。对农牧业协调发展和制约因素的机理以及结构调整优化的耦合模型的研究仍停留在宏观研究阶段，现有的微观层面适合于农户生计研究的耦合模型较少。

因此，本书拟从农户（种植业户、牧户）生计的角度入手，以内蒙古通辽市科尔沁左翼后旗为例，构建农牧系统耦合评价模型，研究农牧系统耦合现状、耦合的条件、耦合的瓶颈、耦合的路径等，试图建立一个成功的耦合模型，不仅有利于恢复农牧业生态系统，还可以促进农牧业生产的可持续发展。

1.2　选题意义

内蒙古农牧交错带，地处祖国的北疆地区，生态环境意义重大、社会经济影响因素复杂、农户生计风险大、农村可持续发展能力较弱。在社会经济转型期，农户生计状态转变，生活中不确定性因素增加，生计安全水平下降。本书以《农户生计视角下农牧交错带农牧系统耦合研究》为题，是基于理论和实践两个方面的考虑。

1.2.1　理论意义

农牧交错带地区农业的可持续发展依赖于农户生计水平的提高。自然风险、市场风险、生态环境破坏，威胁着农户生计安全。农户生计策略的调整和转变将有助于提高农户生计水平。在社会转型期，农户转变生计策略以适应工业化和城市化社会发展的议题，越来越受到学者们的关注；改善和促进农户生计可持续发展，成为确保区域可持续发展的重大问题。生计安全是农户可持续发展的核心和基础，也是国家安全和农村社会保障的重要、有益补充。根据E. R. 沃尔夫的观点，“农民的主要追求在于维持生计，并在一个社会关系的狭隘等级系列中维持其社会身份。因此，农民不像那些专门为满足市场而生产，并在广泛的社会网络中置身于竞争之中的耕作者”。农民必须“固守传统的安排”；相反，现代农业者则可以充分地进入市场，使自己的土地与劳动从属于开放的竞争，利用一切可能的选择使报酬最大化，并倾向于在更小风险的基础上进行可获得更大利润的生产（孙振玉，2005）。① 加强农户生计安全保障，调整和转变农户生计策略，提高农户生计能力，促进其从

① 赵靖伟. 农户生计安全保障［M］. 北京：社会科学文献出版社，2014.

传统农民向现代农业者转变，具有紧迫性和必要性。

实现农牧系统耦合，归根结底就是要调整农户生计策略，确保农户生计安全。生计安全是农户可持续发展的客观要求。农户生计安全问题是用发展的眼光对农户进行全方位认识，有利于农村社会资源的整合和有效利用，有利于促进农村社会的协调发展，有利于完善农户可持续发展理论。联合国环境规划署与世界自然保护联盟于2002年共同发表的《保护地球——可持续生存战略》一文，将可持续发展定义为：在生存于不超出维持生态系统承载能力的情况下，改善人们的生活品质，保持资源的永续利用和环境保护。农村社会可持续发展的核心是发展，要保持发展的可持续性，需使农户的生计活动与生态环境承载力保持平衡。资源的永续利用和生态环境可持续性的保持是社会可持续发展的首要条件，要求农户根据可持续性的条件调整自己的生计策略，在安全允许的范围内开展生计活动。当农户的生计活动超出生态环境的承载范围时，生态环境的自恢复和代偿功能逐渐下降，生态环境系统的平衡被打破，导致生态环境的恶化和资源配置的匮竭，进而反作用于生计活动使农户生计趋向脆弱。因此，安全而又稳定的生计可以消除贫困，并在外界环境变化、打破生计平衡状态时抵御外界压力和冲击，进而恢复平衡并维持生计，促使区域经济协调发展和维持“资源—环境—生计”系统的良性循环。保障农户生计安全，才能实现农村健康和稳定发展。农户生计安全是与生态环境效益最大化和风险最小化相对应的防线，是农村社会可持续发展的微观基础。①

本书运用经济学、管理学、民族学、生态学等交叉学科的知识，把农户与整个县域经济发展、种植业与畜牧业发展、生态环境与社会发展紧密结合起来，采用田野调查法和定量、定性的分析方法，构建了农牧系统耦合度、耦合协调度模型。基于农户生计视角从宏观、区域、微观三个层次全面系统地探索农牧交错带地区农牧系统耦合，补充了多年来农牧系统耦合研究的缺陷，为今后研究提供了参考价值。

① 赵靖伟. 农户生计安全与保障［M］. 北京：社会科学文献出版社，2014.

1.2.2 实践意义

经过40多年的农村经济体制改革，以家庭联产承包责任制为基础、统分结合的双层经营体制，理顺了农村最基本的生产关系，极大地调动了农民的生产积极性，基本解决了农民的温饱问题。但城乡发展失衡、农村发展滞后、农户生计脆弱的问题依然存在。对农户生计的研究，有利于揭示农牧业产业结构矛盾，科学认识农牧交错带地区农户生计的影响因素及农牧系统耦合的作用机制，为保障农户可持续生计、有效消除贫困提供科学依据和实际指导，并且有利于维护、巩固围封禁牧、退耕还林等工程成果，促进乡村振兴。

内蒙古农牧交错区是我国北方农牧交错带的重要区域，具有重要的生态价值和畜牧业产出价值，同时具有种植业和畜牧业两个重要的农产品生产系统，这些系统的耦合协调发展会产生巨大的生产潜力。① 从农户生计视角研究农牧系统耦合，就是通过优化农牧业产业结构、拓展产业价值链、提高农户生计能力，提高地区综合竞争力，实现种植业与畜牧业的可持续发展，增加农牧民收入。区域经济的高质量发展、社会的和谐稳定、生态的修复和改善，关系着各民族的安定团结和社会稳定。

1.3 概念界定

1.3.1 农户

“农”具有农业、农村的含义；“户”指住户，是在一定地域空间上具有血缘关系的人口组合；“农户”指居住在农村、从事农业生产、具有农业户籍的以婚姻、血缘关系为纽带组成的社会经济组织。农户既是一种生活组织，又是一种生产组织，是生产与消费的统一体（王平达，2000）。农户在农

① 张建春，储少林，陈全功. 中国农牧交错带界定的现状及进展［J］. 草业科学，2008，25（3）：78-84.

民和村庄主体之间，是“三位一体”的微观经济主体、家庭组织单位和社会控制单位，既有微观个性又有宏观群体行为特征（赵靖伟，2011）。农户概念兼有身份、职业、区位三种含义（贾驰，2012）：一是农民身份，家庭成员为农村户籍，在中国现行人口管理制度下，农民身份的社会保障、福利待遇、政治地位相对城市居民较低，按农村户籍划分的户为身份农户；二是农民职业，家庭成员以务农为主，非农收入比重较低，这样的户为职业农户；三是农村居住，凡是长期在农区居住的户，不论是城镇户口还是农村户口，都认为是农户。不同学者对农户的理解有所不同，蔡立旺（2004）认为农户是完全或部分从事农业生产、由婚姻和亲属关系组成的农村家庭，采用的是职业划分。李小建（2009）认为，按照中国的户籍制度定义，农户是指拥有农村户口的居民以家庭契约关系组合的社会经济组织，采用的是身份划分。张建杰（2004）认为农户主要是指区位农户，同时也兼具职业农户的含义，采用的是区位兼职业的综合划分。①

随着城市化与工业化的推进，社会经济结构加快转型，农户就业渠道和方式日趋多样化，有更多的农户从事非农就业，甚至完全脱离农业部门到城市去生活，农户的异质化程度逐渐加深，这为准确定义农户、更好地研究农户生计转变带来了不便。鉴于研究需要，本书采用身份划分，按照中国的户籍制度定义，同时采用广义农户的概念，将从事畜牧业的牧户纳入进来，即农户是户口在农村的居民以血缘关系为纽带组合而成的微观经济体。

1.3.2 生计

从生计的构成要素看，随着科学技术的快速发展，工业化和城市化拉大了城市与农村的差距。农业与农村社会发展已成为发展中国家的“瓶颈”和重要议题。各国学者的研究不断深入和创新，从理论和实践两个方面探索出“三农”问题的解决途径。特别是对于贫困问题的研究，不再局限于绝对贫困和物质的满足，更加注重人的发展和可持续性及其与资源环境的关系，“生

① 邬志龙. 北方农牧交错带农户生计转变及其驱动机制研究［M］. 北京：中国财政经济出版社，2019.

计”一词被广泛应用于解决贫困问题和农村多元化发展等问题的研究。非政府组织关怀国际（CARE International）、英国国际发展署（DFID）和联合国开发计划署（UNDP）分别提出了生计分析框架，并在发展中国家进行了大量的项目实践活动。

农户生计研究的起点是“生计”的概念。随着研究的不断深入，“生计”不断被赋予新的内涵。

目前，大多数学者认为“生计”是谋生的一种方式。该谋生方式建立在能力、资产（自然资本、物质资本、人力资本、金融资本、社会资本）和活动的基础之上。这个定义体现出生计的基本构成要素，即资产、权力和行动。

1.3.3 生计资本

在可持续生计框架分析中，个人以及家庭为了维持生产生活或进一步寻求更好的发展而拥有的，并能够充分利用以改善生活的资本总和，被称为生计资本，包括有形资本和无形资本。20世纪80年代初，罗伯特·钱伯斯（Chambers，1987）提出，生计资本是农民维持生活、抵御风险和发展自身的重要保障。可持续生计分析框架是对影响农户生计的复杂因素进行梳理和分析的一种方法，纳入了环境背景、资产、能力、政策和策略等要素，全方位解析农户的发展状况。在具体应用中，需要对其进行修正和适应性调整，使之适合当地的环境条件并符合当地的优先发展需求。最具代表性的是英国国际发展署的可持续生计框架，对于发展及援助项目具有可操作性。该框架提供了一个分析农户整个生计过程的框架，指导农户利用资产、能力和权力，采取有效的策略谋求最优化生计。该框架中，农户可运用五种生计资产，包括自然资本、物质资本、金融资本、人力资本和社会资本，在一个脆弱性的背景中生存或谋生。诸如自然灾害、社会动荡、家庭成员疾病、农作物病虫害等天灾人祸的打击，生产资料价格、就业机会、农业生产的季节性差异，以及人口、资源环境、技术、国内外市场和贸易的趋势变化等因素，都会对农户的生计产生影响。这些农户无法控制的因素，取决于占优势的社会、机构和组织环境及其过程。农户在综合考虑脆弱性背景、可用生计资产和政策组织环境后，可以形成配置和使用资本的方式即生计策略，以追求最大化的成果，满足农户的生计需求。

1.3.3.1 自然资本

自然资本主要是指可利用的自然资源，如土地、水和水产品、树木和林产品、野生动植物、环境服务等，可直接用于生产或消费。对自然资源的有序、可持续利用，既可以保持资源可承载力，又可以对其进行适当保护，实现人与自然的和谐统一。

1.3.3.2 物质资本

物质资本是指长期存在的生产性物资，包括基础设施和生产资料两类。一类是基础设施，国家提供的准公共物品部分无偿使用，如交通运输道路、基础教育设施、饮水与水利设施、能源、通信等；另一类是工具和技术，可以提高生产效率，通过有偿交易获得，包括生产工具、设备、种子、肥料、农药、种植技术等。与城市相比，农村物质资本缺少，贫困地区物质资本甚至匮乏，是农村发展的一大障碍。

1.3.3.3 金融资本

金融资本是指用于购买物品的现金以及可以获得的贷款和个人借款等流动资产，包括流量和存量两部分，如储蓄、工资、养老金、汇款、正式和非正式借贷等。农村资本短缺，金融市场不发达，农户对小额、短期资金的需求大多通过社会网络关系的非正式借贷来满足。金融资本的用途广泛，能给农户带来收益。金融资本的所有量是衡量农户生计安全的重要判断标准。

1.3.3.4 人力资本

人力资本是指个体拥有的用于谋生的知识、技能以及劳动能力和健康状况，包括营养、健康、教育、知识和技能、劳动能力和适应变化能力的存量总和。人力资本体现在劳动者身上，核心是提高人口质量。这种能力通过对生产者的教育、培训，经验和学习获得并储备，以期形成更高的生产能力。人力资本比其他资本有更大的增值空间，更具有生产力。农户拥有的人力资本包括家庭中劳动力的数量和质量，是生计策略选择的重要影响因素，同时也影响着农户生计安全。

1.3.3.5 社会资本

社会资本是指社会互动中基于信任的参与、互惠和人际网络的社会资源，如亲戚、朋友、家族、邻居等社会关系网和社会组织，信任与互助、正式和非正式团体组织成员、公共准则和约束力等社会关系，以及参与决策、领导能力等垂直社会关系。社会资本能够降低不确定性和交易成本，规避风险、减少损失。农村人情社会中，社区内互助可以帮助农户有效防御风险，对农户生计安全起保障作用。①

对生计资本状况的分析和问题的确定，是改善组织结构和提高个人发展能力的基础。我们知道，一个组织或个人拥有的资本状况的不同，决定了其抵御风险的能力、获得发展空间和机会的不同。不同资本的存量和组合代表着不同的生存能力，资本的最大价值方面决定了自己的生计选择，在提高个人或家庭的抗风险能力、获得更多促进更好发展的机会方面是非常重要的。

1.3.4 生计策略

生计策略是指人们为改善自身生活条件，追求能带来效益的生计产出，采用的一种资产利用配置和经营活动组合的选择（蒙吉军等，2013），受地理条件、资源可获得性、社会经济、政策制度和文化风俗等因素的影响（Ellis，2002，2007）。不同生计策略在类型上可表现为一定的生计模式、生计形态或农户类型。不同地区的农户生计以各种形态出现，基于不同标准可以将其划分成不同模式（见表1-1）。目前，较为常用的划分标准有农户收入结构与职业（Sunderlin et al.，2005；Kibwage et al.，2009；Babulo et al.，2008，2009；Tesgaye et al.，2011）、资产获取途径（McLennan and Garvin，2012；Duguma，2013）、资产丰裕度（Howe and Mckay，2007；Kamanga et al.，2009；Mahdi et al.，2009；Dhakal et al.，2011；Veisi et al.，2014）以及其他综合因素

① 赵靖伟．农户生计安全与保障［M］．北京：社会科学文献出版社，2014.

（Ansoms et al.，2010；Liu and Liu，2016）。农户生计策略划分没有统一可用的方法，仍有待进一步完善提升。①

表 1-1 生计策略研究文献归纳

生计模式	划分依据	作者	研究区
狩猎与采集、刀耕火种、森林边缘的固定农业	收入结构与职业	Sunderlin 等（2005）	发展中国家
烟草种植、非烟草种植	收入结构与职业	Kibwage 等（2009）	肯尼亚
低度依赖、中等依赖、高度依赖、非常依赖森林采集	收入结构与职业	Babulo 等（2008，2009）	埃塞俄比亚
基于商业、种植业、林业、畜牧业和多样化策略	收入结构与职业	Tesgaye 等（2011）	埃塞俄比亚
林业/畜牧业、混合型、非农就业/商业策略	收入结构与职业	Soltani 等（2012）	伊朗
纯农业、农业和非农业、非农业、零劳动力	收入结构与职业	Alemu 等（2012）	南非
小块林地、房屋周边树木和灌丛种植、林地周边和灌丛种植（获取薪柴）	资产获取途径	Duguma（2013）	埃塞俄比亚
通过政府分配获得土地、通过买卖和继承获得土地	资产获取途径	McLennan 等（2012）	哥斯达黎加
贫困户、中等收入农户、较不贫困户	资产丰裕度	Kamanga 等（2009）	马拉维
中等贫困、极度贫困	资产丰裕度	Howe 等（2007）	卢旺达
贫困户、中等收入农户、富裕户	资产丰裕度	Dhakal 等（2011）	尼泊尔
低收入群体、中等收入群体、高收入群体	资产丰裕度	Mahdi 等（2009）	印度尼西亚
较好组、中等组、贫困组	资产丰裕度	Veisi 等（2014）	伊朗

① 郭志龙. 北方农牧交错带农户生计转变及其驱动机制研究［M］. 北京：中国财政经济出版社，2019.

续表

生计模式	划分依据	作者	研究区
农村创业户、社会参与户、富饶地区资源丰富、资源贫瘠户、孤立地区农户、女性当家户	综合因素	Ansoms 等（2010）	卢旺达
河谷定居户、山腰定居户、高山定居户、搬迁户	地理位置	Fang 等（2014）	中国
典型草原农户、草甸草原农户、荒漠草原农户、农牧交错带农户	地理位置	Xu 等（2012）	中国
非农就业主导型、均衡型、非农型、闲散型、专业型、传统型	生计活动：非农就业和土地流转	Liu（2016）	中国

资料来源：邬志龙．北方农牧交错带农户生计转变及其驱动机制研究［M］．北京：中国财政经济出版社，2019.

1.3.5 生计脆弱性

“脆弱性”这一概念源于自然灾害研究，后来逐渐扩散到更多领域，包括自然资源学、社会学、经济学等领域，涉及人类福祉、气候变化、可持续发展等。由于脆弱性可以更加明显地揭示气候变化较显著的影响，为应对气候变化的不利影响搜集基本应对方案，最终成为分析环境变化和世界反贫困的有效工具。随着脆弱性科学的逐渐发展，脆弱性的概念开始融入各个学科内容，但是在学术界还未达成共识。Cutter 等把脆弱性的开展分为三种：一是把它看成暴露；二是把它当成社会条件；三是把不明显的暴露和社会应力统一起来。O'Brien 等也有类似的划分。

虽然脆弱性的定义随着研究对象和研究目的的不同而存在差异，但其均关注潜在的或者已经存在的风险产生的严重后果，并且这种后果对未来的发展具有深远的影响。但是，各学科和方向单独对“生计脆弱性”做出明确定义的不多。赵峰等（2009）认为，生计脆弱性即个人或家户在实现生计目标期间，外界冲击阻碍其行为目标，使自身的提升能力下降并极易出现生计倒退的状态。赵威（2011）认为，生计脆弱性即个体或家庭固有的易变性和容易遭受外力冲击的可能性。谷雨等（2013）认为，生计脆弱性即生计系统受到内外部有害因子影响而导致家庭遭受冲击的概率以及应对不利因素的能力。①

1.3.6 生计安全

“生计安全”是一个新概念，被提出的时间不长。虽然国内外很多学者从不同角度对生计的内涵和外延做了探讨，但是目前关于生计安全尚无统一的定义。就其本质而言，生计安全是围绕农户可持续发展的目的，促进经济、社会和环境三者之间的和谐统一，由能力安全、资产安全和行为安全组成的安全体系。能力安全和行为安全是生计安全的基石，资产安全构成生计安全的核心，能力安全是质量安全维度，资产安全是数量安全维度，行为安全则是关系安全维度。

本书将生计安全理解为单一或联合生活共同体通过不断改善生活状况，获得持续谋生的资产、收入和能力，并维持福利水平接近或达到社会公认的客观保障条件。也就是说，当生活共同体能够维持最低的生存需要，保持生计的可持续性，具有抵御风险的能力并传递给下一代时，安全的生计由此获得。农户生计安全的实质表现为，多样化的生计获得、家庭收入的有效提高和生计资产的安全，以及生计系统与生态系统的良性耦合。

现阶段狭义的农户生计安全具体包括以下内容：第一，背景环境安全。背景环境包括人们生存的外部环境、变化趋势、外部冲击和周期性因素以及制度环境，影响着农户生计和资产的合理利用。背景环境安全有助于农户提高抵御风险的能力，促进生态环境与农户生计系统的和谐统一，更好地在环境变化中受益。第二，生计资产安全。根据 DFID 模型，生计资产包括自然资本、物质资本、金融资本、人力资本和社会资本。生计资产是农户开展生计活动的重要基础，也是其抵御各种风险的重要屏障，居于农户生计活动过程的核心位置。第三，生计策略安全。生计策略指农户利用现有资源选择经营活动并获得最大利益，包括生产安排、投资安排和生育安排等。随着环境条

---

① 张钦．气候变化对高寒生态脆弱区农户生计脆弱性影响——以甘南高原为例［D］．兰州：西北师范大学，2016.

件的变化，生计策略安全是农户实现生计安全的重要手段。第四，结构和制度安全。社会结构和制度安排决定生计的选择和活动范围。结构是一种硬件，是相对稳定的社会组织形态；制度是一种软件，受社会准则和规则的约束。它们都具有持久和广泛的效用。结构与制度的相对稳定和向着利于公民社会的温和转变，是生计的良好外部环境。第五，生计成果安全。生计成果是生计策略或目标的实现和结果。正效应的生计成果能够增加收入、提升福利、降低脆弱性、提高食物安全和可持续利用资源；负效应的生计成果则会减少生计资产，导致农户生计风险增加。①

1.3.7 农牧交错带

目前，国内对农牧交错带有十余种定义，但以生态学的定义为主。例如，“农牧交错带是指我国北方半湿润农耕区与半干旱牧区接壤过渡处的半农半牧区，属于一个相对独立的自然—社会—经济的复合生态系统类型。该区农耕用地与牧林用地交错分布，种植业与畜牧业在农业经济中大体持平或种植业稍占优势，具有一定面积的天然草地和一定规模的草食家畜饲养业”。②“我国北方农牧交错带地处半湿润农区向半干旱、干旱牧区的过渡地带，在资源开发利用中表现出有农有牧或时农时牧的特点。”③ “农牧交错带是指农业和牧业两个接壤交替、系统主体行为和结构特征发生‘突发转换的空间地域’。它既是一个生态学概念，也是一种生产方式的界定。区域内景观特征是草地或林地（包括天然的、人工的、改良的）与农田大面积交替出现，并且农业与牧业哪一个都不占绝对领导地位，是自然群落与人工群落相互镶嵌的生态复合体。”④ 从上述定义中可以总结出农牧交错带的如下两个特征：农牧交错带是农耕区与放牧区交接的一个带状区域；在这个区域内农作物种植业和草食家畜饲养业相互渗透，二者同生共存。

---

① 赵靖伟. 农户生计安全与保障［M］. 北京：社会科学文献出版社，2014.

② 韩建国. 农牧交错带农业发展现状及对策研究［C］. 农牧交错带荒漠化治理新技术培训暨农业可持续发展论坛，2002：24.

③ 徐斌等. 农业资源利用与区域可持续发展研究［M］. 北京：中国农业科技出版社，2005.

④ 毛留喜. 北方农牧交错带可持续的土地利用研究［D］. 北京：中国农业大学，2000.

在具体分布上，对农牧交错带的划分也有不同的意见，但一般以降水量作为核心指标，将降水量≥400毫米的保证率的20%~50%作为农牧交错带的主要气候指标，辅之以风沙日数（指日平均风速≥57米/秒的日数）作为界定标准。取保证率20%作为农牧交错带的西界和北界，该界以西以北为干旱草原和荒漠化草原；取保证率50%作为东界和南界。

但我国的农牧交错带具有其独特的历史渊源：农牧交错带是原始畜牧业与由原始畜牧业脱胎而成的种植业在自然、经济和社会等多种因素的影响下逐步形成的，除自然因素外，还反映出我国汉族种植业文明和少数民族游牧文明相互耦合、相互作用的历史。在地域上，农牧交错带主要分布在我国的北方地区，也被称为北方农牧交错带。在西部和西南的新疆、西藏、云南、贵州、四川也有农牧交错区，只是由于山脉阻隔尚未连成带状。

我国北方农牧交错带由东北向西南延伸。东边界从东北的呼伦贝尔高原以东的大兴安岭西侧经乌兰浩特、泰来、杜尔布特、通辽、通榆、赤峰、围场、张家口坝上、大同、河曲西、环县北部、固原北、会宁至兰州南部；西边界沿海拉尔西至锡林郭勒盟东南部的农乃庙东侧、西乌旗、王盖庙到乌兰察布市后山地区、包头东侧、鄂尔多斯市中部偏东、宁夏中部偏南，最后在兰州南部与东边界闭合。这个区域包括81个县（旗），总面积为104.47万平方千米。这个地带的特点主要为：第一，在自然条件上，多年的平均降水为400毫米左右，东、南、西段降水偏多，北部较少，而且年际变化较大，生态较为脆弱；第二，农牧业生产交织在一起，经济类型复杂多样；第三，多民族杂居，各种文化相互影响，社会问题显著。

半农半牧区、生态脆弱区、生态敏感带和混合农业区是四个与农牧交错带接近的概念，有时被人们用来指农牧交错带，但这四个概念与农牧交错带的含义不完全相同：半农半牧区是我国在20世纪50年代进行社会主义改造时为区分农区和牧区的不同改造实践而界定的,① 是政策性、人为的结果。农牧交错带主要是按自然条件划分的，经济和社会特征只是随着这种划分附带产生的。生态脆弱区主要是指我国西部大开发战略包括的12个省份,② 它是以行政区划界定的区域概念，与农牧交错带不同。生态敏感带有两个含义：其一是介于两种或两种以上具有明显差异的生态环境之间的过渡带或交错带；其二是指环境或景观的变化将引起土地生产力明显下降乃至丧失，进而导致经济严重衰退的地带。在空间上包括城乡交接带、干湿交替带、农牧交错带、水陆交接带、森林边缘带、沙漠边缘带、梯度连接带和板块接触带。③ 由此可知，生态敏感带是一个比农牧交错带概念的外延更加广泛的一个概念。在国际上，混合农业区与通常所说的农、牧两业交替有关，但我国农牧交错带特指以降水量400毫米为主要分界线的农牧业交错地带，而混合农业区是简单从产业交错的角度来区分的。

内蒙古农牧交错带的历史并不久远。在历史上，内蒙古地区一直是游牧民族的故乡，人们世代过着“逐水草而牧”的生活。但是，自秦朝以来，由于历代移民，特别是晚清时期大规模、大范围的垦殖，种植业急剧向北、向西扩大，河套平原、土默川平原、西辽河平原、嫩江西岸平原和阴山丘陵的滩川地先后成为农田，放牧业则迁至大兴安岭以西、阴山山脉以北、贺兰山以西和鄂尔多斯高原西部地区，在种植业区和放牧业区之间形成了农牧交错带。

---

① 内蒙古是蒙古族聚居的少数民族自治区，在东部的大兴安岭以西、中部的阴山山脉以北和西部的贺兰山山脉以西，广泛分布着以蒙古族为主体民族、以天然草原放牧业为主导经济活动的特殊社会经济区域，被称为“牧区”；与之相对应的，在大兴安岭以东、阴山山脉以南和贺兰山山脉以东，是以汉族为主体、以农作物种植业为主要经济活动部门的地区，被称为“农区”；介于二者之间的是既有汉族也有蒙古族、既有农耕也有放牧的地区，被称为“半农半牧区”。在进行社会主义改造时，中央政府根据内蒙古农村的这些特点，同意了由内蒙古政府提出的牧区社会主义改造的“三不两利”（即在牧区不分土地、不斗牧主、不划分阶级和牧工、牧主两利）政策，以区别于国内其他农区；对农区实行了与国内其他农区相同的政策；对半农半牧区则实行了兼有牧区和农区特点的政策。

② 王道龙，吴永常，胡志全．西部生态脆弱区农业结构调整探讨［C］．农牧交错带荒漠化治理新技术培训暨农业可持续发展论坛，2002：32.

③ 李周，孙若梅．中国生态敏感带与贫困县的相关研究［M］．北京：中国环境科学出版社，1998.

与一般意义上的农牧交错带相比，内蒙古农牧交错带有其特殊的一面：内蒙古农牧交错带是汉、蒙两种不同文明的交汇处，这两种文明相互作用、相互影响，构成了内蒙古农牧交错特有的人文和社会特征；内蒙古农牧交错带还是以草食家畜放牧业为主导经济部门的单一性、自给性经济和以种植业为农业主导部门的多样性、商业性经济之间的经济过渡带。这样的概括是基于这样一个基本事实：在广大牧区，尽管在经济体制改革上推行了草畜承包，使得牧民有可能根据市场的变化调整生产，但牧区目前的经济社会状况无法使牧民真正与中心市场或终端市场相衔接，他们的生产在很大程度上还是自发性的、盲目的传统家畜放牧业。

至少目前为止对内蒙古农牧交错带的定义，绝大多数是从生态学角度进行的，这种区分至少具有技术上的意义，但缺乏经济学判断。如果说技术上的区分是必要和基础性的，那么，加入经济学判断似乎是更加完整和符合实际的。①

基于上述考虑，对内蒙古农牧交错带可作如下定义：

内蒙古农牧交错带是内蒙古干旱半干旱地区蒙、汉两种不同经济活动和社会文化相互作用、相互影响而形成的具有明显地域性生态、经济和社会特征的复合型区域。

内蒙古农牧交错带包括 62 个旗县，② 其中农区旗县 23 个、半农半牧区旗县 17 个、牧区旗县 22 个（见表 1-2）。③

---

① 修长柏. 内蒙古农牧交错带农村发展路径研究——以和林格尔县为例［M］. 北京：中国农业出版社，2010.

② 在内蒙古自治区，“旗”是蒙古族的一种称呼，其规模相当于一个县，新中国成立以后将旗视同为县的待遇，所以通常将“旗”和“县”放在一起称为“旗县”。

③ 关于内蒙古农牧交错带应包括的旗县目前也存在分歧。内蒙古科技厅（2001）在其“九五”国家重点科技攻关计划“农牧交错带生态系统恢复科技发展规划的研究编制”（项目编号：2000-K01-01-08）中，将内蒙古 62 个旗县划分为农牧交错带；李周等（1998）认为，内蒙古有 30 个旗县可以被划分为农牧交错带。本书采用第一种划分方法，因为在内蒙古，与半农半牧区相同，农区、牧区的划分也是政策性产物。从经济结构上讲，目前许多牧区都存在种植业，已与昔日牧区判若两地；而且，在有的地方种植业还在向牧区深入，将这些牧区包括进去更为合适。此外，在具体分析中使用的是 62 个旗县的行政区划材料，原因有二：一是目前缺乏对农牧交错带的专门统计，无法取得系统的生态学定义中的资料；二是旗县作为最基本的行政单位，不仅统计资料相对全面，国家和地区的各项政策也是通过旗县这个基本单位来组织实施的，这样处理更具有实践意义。

表 1-2　内蒙古农牧交错带所包括的旗县

盟市名称	旗县名称
呼伦贝尔市	鄂伦春旗、阿荣旗、莫力达瓦达斡尔族自治旗、扎兰屯市
兴安盟	乌兰浩特市、突泉县、科尔沁右翼前旗、扎赉特旗、科尔沁右翼中旗
通辽市	开鲁县、奈曼旗、库伦旗、扎鲁特旗、科尔沁左翼后旗、科尔沁左翼中旗
赤峰市	林西县、敖汉旗、巴林右旗、阿鲁科尔沁旗、巴林左旗、克什克腾旗、翁牛特旗
锡林郭勒盟	多伦县、太仆寺旗、锡林浩特市、阿巴嘎旗、苏尼特左旗、苏尼特右旗、西乌珠穆沁旗、镶黄旗、正镶白旗、正蓝旗
乌兰察布市	察哈尔右翼前旗、商都县、兴和县、化德县、集宁区、丰镇市、卓资县、察哈尔右翼中旗、察哈尔右翼后旗、四子王旗
呼和浩特市	武川县、和林格尔县、清水河县、土默特左旗、托克托县、凉城县
包头市	固阳县、土默特右旗、达尔罕茂明安联合旗
鄂尔多斯市	达拉特旗、准格尔旗、伊金霍洛旗、乌审旗、鄂托克前旗、鄂托克旗
巴彦淖尔市	杭锦后旗、五原县、磴口县、临河区、乌拉特前旗

资料来源：《农牧交错带生态系统恢复科学发展规划的研究编制》，内蒙古科学技术厅，2001 年 4 月。

1.3.8　系统耦合

“系统耦合”一词源于物理学，后来才逐渐被应用于其他学科。系统耦合是指两个或两个以上性质相近的生态系统具有互相亲和趋势，当条件成熟时它们可结合为一个新的高一级的结构——功能体。任何系统，其非平衡态是绝对的，平衡态是相对的、偶存的，系统自由能的积累可使系统进入非平衡态，通常所言“能量是系统的驱动力”无疑也适用于系统耦合。当条件、参量适当时系统势能延伸可使不同系统实现结构功能的结合，产生新的高一层的系统。它不是原系统量的增大，而是新功能体——具有新质的较高层次系统。连通两个或两个以上系统发生系统耦合，由此产生的新系统被称为耦合系统。系统耦合导致系统的进化，虽广泛存在于草地农业系统，但较少引起人们关注。系统耦合是世界经济一体化的桥梁，其意义在于充分发挥生态系统固有的开放性带来的外延特性（自由能积累），促进系统进化和生产潜力的释放。①

1.4 国内外研究动态

1.4.1 生计研究

1978年出版的《现代汉语词典》对“生计”的定义有两种，第一种是指维持生活的方法；第二种是指生活本身。生活本身包括人们的食物、衣服、住所、交通等。英语词典对生计的解释与《现代汉语词典》里第一种的解释是相同的。

国内关于生计的研究，赵雪雁（2011）以农户调查数据为样本，对甘南高原115个农牧民家庭采用参与性农户评价方法，分析了甘南高原纯牧区、农区、农牧交错区农户的生计状况，说明了生计资本对生计活动的影响。赵雪雁（2012）用农村参与性评价的方法研究了甘南高原地区不同生计方式的农民对环境的感知。江进德等（2012）通过田野调查获得研究数据，分析了不同类型地区农户替代生计选择的结果和特点，并使用logistic回归模型分析了影响农民替代生计选择的因素。赵雪雁（2013）从生活能源消耗和生态足迹的角度分析了不同生计方式的农民对生态环境的影响。程文仕等（2015）以张掖市甘州区典型村为例，基于不同农户生计类型，运用生态压力指数和生态足迹原理对生态压力进行了定量研究。杨云等（2016）基于问卷调查和数理统计等方法，利用对科左后旗农牧民的调查数据，研究了农牧交错带农牧民的生计策略和土地利用现状。郭秀丽等（2017）运用参与式农村评估方法，基于农户生计视角分析，设计多元logistic回归模型，以内蒙古杭锦旗为研究对象，研究了农户生计策略转型的关键影响因素。王一超等（2018）以

① 万里强，侯向阳，任继周. 系统耦合理论在我国草地农业系统应用的研究［J］. 中国生态农业学报，2004，12（1）162-164.

宁夏回族自治区盐池县为研究对象，在可持续生计的框架下，从农户的生计资本和生产要素配置的视域，分析了农户生计分化及其对耕地利用的影响。苏芳等（2018）采用熵权法对石羊河流域进行定量评价，通过半结构化农户调查分别确定农户生计风险评估体系和典型的风险应对策略，系统分析了流域不同地区农民面临的生计风险，并通过建立多元 probit 回归模型，定量量化生计风险对风险应对策略的作用。孙前路等（2018）从牧民角度，系统分析了生计资本和兼业化对饲养规模决策的影响，并基于微观调查数据，采用 slogit 回归方法研究了影响牧民饲养规模的因素。张晶渝等（2019）采用机会成本法计算了河北省萍乡市不同生计农民的休耕机会成本，并建立了劳动力转移补偿模型。

国外关于生计的研究，世界银行（World Bank）、英国国际发展署、英国 Sussex 大学发展研究所和一些非政府组织（NGO）等提出了多个生计研究框架（Carter，1999；Scoones，1998；Collier，1998；Frankenberger，2000；Neefjes，2000）。[①] 应用较为广泛的主要有联合国开发计划署、关怀国际、英国国际开发署和 Turner 等（2003）提出的生计分析框架。其中，UNDP 可持续生计分析框架重视各生计要素的协同作用及其整体发展，并构建了包含投入、产出、影响、过程、结果等的系列生计分析指标。UNDP 通过对穷人资产的分析，强调应重视人们的才能、知识和技术，并重新定义“发展”为“尽可能地塑造良好的环境促进人们提高自身能力、发掘潜能并最终得以获得可持续生计”。

关怀国际的生计安全框架认为，农户生计策略由个人能力（如教育、技能、健康、心理）的具备、资产（储备、资源、所有权）的可获得性和存在的经济活动三者共同决定。该框架的核心是农户能力、资产和所从事的活动三个要素，其优点是更好地区分开农户能够直接控制的家庭资产和当地家庭所拥有的公共资产。

Turner 等（2003）为评估人地耦合系统的可持续性，发展出一套生计脆

① 黎洁，李树茁，戴利. 农生产计与环境可持续发展研究［M］. 北京：社会科学文献出版社，2017.

弱性综合分析框架，阐述了生计脆弱性分析的复杂性和内在关联性，侧重关注影响农户生计脆弱性的系列因素及其潜在影响。在生计脆弱性分析过程中，Turner 分析框架主要由以下元素组成：①多层次的内在联系的干扰源和压力源，包括框架核心部分的因子及其效果；②在干扰源和压力源之外的暴露度，包括人地耦合系统受脆弱性因子影响的方式途径；③耦合系统的敏感性；④系统反应、应付能力，即弹性；⑤系统结构重组的调整、适应能力；⑥脆弱性、耦合系统和响应的标准化动态及其嵌套标准的处理。在此框架内，脆弱性系统由暴露度、敏感度和弹性，以及系统内不同组分的内在联系组成。此框架主要强调生物物理学子系统和社会的反馈作用，一个子系统的变化也将影响其他子系统。

再者是英国国际发展署于 2000 年提出的可持续生计分析框架。该框架目前最为学者认同且应用最为广泛，主要由脆弱性背景、生计资产、结构和制度的转变、生计策略和生计结果五个部分组成。其核心思想是将农户看作在特定的脆弱性背景下，通过组合使用所拥有的生计资产及其他因素制定相应的生计策略，从而获得一定的生计产出和达到其生计目的，这一过程同时也受“组织结构和制度过程”的影响（苏芳等，2009；何仁伟等，2013）。DFID 模型具有以下优点：①基于 Sen（1997）等对贫困性质理解的理论，把研究的视角由收入的提高转为农户生计的可持续提高；②提供一份关于发展和减贫研究的重要问题清单，并总结这些问题之间的联系；③强调重视关键的影响和过程；④关注不同影响因素之间的多重互动；⑤规范生计研究工作，使之成为一种单独的、可共享的发展规划方法；⑥既能指导整体生计战略的分析，又能分析单个家庭生计的限制条件。DFID 分析框架同样也存在较多缺点。例如，该框架需要大量资源和较高难度的技巧，因而难以落到实地；对农户适应性生计的生态效应缺乏足够重视（Ashley，2000；Small，2007）；强调生计资产的储量，而忽视能做出生计贡献的动态生计资产流量（Reed，2013）；未能提供确切的生计资产定量衡量方法；对生计转变结构和过程描述得含混不清；等等。

此外，各国学者基于以上框架演化、构建了多种生计分析框架。Bebbington

(1999) 就农村贫困和可持续生计问题，衍生出一套生计分析框架，集中关注生计资产的获得、分配、使用和扩大；Salafsky 和 Wollenberg (2000) 发展出一套概念性框架，从物种种类、栖息地、空间、时间和保护协会五个维度设置标准去评价人类需求与生物多样性保护的有效结合；Reed (2013) 综合 SLA 的理论视角和其他分析框架（包括生态系统服务框架、扩散理论、适宜性管理和转变管理）用以分析气候变化影响下农户生计的脆弱性；Speranza 等 (2014) 从缓冲能力、自我组织能力和学习能力三个维度构建了指标体系框架用以分析生计弹性；Rounsevell 等 (2010) 构建了生态系统服务供给框架 (FESP)，用以评价环境变化驱动因子对生态系统服务供给的影响及其政策、管理响应。①

自 20 世纪 80 年代以来，国外研究人员和国际组织对农户的生计进行了广泛研究。Scoones (1998) 认为，生计包括生活所需的能力、资产（包括物质和社会资源）和行动。Chambers 和 Conway (1992) 提出了被广泛采用的生计的定义：生计是一种基于能力、资产（包括储备、资源、权利）和活动的谋生手段。人们可以应付压力和消极影响，并具有恢复、维持和增加资产的能力，并且能够为下一代的生存和发展提供机遇以及为他人谋生、增加收入提供净收益和机会，而又没有破坏自然基础，因此该生计就具有可持续性。Sen (1987) 认为“能力”是人们可以生存和做事的功能。此外，人类既有自然属性又有社会属性，应有足够的营养和健康的身体，以及选择和从事某些活动的权利。关怀国际提出了基于基本需求和权利谋生的方法。②

1.4.2 可持续生计研究

斯琴朝克图 (2017) 以 293 户农户为研究样本，用统计分析和访谈法，从可持续生计框架出发，研究了不同类型和不同等级农户的生计资产与

---

① 郭志龙. 北方农牧交错带农户生计转变及其驱动机制研究 [M]. 北京：中国财政经济出版社，2019.

② 黎洁，李树茁，戴利. 农生产计与环境可持续发展研究 [M]. 北京：社会科学文献出版社，2017.

生计活动方式的相互关系。王娅（2017）以农牧交错带典型的荒漠化逆转区宁夏盐池县为例，采用实地研究数据，在SLA的可持续生计框架下，定量评估了农户的生计资本对荒漠化逆转趋势的影响，并使用灰色关联法和二元logistic模型研究了两者之间的关系。赵雪雁（2017）从地理学视角梳理了可持续生计研究的现状、问题与领域。宁泽逵（2017）运用熵权法测算了陕西省长武县巨家镇339户农户的生计资本，建构了农户可持续生计资本评价体系，并借助莫兰指数分析了调查区村级户均生计资本的空间聚集特征。

农户生计研究，最早见于20世纪80年代罗伯特·钱伯斯关于贫困和农村发展的著作（Chambers，1992），认为生计研究可以用作贫困问题评价和解决的途径。生计分析为减贫工作提供了新的视角，它将人们的关注点由注重收入的提高转向注重谋生能力的提高。

20世纪80年代，在可持续发展理论下，世界环境与发展委员会首次提出“可持续生计”（sustainable livelihoods）概念，将支持、鼓励稳定性生计作为消除贫困的手段。1995年《哥本哈根宣言》写道：“社会经济政策的首要目标应是促进人们充分就业，使所有社会居民可以自由择业，最终获得可靠、稳定的生计。”辛格等（2000）认为，可持续生计就是现在或将来人们所能选择利用的，不妨碍他人谋生，具有一定的稳定性的资源和就业机会。Scoones（1998）认为农户生计由农户自身能力、拥有的资产（包括有形资产和无形资产）和从事活动构成，如果在面临压力和冲击时，能在不过度消耗自然资源的前提下恢复甚至改善其能力和资产，则为可持续生计。联合国开发计划署将可持续生计的内涵概括为：在灾害情况下的恢复力；维持家庭生产的经济收益；人与自然间的和谐、均衡发展；既满足当代发展又不影响下一代发展的代际公平。综上所述，可持续生计是指个人或家庭为获得稳定而较好的生活水平所拥有的谋生能力、资产和收入活动。①

基于生计和可持续生计的含义，并基于诺贝尔经济学奖获得者阿玛蒂亚·森的可行能力理论，近年来，一些外国组织和科研人员拓展了多种生计

---

① 邬志龙．北方农牧交错带农户生计转变及其驱动机制研究［M］．北京：中国财政经济出版社，2019．

分析框架。Scoones（1998）提出了“可持续生计分析框架”，Bebbington（1999）提出了以资本和能力为核心的农户生计分析框架，而Ellis（2000）提出了以人的资产和活动为重点和中心的生计多样化分析框架，从多个角度理解贫困并提供综合解决方案，并受到世界银行和许多非政府组织的拥护。① 在这些生计分析框架中，使用最广泛且影响最大的是英国国际开发署的可持续生计分析框架。基于Scoones的可持续生计分析框架以及Sen、Chambers和Conway对贫困本质的理解，英国国际开发署进一步拓展了可持续生计分析框架，使其成为许多国际组织和非政府组织向发展中国家提供财政援助和制定干预性指导规划的工具。根据这一框架，农户将其生计资本结合起来并从事不同的生产活动，以追求生计策略。社会因素、外部趋势和影响因素限制了各种资产的可获得性和可利用性。英国国际开发署的可持续生计分析框架中的资本将Scoones的金融资本进一步分为金融资本和物质资本，由五个部分组成：自然资本、金融资本、物质资本、人力资本和社会资本。以往研究人员普遍认为，家庭或个人的资产状况是了解家庭或个人选择的机会，所采用的生计策略和面临的环境风险的基础也是设计发展项目、政策干预和农村扶贫开发的落脚点。

1.4.3 生计策略研究

通过梳理文献，左停等（2011）研究了农户生计策略形成的原因、制约因素、问题和前景，并分析了我国相关政策对农户生计可持续性的影响。蒙吉军等（2013）、赵雪雁等（2015）、梁义成等（2011）、蒲春玲等（2011）、杨培涛（2011）对农牧户生计策略的影响因素进行了实证分析，认为生计资产、生态补偿及生态保护等国家政策是影响农牧户生计策略的重要因素，且生计资产对生计策略选择有决定性影响。一些学者还根据主观判断将农户的生计策略分为不同的类型。比较常见的生计策略有非农业型、纯农业型、兼并农业型（陈卓等，2014；赵文娟等，2016）。另外，一些学者直接将本地种

① 苏芳. 生态补偿方式对农户生计策略的影响［J］. 干旱区资源环境，2013，27（2）：58-63.

植、养殖方式作为生计策略的类型，如农林种植户、畜禽养殖户、农民工、非农自营职业等（李聪等，2014）。生计资本的组合决定并影响着生计策略的选择。研究结果表明，人力资本、金融资本和社会资本较发达的农户倾向于选择非农业生计方式，自然资本和物质资本较发达的农民倾向于选择农业生计方式。道日娜（2014）在可持续生计分析框架的基础上，运用内蒙古东部四个旗的实地调查数据，从生计资本的角度对农民生计资本与生计策略之间的依赖关系进行了实证研究。韦惠兰等（2016）从农户可持续生计框架入手，以河西走廊六县为研究案例，建立并评估了农户生计指标体系，评价了农户生计资本与生计策略的影响关系。吴小影（2017）运用158个渔民家庭的有效数据，采用参与式农村评估方法，建立了气候变化影响感知指数，探讨了气候变化影响感知指数与生计资本之间的内在联系，并进一步揭示了生计适应策略及其产生的生态影响。涂丽（2018）运用专家评分和层次分析相结合的方法计算了农户生计资本综合指数，根据农业生产和农村劳动力外出打工情况，将农户生计策略分为纯农户生计策略、农民工、农工兼业型、非农业四大类，进一步分析了农户生计资本不同组合下的生计策略。

从事农村扶贫与发展研究的著名学者Ellis（2000）重视农村中农户生计多样化研究，他认为资产（自然、物质、人力、金融和社会资产）、行为以及由系统获得这些资产的权利及社会关系的调整，决定了个体和农民的收入活动。“生计策略”通常是指人们为了实现其生计目标而进行的各种活动以及某些活动的组合，包括生产活动、投资决策和再生产选择（PFID，1999）。在众多研究中，策略和活动的概念是可以互换的（Babulo et al.，2008）。人们为了实现其生计目标而选择经营活动和对资本进行组合配置，包括生产活动、投资策略和生育安排。在考虑农户生计的发展时，应考虑到脆弱性环境影响以及机构和组织外部环境的可能支持或障碍。家庭生计策略是动态的，可以根据外部环境条件的变化、资本利用的分配以及业务活动的类型和比例的组成进行调整。

大多数研究和实践仍将生计活动和生计策略的内容限制在生产活动上，以Scoones（1998）和Orr（2001）等为代表，将生计策略划分为三个方面内容，详细描述了农业扩展和集约化以及农业多样化和迁移的过程。Ellis（2000）针对不同的生计策略采用了类似的分类方法。在发展中国家，农户生计多样化对农民具有重要意义（尽管这种意义的确切形式在研究中仍存在争论）。多样化的生计策略既可以是农户在一定经济条件下的主动选择，也可以是对脆弱环境的被动适应。有关多样化生计的作用依然存在争论。例如，它是否有助于家庭收入的稳定（Stark，1991；Adams，1994；Davies，1996），是否扩大了农村地区的贫富差距、是否提升了农户应对风险的能力（Evans and Ngau，1991；Adams，1994）以及农业生产资源是否得到了加强或转移等（Low，1986；Carter，1997）。但作为一种能力，农民有能力从事多样化活动本身就是可持续生计的重要因素。农户生计多样化能力的建设在改善生计安全和增加农民收入方面发挥了积极作用（Ellis，1998）。

农业生产和非农业生产是农民收入的主要来源。首先，特别是在市场经济中，农业多样化战略可使农民从新机遇中受益。研究表明，在消除贫困的同时，多样化的农业生产也有利于保护生态环境和建设可持续生计，相关政策应为这种多样化的行为提供帮助（Ellis，1998；Perz，2005）。其次，在现代经济发展过程中，很多农户依然处在贫困中，不仅因为他们经常被排斥在市场之外，还因为他们的生产经营方式仍然是自然经济形态，并继续生产主要传统粮食作物。市场的扩大不仅反映在自然经济农业向商品经济农业的过渡中，还反映在农民的资本和收入来源的多样性上。非农活动是收入来源的重要组成部分，体现了农户生计的多样化。相对于农业多样化和结构多样化，收入多样化意味着将非农业专业家庭资本用于与农业无关的非农业生产活动中。在经济转型地区，尤其是中国西部的农村地区，耕地资源相对少，农村剩余劳动力相对过剩，非农活动不仅是农民的重要收入来源，还是避免风险的重要手段（Giles，2006）。因此，可以说，非农业多样化生产经营方式代表了未来农村经济发展的新趋势（Xia and Simmons，2004）。①②

---

① 黎洁，李树茁，戴利. 农户生计与环境可持续发展研究［M］. 北京：社会科学文献出版社，2017.

② 赵靖伟. 农户生计安全与保障［M］. 北京：社会科学文献出版社，2014.

1.4.4 农牧交错区相关研究

1.4.4.1 农牧交错区生态问题研究

在长期开发利用过程中，人类从北方农牧交错区内获得了生存发展所必要的资源支撑。然而，随着人类开发活动的不断增强，人类活动对农牧交错区的生态环境产生了巨大的影响，逐渐产生了草场退化、地下水位下降、土壤盐碱化、土壤沙化以及沙尘暴等生态环境恶化问题。

学术界对北方农牧交错区的生态问题开展了广泛的研究。研究认为，影响北方农牧交错区生态环境的因素为自身的敏感性因素和气候变化因素。刘军会等（2015）① 利用遥感技术和 GIS 技术，综合评定了中国生态环境敏感性，研究了中国生态环境敏感性空间分布特征及其范围，北方农牧交错区大部分属于生态极敏感地区，部分地区如科尔沁沙地则属于高度敏感地区。罗海江等（2007）② 利用 Landsat 的基础数据对北方农牧交错区的鄂尔多斯地区近 50 年来的生态环境变化情况进行了研究，表明鄂尔多斯地区生态环境的持续恶化状态是降雨量持续减少导致的，直到 2001 年左右降雨量增加才出现逐渐改善的转机。赵哈林等（2000）③ 指出，自 20 世纪 60 年代以来北方农牧交错区的生态环境随气候变暖不断退化，进入 90 年代以后，在气候变暖的速度不断变慢的情况下，生态退化的程度依然持续加速，这表明气候变暖、气温持续升高对农牧交错地区的生态环境退化具有直接影响。

大多数研究认为自然因素的影响是生态环境恶化的次要原因，而人类活动的影响才是北方农牧交错区生态环境恶化的主要原因。胡小龙等（2013）④ 以具有北方农牧交错区特征的多伦县为例，利用三期湿地遥感数据分析了多

---

① 刘军会，邹长新，高吉喜，等. 中国生态环境脆弱区范围界定［J］. 生物多样性，2015，23（6）：725-732.

② 罗海江，白海玲，方修琦，等. 农牧交错带近十五年生态环境变化评价——以鄂尔多斯地区为例［J］. 干旱区地理，2007（4）：474-481.

③ 赵哈林，张铜会，崔建垣，等. 近 40a 我国北方农牧交错区气候变化及其与土地沙漠化的关系——以科尔沁沙地为例［J］. 中国沙漠，2000（S1）：2-7.

④ 胡小龙，李锦荣，薛博，等. 农牧交错区湿地景观动态变化分析——以内蒙古多伦县为例［J］. 水土保持研究，2013，20（1）：116-120，125.

伦县湿地景观的变化趋势。分析结果表明，多伦县的湿地景观总体上呈减少状态，由湿地景观转变为非湿地景观，特别是2000年以后，湿地减少的速度明显加快，由之前的1.74%加快为4.81%。这种变化的自然原因主要是气温升高导致湿地减少，人为原因主要是人口增多而用地不足，生产活动向湿地发展，导致湿地景观逐年减少。魏雯等（2012）① 利用2000年和2009年的遥感数据分析了内蒙古太仆寺旗林草地的景观变化。分析结果表明，虽然10年间林地和草地的净面积呈微弱增加趋势，但湿地景观大量减少，土地盐碱化程度明显增加，区域整体的生态环境呈退化态势。原因在于近年来大量开垦牧草地、平衡人口激增带来农业生产用地不足的状况，以及气候持续变暖、蒸发量提高、气候干燥等破坏了植被的生长环境。张军涛（2008）② 以典型农牧交错区的通辽市和朝阳市为样本，利用主成分分析法对两市土地荒漠化的影响因素进行了比较分析。分析结果表明，在农牧交错区土地荒漠化的发展过程中起主导作用的是人为因素，自然因素处于次要地位。农牧交错区的流域区域也呈现出明显的生态退化迹象。徐兰等（2015）③ 基于Arc GIS模拟技术，研究了农牧交错区典型的流域区域——洋河流域的生态变化特征。结果表明，在土地高强度开发的形势下，洋河流域的整体生态风险不断加大，严格控制农牧交错带小流域的开发强度，对维持农牧交错带小流域生态系统生态稳定尤为必要。代希波等（2014）④ 对农牧交错区的植被变化与气温、降水、人类活动干预等相关因素的分析表明，人类活动仍然是影响农牧交错地区生态环境变化的主要因素，而降水和温度的变化是影响北方农牧交错区生态环境变化的次要因素。王强等（2012）⑤ 利用Landsat影像，借助

① 魏雯，高娃，师尚礼，等. 近10年农牧交错区生态环境变化分析——以内蒙古太仆寺旗为例［J］. 草地学报，2012，20（1）：31-36.

② 张军涛. 东北农牧交错区生态环境影响因素研究［J］. 地域研究与开发，2008（1）：113-116.

③ 徐兰，罗维，周宝同. 基于土地利用变化的农牧交错带典型流域生态风险评价——以洋河为例［J］. 自然资源学报，2015，30（4）：580-590.

④ 代希波，高守杰，郭光毅，等. 1990—2010年间我国北方农牧交错带植被覆盖度变化归因［J］. 湖北大学学报（自然科学版），2014，36（5）：389-394，405.

⑤ 王强，康慕谊，戴诚. 1990年至2010年农牧交错带冀蒙接壤区土地退化特点及影响因素分析［J］. 资源科学，2012，34（8）：1508-1517.

PCC法和土地质量评价分析了北方农牧交错区冀蒙接壤区的生态环境变化情况。分析结果表明，2000年之前该地区生态环境呈持续退化状态且退化严重，2000年之后在退耕还草政策的引导下，生态环境呈改善趋势。闫慧敏等（2014）① 研究了近50年内蒙古农牧交错区的极端气候事件的时空格局，认为北方农牧交错区内的极端天气事件在进入21世纪的10年内显著增多，强烈的人为活动严重影响了土地利用与覆被变化，这种地表辐射条件的改变会对区域气候产生重要的影响。② 高英、彭羽（2015）③ 以1987年及2010年两个年份的土地利用数据为基础资料，对北方农牧交错区和林格尔县的景观发展变化趋势进行了深入研究。结果表明，在人类活动的强烈干预下，和林格尔县的景观破碎程度得到很好的改善，但是景观多样性呈明显下降趋势。相对于人类活动对生态环境的破坏而言，人类活动对北方农牧交错区生态环境的修复也至关重要。王让虎等（2014）④ 基于景观生态学理论，利用遥感与地理信息系统技术，建立了典型的北方农牧交错区——吉林省通榆县的生态安全格局模型，并对其进行了安全格局的预警分析。结果表明，通榆县的生态安全景观过程并不“安全”，安全景观格局的两极分化严重，高风险地区和安全地区都呈上升趋势。这表明该县的生态环境并不乐观，高风险区域必须进行人工干预，否则会引发一系列生态问题。丁文广等（2016）⑤ 利用1975—2014年5个时间切片的遥感影像，对晋西北的农牧交错区的土地沙漠化进行了深入研究。研究结果表明，1975—2005年属于晋西北沙漠化稳定发展时期，2005—2014年由于重视沙漠化治理，土地利用的沙漠化趋势得到了很好的缓解。这表明人类活动对北方农牧交错区的生态环境的改善也至关

① 闫慧敏，陈伟娜，杨方兴，等. 过去50年内蒙古极端气候事件时空格局特征［J］. 地理研究，2014，33（1）：13-22.

② Jentsch A. Extreme Climatic Euents in Ecological Research［J］. Frontiers in Ecology and the Environment，2006（4）：235-236.

③ 高英，彭羽. 1987—2010年和林格尔县农牧交错带土地利用与景观动态变化研究［J］. 中央民族大学学报（自然科学版），2015，24（4）：11-14

④ 王让虎，李晓燕，张树文，等. 东北农牧交错带景观生态安全格局构建及预警研究——以吉林省通榆县为例［J］. 地理与地理信息科学，2014，30（2）：111-115，127.

⑤ 丁文广，陈利珍，李丹璐，等. 1975—2014年晋西北地区沙漠化动态变化趋势研究［J］. 干旱区地理，2016，39（5）：994-1003.

重要。

研究表明，农牧交错区问题的重要表现是人类过度开发活动与北方农牧交错区脆弱的生态环境保护之间的矛盾，即“人地关系”的矛盾。因此，解决北方农牧交错区生态问题，需要对区域人地关系进行深入的研究。①

1.4.4.2 农牧交错区农牧民生计研究

干旱地区占地球表面的40%，生活着约30%的世界人口。它的特点是降水量少、水资源缺乏，强烈影响着整个世界的可持续发展。这些地区主要包括干旱和半干旱地区，如中国的农牧交错区、中亚地区和非洲部分地区等。水资源缺乏引起的干旱被一致认为是对区域农牧民生计安全的主要威胁。数百年来，居住在这种恶劣环境中的人已经形成了适当的生计管理策略。然而，受气候变化、人口增长、环境恶化、现代化努力以及国家影响力日益增大等因素影响，农牧民的生计压力日益增强。在农牧交错区，气候变化，如气温上升和降水日益不规则的影响尤为明显。同时，由于人口增长和环境退化加剧，对农牧民生计至关重要的自然资源变得更加稀缺，导致农村生活条件严重恶化，并加剧了潜在的冲突可能。

为了让农牧民更好地改善生计，世界各地的政府部门和学者们开展了大量的实践和理论研究。撒哈拉以南非洲地区尝试实施土地私有化以改善牧民生计，即转让土地所有权，激发牧民发展农业的兴趣，以此来刺激纯粹的牧民从半游牧生计转向农牧兼业，从而改善贫穷的生计状态。但 Matthias 等（2016）认为通过土地的私有化迫使牧民身份转变，从纯粹的牧业劳作转向农牧式生产方式是一种通过改变财产权利而夸大的过渡，这种做法并没有考虑到会削弱地区特有文化习俗，损害了后代对阿法尔族身份的认同。Wu 等（2017）连续12年对内蒙古住户的调查研究表明，以养殖为主的农户半农户的比例急剧下降，非农业户和失业户的比例大幅增加，种植户的比例随着经营方式从粗放型转向集约型、专业型而略有增加。Romina 等（2016）利用基

① 徐冬平. 北方农牧交错区农业可持续发展路径、模式及布局研究——以内蒙古通辽市为例［D］. 西安：西北大学，2018.

于过程的模型分析方法，明确考虑生态系统和社会子系统之间的相互作用和反馈，建立了研究农牧民生计的新型研究框架，提出了系统模式分析战略和中央统筹的概念。其研究结果表明，农牧地区生计问题并不全部源于气候和资源，社会、文化和家庭因素也起了关键作用。Tsegaye 等（2013）从政策对牧民生计产生的长期和短期影响出发，研究了北阿法尔农牧地区的农牧民生计问题，认为畜牧业在当地仍然起着举足轻重的作用，政府部门要改善广大农牧民的生计，必须动态制定与农牧经济发展阶段和地方文化相调和的发展策略。①

1.4.4.3 农牧交错区发展模式问题研究

建立在传统产业基础上的产业升级能够在很大程度上促进北方农牧交错区的可持续发展。② 但是，很多学者也相信，利用循环经济的理念来指导传统产业升级对北方农牧交错区的可持续发展有着事半功倍的效果。在北方农牧交错区第二、第三产业发展比较薄弱的情况下，学者们对农牧交错区循环经济的研究主要集中在对循环农牧业的研究。尹昌斌等（2013）在全面研究的基础上提出了循环农业经济的理论框架，奠定了循环农业经济发展的基础。那伟等（2011）探讨了农牧相结合的循环农业技术模式；刘振等（2016）探讨了秸秆利用的循环经济模式；马福婷等（2016）、孟凡艳等（2011）探讨了低碳型循环农业的发展模式；那伟等（2011）给出了北方农牧交错区发展循环农业经济的发展策略；徐冬平等（2017）则从宏观出发构建了通辽市发展循环经济的系统动力学模型，模拟了北方农牧交错区循环经济模式下的可持续发展趋势。在众多学者理论研究的基础上，张艳春（2017）、潘华彪等（2017）、石亚娟等（2016）、何成芳等（2016）、高深等（2014）、周永兴（2014）、时润哲等（2017）、朱江群等（2011）开展了农牧循环经济的实践研究，主要包括循环农业经济的多元模式、生态技术、农牧共生技术、家庭农场等方面的实践研究。

---

① 徐冬平. 北方农牧交错区农业可持续发展路径、模式及布局研究——以内蒙古通辽市为例［D］. 西安：西北大学，2018.

② 董绮，王爱民. 品牌创新与区域产业升级关系模型构建［J］. 理论月刊，2017（7）：141-144.

1.4.5 农牧系统耦合相关研究

农牧耦合在国际上被有些学者称为农牧复合、农牧系统科学。在我国，一些学者将其称为农牧耦合、种养结合，是在传统农业的基础上结合区域特点逐渐形成的一种农业生产方式。

1.4.5.1 农牧耦合系统耦合模式研究

国内学者任继周从理论上指出，农牧系统耦合从方向上可以分为两种基本类型，即垂直耦合和水平耦合。前者是指前植物生产层、植物生产层、动物生产层和外生物生产层的纵向耦合；后者是指子系统在空间上的横向耦合（韩建国，2004）。两种基本类型又分别衍生出空间型、时间型、时间—空间型系统耦合。不同地区的草地农业生态系统之间生产层的耦合，属空间型的系统耦合；不同时间阶段的生产层耦合，属时间型的系统耦合；但多数的系统耦合属时间—空间型耦合。通常，时间型与空间型耦合难以分割，在系统耦合这样的高层调控系统中更是如此（万里强等，2004）。在此基础上，王爱民等（2002）指出农牧耦合存在两种基本耦合类型：一是特定地域农牧生态系统中农牧业生产之间的内部耦合；二是不同地域农牧生态系统之间的农牧空间耦合。张勃等（2003）进一步具体提出绿洲和山地子系统农牧耦合的发展模式：一是绿洲子系统内部的耦合，即中游绿洲农区舍饲畜牧业与种植业的耦合；二是山地系统与绿洲系统的耦合，即山上繁殖、山下育肥模式与向山区放牧基地提供精细饲料，在牧区直接育肥模式。张勃等的研究不仅论及农业与畜牧业之间的耦合模式问题，也指出了同一个产业由于空间地域不同所产生的差异性，以及如何有效利用这种差异、定位不同功能、进行系统耦合的问题。葛文华等（1996）更早就农牧系统耦合模式内各子系统的功能进行了不同界定。他们对甘肃省景泰荒漠绿洲区寺梁村的研究表明，将山区、绿洲区两大农业系统加以耦合，进行栈养商品肉羊异地育肥，充分利用不同农业生态系统和经济类型地区间的自然条件，能够使羊资源和饲草资源优势互补（万里强等，2004）。孙鸿良（2003）进一步指出，西北地区应建立山地—绿洲—荒漠耦合系统，进行“西牧东移”及“牧繁农育”的农牧耦合方式。李海梅等（2004）运用系统工程的原理和方法，遵循生态经济规律和资源高效持续利用的原则，研究提出了牧民定居后新的生产方式下新疆天山北坡中段草地畜牧业生产经营优化模式（暖季放牧、冷季生产，母畜与后备母畜舍饲、其他畜群仍进行放牧）。他们都肯定了牧区繁育、农区饲草料育肥的农牧耦合模式。王宁等（2000）在此基础上，以宁夏回族自治区平罗县城关家畜交易为例，重点研究宁夏农牧两大区域实现牧区育成、农区育肥畜牧业生产机制的可能性与发展潜力，认为宁夏灌溉农业区与四周牧区半牧区饲草资源的时间差明显，即牧区冬春饲草短缺时正值灌溉农业区大量农副产品生产、收获和贮存期，同时牧区进入农闲有较长时间和大量劳动力从事家畜育肥，故宁夏回族自治区实现农牧两大区域间系统耦合发展前景广阔。林慧龙等（2004）在肯定农区育肥功能的基础上，指出农牧耦合中，农区还应提供良种羔羊。他们应用合作对策理论提出河西走廊山地—荒漠—绿洲复合生态系统的四个可行的耦合模式：①绿洲子系统为山地、荒漠子系统基础畜群提供补饲草料；②山地、荒漠子系统商品羊提前出栏转移到绿洲子系统舍饲育肥；③绿洲子系统良种场为山地子系统提供羔羊，以充分利用山地夏季牧场牧草资源；④绿洲子系统提供良种羔羊和补饲饲草、育肥场，山地—荒漠子系统优化畜群结构，暖季放牧、冷季转移育肥。他们还利用能值概念和度量标准，以耦合后新增宏观经济价值作为对策论中合作对策的特征函数，筛选出最优的耦合模式。① 程积民（2003）认为，农牧耦合资源利用模式为区域经济与生态环境建设协调发展提供了重要支持。李海梅等（2004）采用系统工程的原理和方法，在牧民定居安家后的新生产方式下，提出了新疆天山北坡中段可以采取草原畜牧与养猪和牛育肥等农牧耦合的生产经营模式，能够产生很好的效益。孙芳等（2007）认为，农业和畜牧业在产品的供给方面存在着相互依存的耦合关系，在农牧业经济协调发展的前提下，农牧业循环经济的发展必须协调好资源利用与环境保护之间的关系，农牧业经济的发展受生态环境的制约。因此，必须建立农牧业经济协调发展、社会稳定和生态环

---

① 苗红萍．牧民定居条件下农牧耦合系统经济效果实证分析——以新疆呼图壁县石梯子乡东沟村为例［D］．乌鲁木齐：新疆农业大学，2009.

境优美的长效机制。孟凡艳等（2011）运用低碳经济理论和农户效用最大化原则，建立了农牧业综合评价体系以实现农牧业的综合效益。李飞等（2007）评估了农牧交错带的种植方式与种植和育种方式相结合的能量值，结果发现，农牧耦合的生态和经济效益要高于传统农业。陆文聪等（2010）提出，选择合适的农牧耦合生产方式，可以改善生态环境、优化农牧业产业结构、优化合理配置农牧业资源，能够增强畜牧业综合生产能力、增加农民收入。吕玉华、郑大玮（2009）认为，农牧系统之间的矛盾是内蒙古农牧交错带存在的主要问题，通过将牧区的牲畜转移到农区进行育肥，能够缓解牧区畜草之间的矛盾、改善草原的生态。另外，异地育肥还可以提高农牧民的经济收入，农区的农民增加了生计的多样性，同时改变了土地利用方式。草地系统的恢复和面积扩大缓解了牧区草地生态系统的压力，恢复和改善了农区生态系统。李云斌等（2009）对阿克苏绿洲农业生态系统进行研究后发现，通过农牧系统耦合性的逐步提高，种植业和畜牧业的能源产量逐年增加，环境承载能力逐年提高。同时，如果能使种植业、林业和畜牧业实现良性耦合协调发展，就可以大大提高耦合效应，促进农林牧经济的循环可持续发展。张新时（2010）认为，转变传统的农牧业经济发展方式，建立生态和生产相协调的生产经营方式，对草地退化管理和草地建设具有重要意义，也是解决畜牧业生态经济问题的关键所在。刘兴元等（2011）认为，要坚持可持续发展的基本理念，生产绿色、健康的食品。在生态条件比较脆弱的地区，应该推广合理地开发和利用土地资源、生态经济林木和植被的恢复以及替代产业的选育和产业化经营等三种农业资源开发模式。胡兵辉等（2011）提出了多种农牧业空间耦合模型，值得借鉴。胡兵辉等（2011）利用能量价值理论分析了区域农牧系统的耦合演化规律，提出了农牧生态系统耦合发展的途径。丁继等（2019）认为，解决农牧系统相悖的关键是建立整体协调的农业种植区和草原畜牧区良性耦合发展的农牧生产系统，使农牧各个子系统之间实现较为完善的系统耦合。

Bogahawatte（1984）通过对斯里兰卡三个干旱地带旱作村庄进行基于农牧耦合农业系统的评价，并利用线性规划模型对其进行优化，指出农牧耦合可以让农户增加收入，并且能充分利用各种资源。Devendra（2002）通过对不同国家农牧耦合进行研究，指出整个亚洲混合农业系统中的农牧耦合可以增加产量和收入，对小农户农业的可持续发展有积极的作用。亚洲大部分地区反刍动物的肉和奶的销量上升，农牧耦合的农业系统能够提供95%的反刍动物。Paris（2002）通过对亚洲不同国家案例的研究，分析了新技术应用对农牧耦合系统的改进作用及以往研究中忽视社会经济效益的原因（如对农牧研究方法的理解不足，经济分析应用的知识有限，缺乏考虑性别及社会文化，农户、研究者和外延工作者缺乏联系，等等），并进一步提出加强这方面研究的措施。①

关于农牧耦合的研究，国外学者的研究成果主要体现在三个方面：第一，从系统论的视角对复合农业的研究。主要体现在农林复合系统和农林牧混合系统上。第二，对农牧复合作用的研究。他们认为，农牧复合可以改善土壤质量、增加土壤肥力、增加农业产量和增加土壤蛋白质含量。第三，对农牧业耦合机制的研究。他们认为发展农牧业的耦合，创建农牧业耦合的科学技术机制、农牧业成果的推广和服务机制、农牧业管理机制等是很有必要的。

农林复合系统和农林牧复合系统是复合农业研究的主要内容。Bogahawatte（1984）使用线性规划模型来评估和优化斯里兰卡干旱地区三个干旱村庄的繁殖动物组合。他认为，育种相结合可以充分利用系统中的各种资源来增加农牧民的收入，并且效果比较显著。在此基础上，Devendra（2002）在更广阔的范围内提出了农业和牧草系统的耦合模式。他分析了亚洲国家的农业和畜牧业模式，并得出结论：亚洲所有的混合农业都可以得到更大的发展；充分使用国内资源增加农牧业系统中的畜牧业产量和收入，对该地区经济、社会、生态和农牧业的可持续发展具有重要价值。Thelma（2002）对亚洲不同地区的农牧业一体化进行了重要研究，并提出以往农牧业一体化的研究方法仍然存在一些缺陷。他认为，有关农业系统与动物育种一体化的研究，应该涉猎

① 许承琪．藏南农牧交错带农牧耦合模式的效益分析［D］．兰州：兰州大学，2018.

经济学的相关知识，并考虑性别和社会文化对农牧业一体化体系的影响。Semwal（2004）研究了印度中部喜马拉雅山脉农牧交错区土地利用方式与自然生态系统之间的关系。研究结果表明，不遵循自然生态系统发展方式的土地利用方式会影响该地区的自然生态环境。例如，森林砍伐、对自然生态系统的过度使用、过度放牧和其他追求短期经济利益的行为会导致生态系统破坏、水土流失、土壤肥力丧失。①

1.4.5.2　农牧耦合系统的综合评价方法

作为经济—自然—社会复合系统的农牧耦合系统，其内部各子系统间及其与外部经济、自然环境之间都存在错综复杂的能量流、物质流、货币流和信息流。分析系统的经济、生态、社会三大效益，筛选最佳的系统耦合模式，是农牧耦合系统研究的根本任务之一。耦合系统的综合评价方法，主要包括经济学方法（投入产出分析）和生态学方法（能流分析和能值分析），还有以系统论为基础的层次分析法（陆宏芳等，2004）、建立在新古典经济学“支付意愿”基础上的众多生态经济学方法（Costanza et al.，1997；Raskin et al.，1998；Ulgiati et al.，1998）等②。

（1）投入产出法

投入产出法是由美国经济学家里昂惕夫于1973年提出的。他认为一国的经济是一个“由许多性质不同，但同时彼此又是相互依赖的生产和消费部门所构成的体系”，各部门的“产出量与投入量之间存在着一种基本关系”。投入产出法所分析的正是产品生产与消耗之间的数量依存关系，是系统工程的一种重要建模方法，为研究一个国家或地区的整个经济活动提供了一个简明而又系统的结构模型。大农业生态系统是一个能量投入与产出的开放性系统。自20世纪60年代以来国内外许多学者对农田生态系统的能量投入进行了研究，主要以农田生态系统的能量产投比作为衡量农业投入产出效果的主要指标之一。杨华等（2004）基于投入产出分析方法，建立线性规划模型，提出了切实可行的人工饲草料生产子系统的优化配置模式。由于农田生态系统的

①② 许承琪. 藏南农牧交错带农牧耦合模式的效益分析［D］. 兰州：兰州大学，2018.

能量效率与农田的土地特征密切相关，叶旭君等（2002）在考虑土地特征差异性的基础上，对农田生态系统的能量投入产出模型进行了改进。与传统的能量投入产出分析方法相比，该方法应用了农田生态系统的能量转化规律，兼顾了系统的能量生产潜力和能量效率，避免了传统的能量投入产出分析方法无法判定系统能量生产潜力的弊端。

（2）能流分析法

加拿大 Manitoba 大学 Smil（1981）利用我国统计资料对我国的农业生态系统从能流观点上做了比较全面的分析，并使用 Odum 能流符号绘制了能流图，为剖析我国农业生态系统特点开了先河。分析 20 多年来国内外有关能流的文献可以看出，能流研究的对象分为三类：第一类是农田（种植业）生态系统；第二类是区域农业生态系统；第三类是自然—社会—经济复合生态系统。通常采用的能流分析方法大致可以分为如下三种：一是统计分析法。依据生产统计资料确定单位产值输出的能量需要量，据此将经济统计资料变换成能量资料而进行能量分析。二是输入—输出分析法。通常在一些国民经济统计资料中有某一产品所需原材料的消耗，从而可追溯出基本能量的消耗。三是过程分析法。首先确定制造某一最终产品所需要的过程，再对其中的某一过程进行分析以确定该过程的能量输入值，将所有过程的能量输入值相加即为该产品的能量需要量（王嘉等，2007）。我国对农业生态系统能流研究方法研究得比较全面的学者是闻大中，他不但研究了农业生态系统能流研究的程序和具体做法，而且详细阐述了各种输入输出物质的能含量和折算的具体方法和标准。此外，还建议采用“能值”这一概念将各种能量转换为同一质的能量以加强可比性（闻大中，1984，1985，1986a，1986b，1987）。

（3）能值分析法

能值分析法是由著名系统生态学家、能量分析先驱 Odum 于 20 世纪 80 年代提出的。Odum 的能值分析理论认为自然资源具有真正的价值，其实际贡献的大小可以通过自然资源所凝结的太阳能值定量计算出来（Odum，1983）。这种新的计量方法，避开了人类将劳动价值观强加于自然之上的嫌疑，第一次将大自然所做的贡献充分地体现出来，因此能值分析法是一种客观而科学的计量自然资源价值的新方法。国内众多学者将之应用于生态经济系统的价值分析和可持续发展政策制定，并取得了可喜的成果。董孝斌等（2005）基于能值理论，对两个典型县域农牧交错带生态经济系统的耦合效应进行了分析，并提出了系统耦合度的概念，为定量评价耦合系统开创了新的方法。他把系统耦合度定义为在特定区域的生态系统内循环条件下，农牧系统内的有效能值利用率和单位低质能产品转化成的高质能产品率的乘积，具体公式如下：

$$系统耦合度=\frac{畜生品总能值}{粮食产出能值\times利用系数+牧草和秸秆能}\times\frac{高质能产品能值}{低质能产品能值}$$

其中，高质能产品为草食动物牛、羊的肉和毛类，低质能产品为秸秆和牧草。林慧龙等（2004）避免传统的纯货币评价分析方法对耦合产出所含环境资源评价的缺失，用能值概念和度量标准，以耦合后新增宏观经济价值为对策论中合作对策的特征函数，筛选出最优的耦合模式。此外，林慧龙等（2005）在Odum能值分析理论的基础上提出了目前应用于草地农业生态系统评价分析的指标：净能值产出率、能值投入率、环境负荷率、能值/货币、能值使用强度、辅助能值使用量比、基于能值分析的可持续发展指数、可更新资源能值占总能值流量比。

综上所述，投入产出法的优点是能完整地反映系统的结构、功能的内部机理和动态过程，但它是建立在各个产品或产业经济技术联系的基础上的，其应用受到一定的限制。能流分析法克服了经济分析的片面性和主观性，对农业生态系统的功能研究做出了贡献，但同时也遇到了难题。除了各种工业辅助能的能量折算值难以确定外，最突出的问题是如何区别对待不同类别、不同等级的能量。另外，能量流评价与物质流、信息流评价的统一性问题也是不容忽视的焦点难题（陆宏芳等，2004）。能值分析法是对传统能流分析方法的发展，在生态学中具有较为广泛的适用性，尤其对传统市场方法难以估价的许多自然资源来说不失为一种有效的评价途径。在生态影响评价中引进能值分析，有利于比较不同产品、过程和活动的总能耗及其影响。但其对农业系统社会经济范畴的评价有所不及。①

1.4.5.3 农牧空间格局研究

在影响北方农牧交错区可持续发展的各方面研究中，农牧空间格局是促进北方农牧交错区可持续发展的关键性因素。农牧空间格局的历史、现状、演变决定着区域可持续发展的资源基础、发展空间、发展方向、发展速度、生产力布局以及未来的格局。研究农牧空间格局无论是对退耕还草（林）、产业升级、循环农业经济、可持续发展政策，还是对促进农业人口非农化转移、促进北方农牧交错区城镇化发展、促进民族关系发展、合理布局生产力等都具有非常重要的意义。北方农牧交错区中，农田和草地之间的相互转换关系是最为频繁和密切的一种相互作用关系，代表着农业和牧业空间格局的互动和演变。研究表明，农牧空间格局的互动和演变具有明显的区域特征，是影响区域经济发展和社会变动的重要因素。② 宋乃平等（2007）以鄂尔多斯为例证明了农牧空间格局的互动和演变始终伴随着北方农牧交错区的发生、发展和演变。农牧格局的不断变迁在区域生态空间格局上也有明显的反映，侯向阳（2001）认为农牧格局的演变体现了人类活动与自然环境的互相制约关系，也影响着地方的生态安全格局。农牧空间格局的变化主要反映的就是区域土地利用方式的演变过程，臧立娟等（2013）、张富等（2008）研究了不同区域的农牧空间格局，认为当前的农牧空间格局基本为农进牧退的演变方向所主导，农牧交错系统表现出严重的熵增趋势，无序化程度不断加深。在理论研究的基础上，为了能够比较科学和直观地表达北方农牧交错区农牧空间格局演变的趋势和特征，苏伟等（2006）、徐冬平等（2017）、徐霞等（2008）、陈云浩等（2006）、高廷等（2011）分别从生态安全、可持续发展、空间优化、土地利用格局演变等角度构建了区域农牧系统的仿真模型，为研究区域的农牧空间演变规律提供了有力的理论分析工具。

---

① 苗红萍. 牧民定居条件下农牧耦合系统经济效果实证分析——以新疆呼图壁县石梯子乡东沟村为例［D］. 乌鲁木齐：新疆农业大学，2009.

② 高清竹，何立环，江源，等. 农牧交错带典型区农业与牧业用地互动关系研究［J］. 地球科学进展，2002（2）：209-214，304.

虽然众多学者对北方农牧交错区的研究已经非常深入，但是农牧空间格局与其他影响北方农牧交错区可持续发展因素之间的综合关系还没有被充分认识，如农牧空间格局如何影响经济发展、农牧空间格局如何影响城镇化发展、农牧空间格局如何影响生产力布局、农牧空间格局如何影响社会公平、农牧空间格局如何影响粮食安全、农牧空间格局如何影响生态环境可持续发展等问题仍需进一步研究和解释。因此，对农牧空间格局及其相关问题的刻画和研究仍有待进一步加深。①

1.4.5.4 农区畜牧业发展研究

随着我国农业产业化和现代畜牧业的发展，农业产业结构不断优化。农区畜牧业的发展一直是学术理论界关注的焦点，国内研究主要从以下几个方面展开：

（1）农区畜牧业的含义

根据饲料来源的不同，《中国大百科全书·农业》将畜牧业分为农区畜牧业和牧区畜牧业。农区畜牧业的饲料来源主要是栽培作物及其副产品，牧区畜牧业的饲料来源主要是天然牧草。一直以来，畜牧业在农区并不是主业，而是作为副业存在。随着农村经济改革和开放的不断扩大，农区畜牧业越来越受到人们的重视和认可。② 刘建铭（1997）坚持根据饲料资源的不同，将畜牧业分为农区畜牧业和牧区畜牧业这一说法，“饲料的来源渠道主要有两类：一类是农作物的谷物及其各种副产品；另一类是草原、草山和草坡上存在的天然草料。根据饲草料资源地域分布的不同，我们把第一类叫作农区畜牧业，第二类叫作牧区畜牧业”。乌日陶克套胡等（2011）认为，农区畜牧业在地域、饲养方式、经营方式等方面与牧区畜牧业有所不同，农区畜牧业主要分布在以农业种植为主的地区。综合以上分析，农区畜牧业应该是位于农业地区，与种植业紧密相关，以舍饲或半舍饲为主要饲养方式，饲料主要来源是谷物、秸秆和粮食，采取适度规模进行专业化、产业化经营的模式。

---

① 徐冬平. 北方农牧交错区农业可持续发展路径、模式及布局研究——以内蒙古通辽市为例［D］. 西安：西北大学，2018.

② 赵俊. 塔里木河流域农区农牧耦合资源利用研究［D］. 乌鲁木齐：新疆农业大学，2016.

（2）发展农区畜牧业的意义

杨邦杰（2005）认为，通过发展畜牧业，可以实现农作物秸秆、牲畜粪便的循环利用，对于生态环境改善和资源的有效利用都有积极作用。吴晓侠（2007）认为，调整种植业结构，在农区大力发展种草业，开发草地资源，实现种植、草业、养畜相结合，是改变草食性畜禽经营方式的重要举措。毛来荣（2009）认为，农牧业可持续发展的核心是畜牧业循环经济。乌日陶克套胡（2011）认为，发展农区畜牧业可以提高人们的生活水平，通过增加肉类、乳品等供应，可以丰富和改善人们的膳食结构；发展农区畜牧业对于促进农业产业结构优化、改善农业生态环境、实现农业现代化、发展农村循环经济都具有重要的推动作用；发展农区畜牧业还可以利用农村剩余的劳动力资源、便利的交通环境、优质的农业资源，提高农牧民的收入，促进农村经济的高质量发展。马再义等（2010）认为，发展农区畜牧业可以提高收入、促进地方经济发展和优化农业产业结构，并对稳定农产品市场价格和畜产品的市场供应具有特殊地位和重要作用，更是保障国家粮食安全的重要措施。

（3）农区畜牧业发展的模式

王济民（2012）根据我国地域的实际情况，借鉴国外畜牧业发展模式的经验，提出了我国建立现代畜牧业的发展模式，并针对我国是一个大国且地区差异较大的国情，将全国农区畜牧业发展模式按照地理位置划分为三种不同的模式，分别是东部的“出口导向型”现代牧业、中部的“农牧耦合”现代牧业和西部的“特色型”现代牧业。邓国取（2007）通过对该模式的研究，总结并提出了家庭分散的小型养殖、“公司+农户”养殖、大型集约化企业集团养殖、龙头企业带动养殖、股份合作制养殖、生态养殖、中外合资合作式养殖、畜牧业产业化与农畜牧业耦合发展等九种主要模式，并概述了每种模式的基本特征。

（4）农区畜牧业发展中存在的问题及解决方案

农区畜牧业在发展过程中存在的问题主要体现在资金、技术、管理水平、环境保护等方面。刘建铭（2003）认为，农区畜牧业发展过程中，饲草料资源不足制约了农区畜牧业的发展。罗尊长等（2005）认为，饲料资源短缺和转化率低、开发成本提高、畜禽产品转化增值率低、生态环境污染、重大畜禽疾病引起的产品质量安全等问题是我国南方农牧畜牧业发展过程中存在的问题。华着（2010）认为，海北州农区畜牧业发展规模之所以不大，主要是因为海北州畜牧业发展过程中存在资金不足、技术落后、基础设施不完善等问题；新疆畜牧业发展中出现的主要问题是资本投入不足，畜禽饲养经营管理水平、牧草综合开发利用水平低，种畜结构和畜禽饲养结构不合理，等等。针对以上问题，王晓力等（2003）认为，解决的措施应该是做好畜牧业发展的宣传和推广工作、发挥好项目的示范和能人的带头模范作用、运用合理的政策措施多方面筹措畜牧业发展资金。宋万林（1989）认为，解决农业区畜牧业发展过程中存在的问题，应大力发展饲草料产业，要解放思想、改变观念，增加畜牧业生产的支出，建立健全畜牧业生产服务体系。邓国取（2008）认为，发展农区畜牧业要在适度规模的前提下，调整优化农业生产布局和畜牧业产业结构、提高饲料转化率、大力推进市场体系建设等。

因为畜牧业的发展在发达国家现代农业发展过程中受到高度重视，所以发达国家畜牧业产值在农业总产值中所占比例较大，一般超过一半，如美国、法国、荷兰、丹麦、德国等，而且，这些国家会以畜牧业的发展水平为标准来衡量现代农业的发展水平。现代农业和现代畜牧业的发展是相互影响、相互促进、相互制约的，缺一不可。农业的现代化不是单一的农业发展或畜牧业发展，农牧业结合已成为实现农业可持续发展和农业现代化的重要路径。

过去，日本在传统农业发展过程中，发生过种植业停滞不前的现象，原因是在农业发展过程中过分强调种植业的发展，大量施用化肥，导致农业生产环境改变，土壤肥力下降。为了扭转这种状况，日本政府于1950年颁布了新的草原法，并于1967年颁布了农业基本法，通过行政手段调整了土地使用结构，并不断扩大了草原面积（20世纪70年代末，日本的草原面积增加了近90%），从而使畜牧业得以快速发展。这种使用草原“保护和改善国土”以及发展反刍家畜的做法使日本农业经营产生了重大改变。澳大利亚是一个重要的农业大国，在农业发展过程中非常重视农业内部各个行业之间的协调，强调农业、畜牧业、工商业的融合，并通过将农业与畜牧业结合起来发展规模化、产业化、专业化农业经济。

综上所述，当前，无论哪个国家，要持续稳定地发展农业，都必须重视畜牧业的发展。

1.5 相关理论

1.5.1 可持续生计理论

基于生计概念，可持续生计框架既是可用于研究贫困和环境问题的学术分析框架，又是可用于规划和指导财政支持和干预项目制定的手段。因此，可持续生计可分为环境可持续和社会可持续。环境可持续是维持并促进当地和全球资本产生生计净收入的能力；社会可持续意味着应对压力和冲击，从压力和冲击中恢复过来，并为子孙后代提供支持和帮助。根据这些基本概念，钱伯斯和康韦进一步分析了家庭生计的组成部分：人、活动、资本和产出。Scoones（1998）的可持续生计分析框架表明，在不同的情况下，农户和其他决策者通过获取生计资源与不同的生计策略组合来实现可持续的生计。该框架的重点是对影响生计结果的正式和非正式制度与组织因素的分析。该分析框架表明，在一定的背景下，如政策、政治、经济、历史、社会制度、生态、文化，通过组合利用生计资本（不同形式的资本）实施不同生计策略（农业技术、组织、生产经营方式创新、规模化生产），农民可以实现不同的生计结果。个人拥有的有形和无形资本决定了农户可以实现不同的生计活动。为了能够进行实证研究，他使用经济学术语对四种类型的资本进行了重新分类：自然资本、金融资本、人力资本和社会资本，对各种资本之间的关系，如顺序性、转化性、替代性、组合性、可利用性和发展趋势等进行了简要说明。研究方法包括传统的调查方法、定性方法和参与性方法。背景、资源、制度、策略和结果是该框架强调的五个相互作用的因素。该框架还认为可持续的生计意味着农户可以应付压力和冲击并能够从中恢复、维持和提高生计能力，而不会过度消耗自然资源。

影响生计的社会、经济和政治环境是可持续生计分析框架的重要组成部分。Scoones（1998）将影响生计的背景分为两类：一类是条件和趋势，主要包括气候、人口和社会差异以及历史、政治和经济趋势；另一类是制度和组织。Ellis（2000）也将背景分为两类：社会关系、组织和制度，趋势和风险冲击因素。还有 Carney（1998）的转换过程和脆弱性背景的分类。可以看出，背景成分非常复杂，关系社会科学的许多研究领域，因此，无论是研究过程还是实践过程，都将面临许多困难。同时，这种复杂性也给不同学科带来了新的研究问题。在这样的情况下，个人或农户的资本情况将决定他们的生计策略的选择和调整。英国国际发展署认为，生计的可持续性应该是面对外部自然灾害和社会经济不稳定的抵御能力，是有办法的，是可以恢复的；是独立于外部支持的，也就是说，不依赖于外部的帮助；是保持自然资源的长期生产力；是不破坏他人的生计或损害他人的生计抉择。

总之，可持续生计分析框架可以通过将对贫困的新认识整合到一种分析工具中来帮助人们了解生计的复杂性和影响贫困的主要因素。该框架将与农户生计有关的问题，特别是贫困问题的研究方法进行了整理和归纳。在具体实践中，还应该对其进行修改或调整，使其适合当地的环境和条件，并结合实际情况，满足当地的优先需求。Bebbington（1999）强调了资本和能力在生计分析中的作用，认为资本为农户提供了有效、有意义地参与并改变世界的能力，进而提出了一个分析框架，以资本和能力为核心，分析农户生计的脆弱性以及农村的生产、生活和贫困问题。在框架中，资本是工具性、解释性和解放性活动的载体。这三项活动对应于谋生，能够使生活有意义并在挑战现有的生计结构中发挥作用。国际上，一些非营利组织和国际组织在具体实践中已经调整了可持续生计分析框架，以满足其特定要求。

1.5.2 农户行为选择理论

农户行为是指农户在农村经济活动和生活中进行的各种选择决策。农户行为体系可分为生产行为和消费行为。生产行为的主体包括经营投入行为、种植选择行为、资源利用行为和技术应用行为。农户是对农民家庭的称呼，由几个从事农业活动的农民组成。行为选择理论是从经济学和心理学的角度，研究理性人面对经济活动如何做出反应的学说。因此，农户行为选择理论研究的是农户如何做出抉择、采取何种行动的理论。农户行为选择理论的研究是建立在农民能够独立决策的基础上的，但是，理论界对于能否将农户看成理性人从而做出独立决策尚存在分歧。本书认同农户可以作为理性人的观点，农户行为选择理论研究的是农户在家庭收益最大化目标和市场经济原则下，在既定资源与市场约束条件下所表现出来的“生产、消费、销售、流通”等多方面行为选择。

以舒尔茨（1987）为代表的经济学家认为，农户符合经济学中理性人假设，其生产行为也是为了追逐经济人利润最大化目标。随后波普金（Popkin，1979）在其《理性的小农》一书中发展了舒尔茨的观点，认为农户行为选择是理性人做出的利益最大化的选择。但是俄国经济学家恰亚诺夫（1996）认为，农户的行为不是出于理性人追求利润最大化的目的，而是追求家庭消费需要最大化的结果，为此农户可能做出一些违背理性人假设的行为。美国经济学家斯科特（Scott，1976）提出了农民的道义经济学，认为农户做出行为是基于道德而不是基于理性，农民在规避风险和收益之间偏好于规避风险，在不确定的情况下，农户选择生产技术安全的生产行为，即使收益偏低。通过对 20 世纪 30—70 年代农业的研究，黄宗智提出了“商品小农理论”，农民的行为同时受市场经济和农户劳动结构的制约，农民的阶层地位低，对其经济行为也有影响。

最早建立农户行为模型的是俄国经济学家恰亚诺夫，其认为农户生产和消费的均衡条件为“农户的消费边际效应等于休闲的边际效应”。加里·贝克尔（1965）在他的基础上提出了新农户经济行为模型，作为理性人的农户的行为受生产函数、收入、时间的约束，通过数学分析，农户可以在生产函数的约束下选择最优生产，然后在收入约束下选择最优消费。巴鲁姆、斯奎尔（1979）引入新古典经济学的概念提出了新的模型，为研究农户对生产结构和市场发生变化后的反应提供了框架。Strauss（1986）进一步发展了农户模型，强调了农户作为研究主体，而不是个人。屈小博（2008）从生产函数和生产技术的角度分析研究了农户生产选择行为，认为不同生产规模的农户，技术的选择行为不同。技术的选择行为与农业的收益和成本密切相关。不同规模的农户对风险的认知行为差距明显，规模越大的农户对风险的认知行为越强，但规避风险行为，无论规模大小，农户们都具有一致性。他还从成本理论的角度，研究了生产规模对农户销售行为的影响。不同规模的农户拥有的交易成本和谈判成本存在明显差异，因此规模对农户的销售行为有重大影响。杨志武等（2011）认为，在研究农户行为时，要明确限制条件。毕继业等（2010）认为加强对追求利益最大化的农户行为研究对耕地保护有重要意义。刘清娟（2012）运用 logistic 模型对黑龙江农户生产行为进行了实证分析，认为在普通农户和种粮大户之间，影响生产行为的因素不同。科技和市场因素是影响农户行为选择的重要因素。吴月红（2013）研究了粮食补贴对农民耕地保护的影响，通过定量分析得出农业补贴政策对不同耕地保护行为的影响不同，农业补贴对专业农户和兼业农户的耕地保护行为的影响也不同。严亮（2007）研究了农业信息化对农户行为、转移行为等方面的影响机制。缪波（2006）对农业技术选择行为进行了研究，认为农户的技术选择与农民受教育程度、耕地面积、技术培训、非农收入等因素有关。徐卫涛（2010）研究了循环农业中的农户行为。杨丽（2010）对农户技术选择行为的定性分析、定量分析进行了综合述评。李明桥（2012）分别研究了新农合门诊补偿对农户需求行为的影响、退耕还林政策对生产决策行为的影响及农业补贴政策对农户配置资源行为的影响。① 陈勇等（2014）研究了禁牧政策下农户违规放牧行为。周建芝（2017）研究了农户林农复合经营行为及推广体系。杨芳（2019）研究了社会网络对农户生产决策行为的影响。杨丹丹等（2021）研究了农户行为对农业面源污染的影响。

---

① 岳远贺．浅析农户行为选择理论［EB/OL］．中国论文网，［2021－6－7］．https：//www.xzbu. com/2/view-7776754. htm.

1.5.3 机会成本与交易成本理论

机会成本是指企业为从事某项经营活动而放弃另一项经营活动的机会，或利用一定资源获得某种收入时所放弃的另一种收入。另一项经营活动应取得的收益或另一种收入即为正在从事的经营活动的机会成本。对机会成本的分析，要求企业在经营中正确选择经营项目，其依据是实际收益必须大于机会成本，从而使有限的资源得到最佳配置。农户种养业结合经营行为分析主要包括选择不同种植作物的机会成本比较以及种养业结合经营的交易成本分析。"粮改饲"策略是将耕地种植粮食作物改种饲料饲草作物，所放弃的粮食作物的收益是种植饲料饲草作物的机会成本，只要该机会成本小于饲料饲草作物的收益，耕地"粮改饲"结构调整就是有利的。耕地种植籽粒玉米存在玉米产量过剩和养殖业饲料成本高的问题，既影响耕地资源的综合效益，又制约养殖业的发展。"粮改饲"策略实施后增加的饲料饲草产量大于减少的粮食产量，即用饲料饲草作物替代粮食作物的机会成本小，同时，将饲料与饲草投入养殖业会产生更大的效益，既实现了玉米去产能的目标，又降低了养殖业成本，提升了畜产品品质，改善了生态环境。"粮改饲"策略实现了帕累托改进，提高了耕地资源的配置效率，发挥了农牧业综合生产能力。

所谓交易成本，就是在一定的社会关系中，人们自愿交往、彼此合作达成交易所支付的成本，即人—人关系成本。它与一般的生产成本（人—自然界关系成本）是对应概念。从本质上说，有人类交往互换活动，就会有交易成本，它是人类社会生活中一个不可分割的组成部分。任何交易都是需要支付一定成本的，成本是所有主体存在和发展的必要支出。威廉姆斯的交易成本理论体系主要有三个方面：第一，资产用途专属性。资产用途专属性是指可以循环使用但在投资过程中不容易出售的固定成本。例如，大型农业机械只能用于特定目的，一旦成本投入过多，成本的可回收性和替代性通常会遇到周转困难的问题。第二，交易不确定性。信息不完整和不平衡导致了成本交易的不确定性，诸如此类成本可能会产生机会主义和道德风险，制约主体之间的沟通与协作，并从中增加交易成本。第三，外部性和交易成本直接影响交易的积极性。当交易成本过高且正外部性不足，双方都不愿为对方支付负外部性时，就会导致交易成本增加。

各农业主体在交换内部资源时，减少交易费用是各主体的共同目标。初级产品与出售商品之间的利润差是农业利润的主要来源。扣除生产、加工、服务、物流运输和销售成本外，利润按一定的分配原则在各方之间分配。只有通过减少行业内的交易成本和双方之间的合作成本，各方才能为剩余分配获得更多的利润。因此，交易成本理论在农业中的具体应用要考虑资产用途的专属性。通过规模化生产、信息共享和减少交易环节等途径缩减交易成本。农业属于弱质性产业，生产周期长、利润低，如果农产品从初级产品到市场上销售的流通环节过多和过于复杂，那么利润将被分散，各个利益链条上的利润会减少。农业产业化联合体融生产、加工、销售、服务于一体，大大地减少了不必要的流通环节，减少了交易成本，提高了利润的输出，实现了各个经营主体的利润最大化。农业生产资料供给企业直接与农业生产对接，农户可以减少不必要的交易费用，降低了生产成本。其他合作经济组织的建立，在降低交易成本、提高利润方面也发挥着积极作用。种植业与养殖业之间互相提供饲料与肥料，可以降低农户的发展成本，种植业为养殖业提供发展所需要的饲料，养殖业为种植业提供肥料，种养业结合降低了内部交易成本，增加了农户收益，也符合外部交易内部化的交易成本原理。“粮改饲”的实施可以改变农户的经营模式，调整农户的种植结构，促进种养业结合发展，降低养殖业与种植业的内部交易成本，加快培育新型经营主体，增加农户收入，改善农户生活水平。

1.5.4 系统耦合理论

1.5.4.1 系统耦合的理论基础

系统耦合将系统视为由因果关系绑定在一起的一组因素系统，是控制论研究中的一个术语。农业系统耦合的概念是由草地科学家任继周院士于20世纪90年代初期在草地农业系统的应用研究中提出的。① 他指出，系统耦合是在一定条件下，两个或两个以上性质类似的生态系统可以融合成一个新的、高水平结构的功能体。所有系统都是结构—功能体，结构的可变性大于功能，主要是因为能量的动力学。自由能的积累和生态系统的非平衡状态是系统耦合的基础。他进一步指出，从理论上讲，农业系统是一种自然的、社会的生态系统，是在人工的诱导下，由于自由能的大量积累，生态系统的内部失去平衡并与其他生态系统一起会聚。生态系统的收敛过程，产生新的更高水平的生态系统，从而在能的驱动下形成新物质流、能量流的超循环，不断演化成更高一级的生态系统。后来的研究使系统耦合的概念更加科学和理论化，并归纳为，系统耦合是指在一定条件下，通过信息流、物质流和能量流的超循环，在两个或两个以上具有相同（相似）耦合键系统的作用下，形成一个比原有系统更高一级的系统。与原有系统相比，耦合后的系统内部组织和结构更复杂、更合理，功能更优化。因此，系统耦合可以提高系统的整体功能，扩大系统的输出效益，显著提高系统的生产能力。生产能力的表现主要取决于四个方面，即系统耦合的催化潜势、管理潜势、位差潜势和多稳定潜势。根据任继周院士的研究推算，农牧系统耦合后，其生产水平和以前相比能提高10~100倍。

1.5.4.2 系统耦合的理论发展历程

“系统耦合”来源于物理学，也被广泛应用于地理学、气象学和水科学的研究。李凤全等（2001）② 通过将人工神经网络模型与地理信息系统相结合，对吉林省西部平原地区的地下水水质进行了评价。模型评价可以反映出当地水质的最优、更合适、合适、较不合适和不合适的状态，并且可以反映出当地的水质状况，总结出吉林省西部水质变化规律。张志南（2000）③ 介

① 樊胜岳．西藏地区沟域经济系统耦合模式研究［J］．西南民族大学学报（人文社科版），2009（1）：72-77.

② 李凤全，林年丰．神经网络和地理信息系统耦合方法在地下水水质评价中的应用［J］．长春科技大学学报，2001，31（1）：50-53.

③ 张志南．水层—底栖耦合生态动力学研究的某些进展［J］．青岛海洋大学学报，2000，30（1）：115-122.

绍了浅海生态系统的水层系统与底栖生物系统耦合的基本原理，并着重介绍了有机物沉降的动力学、底栖生态系统对有机物的响应、生物沉降和侧向平流、生物扰动和沉积物重新悬浮研究的进展。

（1）生态系统耦合

生态系统中自由能的积累导致系统失去平衡，并倾向于与其他生态系统结合。由于自由能的驱使，两个或多个生态系统或子生态系统进行超循环，从而形成结构和功能更为复杂优化的新系统，即耦合系统。与原始系统相比，耦合系统级别更高、功能更广、产出能力更强，而不同级别系统之间会产生不同级别的耦合系统，从而形成了层次系统。输入网络的能量流生成一个结构化的网络，输入网络的能量流彼此交互，并通过工作过程转换为更高质量的能量形式。这种高质量的能源作为反馈放大器，有助于生态系统达到最大功率，因此系统耦合不可避免地会导致生态效益的扩展。李镇清等(1995)① 运用能量网络的自组织原理，探讨了草地生态系统的耦合条件和耦合效应，认为系统中优质能量和劣质能量的配置存在三种情况：一是系统中优质能量和劣质能量的配置较好；二是优质能量相对过剩；三是劣质能量相对过剩。因此，需要将后两种情况进行能量配置，进行系统耦合，并扩大其收益。

（2）草地农业系统的耦合

草地农业系统由几个子系统组成，通常包括四个生产层。② 首先是种植前的生产层面，不以动植物生产为主要目的，景观本身反映了其资源意义。其次是植物生产层面，是指光合产物，如植物养分、种子、纤维、脂肪和分泌物，在生态学中被称为初级生产。再次是在动物生产层面，是指食草动物从植物中获取能量作为食物，并制造机体组织和产品，在生态学中被称为次级生产。最后是外生物生产层面，农产品流通和加工环节。草地农业系统处于传统的植物生产和动物生产层之外，不同于自然生态系统，其生产层具有子系统，在大多数情况下，它们在与相关子系统的耦合关联中产生系统耦合，生产能力成倍甚至数十倍地增加。

---

① 李镇清，任继周. 能网自组织与生态系统耦合［J］. 草业学报，1995，4（2）：6-10.

② 任继周. 草地农业生态学［M］. 北京：中国农业出版社，1995.

（3）生态地理区域的耦合

农牧交错区存在着种植业区和畜牧业养殖区，农业种植和牧业养殖两种经济生产系统之间存在很大差异，同时又是相互依存、相互制约和相互促进的。王宁等（2000）① 研究了宁夏农牧两个区域在时空上实现牧区繁育、农区育肥的生产机制的可能性和发展潜力，发现宁夏灌溉农区与周边牧区在饲草资源的获取上存在时间差异。也就是说，牧区冬季和春季牧草短缺时，正是农业灌溉区农业副产品的生产和收储期。此时的农业地区拥有丰富的牧草资源且种类齐全。各种农作物秸秆的产量占整个地区的 73.3%，但农作物秸秆的利用率不足 20%。因此，宁夏回族自治区农区、牧区实现农牧业系统耦合的前景十分广阔。葛文华等（1996）对甘肃景泰荒漠绿洲寺梁村进行研究，发现通过山区和绿洲区两大农业系统的耦合，实现肉羊的育肥，充分利用不同农业生态系统和经济类型的自然条件的优势，可以使牲畜资源和牧草资源优势互补，减轻山区的草原生态压力，提高适龄母羊的比例和繁殖率，可以使山区牧民获得较好的经济收益。绿洲地区因为农副产品资源丰富、营养水平高，羊肉产量增加，促进了活羊商品流通，对于育肥羊进行规模化经营和专业化生产具有重要的意义。②

1.5.4.3 系统耦合现状及发展趋势

（1）时间与空间耦合水平

草地农业系统四个生产层之间的系统耦合具有空间特性或时间特性或空间—时间特性。如某地区进行区域规划与生产规划，按照区域部署不同生产层并使之有机结合即空间型耦合。但生产规划无不具有时间属性，某一时间段完成何种任务、与另一时间段如何更替则属时间型耦合。通常时间型耦合与空间型耦合难以分割，在系统耦合高层调控系统中更是如此。实际生产中往往两者交叉，如在同一地区既进行植物生产，又进行动物生产，同时又被

---

① 王宁，李克昌，黄兆鸿，等．宁夏大农业内部系统耦合初探——牧区育成农区育肥畜牧业生产体制现状调查（以平罗县为例）［J］．草业科学，2000，17（4）：6-12.

② 万里强，侯向阳，任继周．系统耦合理论在我国草地农业系统应用的研究［J］．中国生态农业学报，2004，12（1）：162-164.

作为景观资源，而加工、流通的某些环节可能同时进行。

（2）种间耦合水平

草地生态系统作为有机整体，其耦合系统包含植物、动物的种和种群，即种间耦合，在此起关键作用的是生态场和生态位。结构良好的天然群落或不同品种合理混播的草地可创造良好的生态场，可以提高牧草产量、改善牧草品质、抑制病虫害、保持草地肥力、延长草地寿命。胡玉昆等（1999）对新疆维吾尔自治区石河子紫泥泉种羊场的研究表明，高冰草与豆科牧草混播产草量比高冰草单播提高10%~27%，增产效果显著。高冰草与春小麦适量混播对小麦产量影响较小，且可多收1茬草，故该生产方式对缓解四季草场不平衡、减轻草场负担有一定意义。

作物间合理间作套种也是种间耦合的表现。紫良植等（1997）在甘肃省景泰川灌区的示范研究结果表明，当地农作物间作套种的产量均比农作物单作产量高，经济效益好，其中小麦、玉米间作套种田平均产粮9477千克/公顷、秸秆1.12万千克/公顷，分别较单作田增产3088.5千克/公顷和3189千克/公顷，增幅分别为48.29%和49.4%；间作套种田产值6144元/公顷，纯收入4653元/公顷，分别比单作田增长66.8%和87.67%。不同草食动物在生态系统中有其特定的生态场和生态位要求，不同动物种群的生态位各异，可以适当组合有关动物生态位，利用生态位重叠和分异使各种动物互相协调补充，充分利用草地植物生产更多的动物产品。

（3）系统耦合发展趋势

两个或两个以上系统进行系统耦合时往往伴随系统相悖。草地农业系统中的系统相悖反映在三个界面上：界面A是地境与草丛间系统相悖，反映在水、热、养分供求之间不协调上，许多农业措施就是针对这类系统相悖因子所提出的。界面B是草丛与草食动物间系统相悖，主要反映在系统的时间相悖、空间相悖和种间相悖上，其中时间相悖居于主导地位。这是由于植物生产系统与动物生产系统两者节律悬殊，时间相悖是最根本的相悖，但三者互相影响、互相激荡，从而加重了相悖群的不利后果。界面C是草畜系统与社会经济间系统相悖，主要反映在供求之间、价值与价格之间的背离。系统相悖既是系统耦合的障碍，也是解放系统耦合生产潜力的关键。系统相悖导致系统耦合的不完善运行，但任何形式的系统相悖都有可能同时孕育生产潜势和机遇，故应深入研究系统耦合及系统相悖的机理，以利于生产实践中系统耦合效应的充分发挥；应因势利导，利用和把握好系统耦合的大趋势，使我国草地农业实现可持续发展。①

1.5.5 农业产业化相关理论

农业产业化联合体的构建是符合社会经济发展规律的，是农业产业化管理模式的高级发展形势。了解农业产业化相关理论，有助于更清楚地认识农业产业化发展的趋势、生存和发展机制，能够为农业产业化联合体的构建提供理论依据，对于加快现代化农业发展、促进农牧系统耦合具有重要意义。②

1.5.5.1 聚集理论

从经济学的视角看，产业集聚也叫产业集群，来源于工业理论。著名经济学家马歇尔认为，一定区域内的产业集聚将产生外部规模经济，主要是劳动力、资本、技术市场的资源共享和溢出效应。根据韦伯的经济区位理论，区域地理范围和聚集因素是工业区的两个主要影响因素。区域地理范围影响运输成本和人工成本，而聚集因素主要影响制造商集聚带来的收益和成本。迈克尔·赫伯特认为，竞争性产业的生存优势源于产业和产业之间的关联性。一方面，企业生产率的高效取决于相关产业主体和产品的整体统一性，产业集群主体与上下链的对应关系形成了一套完整的产业链，使得一个集群主体的整体利益大于各主体的利益之和；另一方面，产业集群的优势还在于信息的收集、传递和扩展能够产生很强的创新能力，使其更具有强大的竞争实力。

聚集理论首先体现在工业产业化过程中。在市场经济条件下，随着工业

---

① 万里强，侯向阳，任继周. 系统耦合理论在我国草地农业系统应用的研究［J］. 中国生态农业学报，2004，12（1）：162-164.

② 周国鲲. 我国农业产业化联合体的理论与实践——以安徽省宿州产业化联合体为例［D］. 烟台：烟台大学，2019.

反哺农业、农业产业化和产业化联合体逐渐发展壮大、三产融合发展，聚集理论被越来越广泛地应用于农业产业化过程中，用来指导农业产业化发展。

区域性是农业生产本身所具有的特点。在农业产业化进程中，在一定区域范围内，农业生产企业、合作社、家庭农场为了降低生产成本、提高经济效益、增强竞争实力而以联合或者合作的形式聚集在一起，将资源和生产要素进行重新配置和整合。例如，将资本、信息、技术、土地、劳动力、服务通过一定形式整合在一起，进行集中管理和使用，充分体现了集聚理论在农业产业领域的适用性。其运行机制是产业、要素和利益的结合，充分体现了规模经济的效应。农业产业化联合体是不同农业主体的聚集，与传统的规模小、生产要素单一、弱质性的农业不同，是将内部职能齐全的农业小个体集聚结合起来，形成规模经营、产业化经营、标准化生产，是农业生产领域的一项创新发展。

1.5.5.2 分工理论

亚当·斯密认为，经济发展的原动力是分工社会化。分工社会化能够促进劳动生产效率的提高和社会生产力的发展，是增加社会财富和人们收入的重要途径。社会化分工是分工的初始阶段，也就是由于需求不同而产生的交换。社会化分工的不断扩大和发展，促进了企业组织结构的完善和发展，企业通过在组织内部进行社会分工，来代替外部市场分工。因此，社会分工是社会生产效率提高和生产力发展的原动力。

农业向工业和第三产业演变本身就是社会分工的结果。如今，分工的价值需求交换一直在发生。农业产业化联合体的产生是农业主体之间内部需求和社会分工交换的必然。农业主体之间各自有其资源优势，由于需求不同，各自产业链条上的各个利益链也不同，这就需要各利益主体发挥各自的优势才能实现利益最大化。如果没有社会分工，其他各农业主体就不能直接从事农业生产、加工、销售和服务的分工协作。

从生产到销售是农产品的主要流通形式，在流通过程中，联结农业生产职能部门和市场职能部门的部门要发挥作用。农业产业化联合体就是各个成员根据各自优势进行的职能分工。家庭农场负责农产品的生产，农业企业是市场的主体，农业合作社联结着生产和销售过程。

1.5.5.3 契约理论

为了降低交易成本，引入了契约理论。契约理论是将法学、经济学与组织行为学融合在一起的交叉理论。契约又称合同，是交易双方主体本着意思真实的原则达成的某种协议。在商品经济和市场经济条件下，为了规避不确定的风险，订立合同可以加深主体之间的合作，可以加强监督和纠正，这在外部性方面发挥了积极作用。合同条款的约束大大降低了合作主体之间的违约风险和道德风险，也可以通过事先签订的合同来解决冲突。从经济的角度看，合同还能够合理安排主体之间的优势互补，从而达到合作共赢的稳定预期。在契约精神的指导下，现代农业的发展管理水平不断提高，现代农业产业园区逐渐成长壮大。在市场经济条件下，农业企业作为市场竞争中的主体，要始终履行合同双方的权利与义务，不断提高企业的信誉度和知名度。通过订立合同，农业产业化联合体各构成要素能够按照合同约定，加快各生产要素的配置和有效利用并解决其矛盾和冲突。可以通过灵活的合同形式固定联合体的利益联结和分配，这可以增强主体之间的凝聚力。①

1.6 研究内容与研究方法

1.6.1 研究内容

本书以系统耦合理论为指导，综合运用经济学、民族学、社会学以及生态学等多学科的相关理论知识，运用田野调查、统计资料收集、文献查阅、动态综合评价法，从农户生计的视角研究了农牧两大系统耦合的现状、制约因素、优化路径以及实现农牧耦合的对策建议。按照“理论奠基—规范分

① 周国鲲. 我国农业产业化联合体的理论与实践——以安徽省宿州产业化联合体为例［D］. 烟台：烟台大学，2019.

析—实证分析—实践路径—政策措施”的逻辑进行章节安排。

第1章为导论。介绍本书的选题背景、理论和现实意义、概念界定，对国内外研究动态及相关理论进行梳理，提出本书的研究内容、技术路线和创新与不足。

第2章为内蒙古农牧交错带概述。主要包括内蒙古农牧交错带的形成与发展，农牧交错带的特征，农牧交错带的社会、经济和生态功能，农牧交错带存在的问题，内蒙古农牧交错带治理的经验模式。

第3章为内蒙古农牧交错带农户生计研究。主要介绍研究区典型调查地的选择依据与具体调查区域的选择及农户的生计状况。包括研究区的基本概况，本书的数据来源和样本的选取，调查区域农户生计资本的状况描述、农户生计资本的量化分析、农户生计策略/模式分析。

第4章为农户生计与农牧系统耦合关系研究。主要包括生计资本与生计策略的关系分析、生计资本视角下农牧系统耦合分析和生计策略视角下农牧系统耦合分析。

第5章为内蒙古农牧交错带农牧系统耦合实证研究。主要介绍农牧系统耦合的条件、驱动力及功能与意义，农牧系统耦合的模拟效益分析，农牧系统耦合的实证分析。

第6章为影响农牧系统耦合的制约因素研究。主要从生计资本分布的时空差异性、五大生计资本的弱质性、农牧业经营的特征、生计策略落后、农户生计策略选择方式、农牧业产业化滞后性等方面介绍了影响农牧系统耦合的因素。

第7章为农牧交错带农牧系统耦合的战略与实践路径选择。主要内容有农牧交错带农牧系统耦合发展的生态优先战略、重点发展草业战略、提高农户生计水平的经济发展战略，农户生计视角下农牧系统耦合的路径分别从生计资本视角和生计策略视角进行阐述，然后分别从种植业户、畜牧业养殖户、农牧业兼作户的角度提出具体的实践形式。

第8章为农户生计视角下促进农牧系统耦合的对策。针对自然资本、物质资本、金融资本、人力资本、社会资本的不足与弱势阐述了提高五大生计资本的对策，从而促进农牧系统耦合。

第 9 章为研究结论与展望。

1.6.2 研究方法

一是文献查阅法。通过在科左后旗统计局、农牧业局、财政局等政府部门查阅统计年鉴、档案资料、文献资料等，了解科左后旗近年来农牧业经济发展和农户生计概况。

二是问卷调查法。根据研究需要和科左后旗农户生计以及农牧业经济发展的实际情况，设计调查问卷，选取科左后旗农牧业经济发展具有代表性的乡镇（苏木）、村（嘎查）进行实地问卷调查。

三是实证分析法。在对科左后旗农牧系统耦合进行分析时，采用耦合度和耦合协调度模型进行计量分析。

四是对比分析法。在实地调研的基础上，收集了科左后旗农户生计一手资料，通过对各个乡镇、村农户生计数据的计算测量，进行生计资本值的对比分析，找出影响农户生计资本的因子。

1.7 创新之处与研究不足

1.7.1 创新之处

本书以内蒙古通辽市科尔沁左翼后旗为研究区域，以促进农牧系统耦合为出发点，以农户生计为视角，重点考察农户生计资本和生计策略等微观因素对农牧系统耦合的影响机制，并据此提出促进科左后旗农牧系统耦合的实践路径和政策建议。本书的创新点主要体现在以下四个方面：

1.7.1.1 以农户生计视角为农牧系统耦合研究的切入点

已有农牧系统耦合的研究多数从宏观视角进行。鲜有研究将农户生计微观因素综合起来分析农牧系统耦合。但事实上，农牧系统耦合不仅受宏观因素的影响，也受微观因素的制约，若不能将宏观、微观影响因素结合起来进行分析，研究结论很可能不具有说服力且研究结果存在缺陷。本书基于农户生计视角，运用可持续生计和系统耦合理论，全面分析科左后旗农户的五大生计资本和农户的生计策略、家庭收入特征以及科左后旗经济发展水平等构成要素对农牧系统耦合的影响机理。这将有助于厘清影响农牧系统耦合的制约因素，以便提出农牧系统耦合的途径和措施。

1.7.1.2 系统耦合理论和可持续生计理论相结合，丰富了农牧系统耦合理论

以往关于农牧系统耦合的研究是从区域角度或产业角度进行分析的。本书借助可持续生计理论，从农户生计资本和生计策略微观角度对农牧系统耦合进行深入剖析，这在以往的研究中是没有出现过的。

1.7.1.3 宏观定量分析与微观定性分析相结合

本书从科左后旗县域农牧经济的宏观视角出发，构建了一套科学可行的两大系统，即种植业和畜牧业系统评价指标体系。为了分析区域农牧业经济系统中存在的矛盾，为解决问题提供依据，利用耦合度模型和耦合协调度模型对科左后旗农户生计资本进行测评，评价了农牧业经济系统耦合的现状，定量分析了农牧系统之间的耦合协调度，为进一步优化区域农牧经济系统的耦合提供了理论框架；运用定性分析的方法，从农户生计微观视角对农牧系统耦合机制进行了定性分析。整个研究重视宏观和微观、定量和定性相互支持，更客观地反映了科左后旗农牧系统耦合的现状，为科左后旗农牧系统耦合发展提供了新的研究视角和理论范式。

1.7.1.4 运用大量的第一手农户生计数据分析农牧系统耦合

以往关于农牧系统耦合的研究，使用的分析方法和数据都是宏观层面上的，基于农户生计微观调查数据的研究还很少。本书采用的是内蒙古自治区通辽市科尔沁左翼后旗范围内较大的农户调研数据。该数据是科尔沁左翼后旗农户生计的一手数据资料，包含科尔沁左翼后旗东、中、西部不同乡镇的农户生计数据 488 份。数据对农户生计基本情况的反映比较全面，通过对基

础数据的分析和研究得出的结论和政策建议具有一定的参考价值。

1.7.2 研究不足

本书以农牧交错带科左后旗作为内蒙古农牧交错带地域空间的实证分析对象，具有一定的局限性。在内蒙古农牧交错带跨越经度约19°、跨越纬度约14°、占整个内蒙古土地面积的30.2%的广阔区域中，在分析农牧交错带农牧经济系统及其子系统内在矛盾和发展规律方面，科左后旗具有一定代表性，并且具体的研究方法也可以用来分析其他农牧交错区，能为内蒙古其他农牧交错区建立农牧系统耦合发展模式提供理论和实践依据，然而内蒙古地域辽阔、东西南北跨度大、各地区资源禀赋条件不同，科左后旗农牧系统耦合模式不可能完全适合其他农牧交错区，这在今后的研究中还需要进一步补充和完善。

另外，在研究科左后旗农牧系统耦合过程中，本书从旗（县）域的角度出发，建立了农牧系统耦合模型，用于耦合度和耦合协调度的定量分析，但由于研究能力有限，仅从农户生计角度对农牧系统耦合进行了定性分析，未能从农户生计视角构建农牧系统耦合模型是本研究的缺陷，将在以后的研究中进一步弥补。在实地调查研究过程中，在收集农户生计数据时遇到一些问题，特别是数据的完整性和准确性还有待进一步完善。受科左后旗农牧经济宏观数据更新和获取的局限，许多重要数据无法获取而不得不放弃，导致耦合模型的评价指标体系没有得到全面的构建，某些指标的数据只能通过抽样调查来估算，缺乏说服力。

第2章　内蒙古农牧交错带概述

2.1　内蒙古农牧交错带的形成与发展

交错带是两个不同类型生态系统相邻的边缘交汇带，是陆地生态系统对全球环境变化和人为干扰响应敏感的生态过渡带。①② 一方面，交错带对环境因素的改变反应灵敏，但维持自然稳定的可塑性较小；另一方面，交错带抗干扰能力弱，系统极易随气候要素的变化发生演化，且一旦发生演化则具有不可逆性。③ 农牧交错带又被称为农牧交错区、农牧过渡带、半农半牧区或生态脆弱带，是我国的生态脆弱区，是多种土地利用方式的交汇区和国家贫困人口分布较为集中的区域。④⑤ 它是一种条带状的过渡性土地利用方式，是草地与耕地、农业与畜牧业在空间上交错分布、在时间上相互重叠的地带。⑥ 在农牧交错带上，生态系统的结构、功能、物质循环及能量转换过程相当复

---

① 刘军会，高吉喜，韩永伟，等. 北方农牧交错带可持续发展战略与对策［J］. 中国发展，2008，8（2）：89-94.

② 袁宏霞，乌兰图雅，郝强. 北方农牧交错带界定的研究进展［J］. 内蒙古林业科技，2014，40（2）：38-43.

③ 李超，刘亚南，潘志华，等. 北方农牧交错带气候变化的时空特征研究［C］. 中国气象学会，2012：9.

④ 李旭亮，杨礼箫，田伟，等. 中国北方农牧交错带土地利用/覆盖变化研究综述［J］. 应用生态学报，2018，29（10）：3487-3495.

⑤ 刘洪来，王艺萌，窦潇，等. 农牧交错带研究进展［J］. 生态学报，2009，29（8）：4420-4425.

⑥ 赵哈林，赵学勇，张铜会，等. 北方农牧交错带的地理界定及其生态问题［J］. 地球科学进展，2002，17（5）：739-747.

杂，对气候变化和人类干扰均极端敏感，土地利用类型往往复杂多样，并一直处于频繁的动态变化之中。①

我国北方典型农牧交错带的形成源自北方原始农业和游牧业的发展。在全新世大暖期结束（约距今 3500 年前）之后，气候变冷、变干，我国北方地区萌生于农业生产内部的放养逐渐脱离农业生产，形成独立游牧业，原始农业文化衰落、游牧业文化兴起，为农耕文化和游牧文化并存创造了条件，导致以半农半牧、时农时牧为特征的农牧交错带的形成。在随后的历史长河中，随着气候冷暖、干湿波动、朝代更替、中原农耕汉族文化与北方游牧少数民族文化的冲突和融合的变化，形成了具有一定地理空间和特殊经济地理特征的地域，即北方农牧交错带。北方农牧交错带的界线曾多次进退、交替和南北摆动，并一直延续至今。在春秋战国、汉、晋、唐、辽金、清代中叶及现代等时期，农业文化相对兴盛，农牧交错带界线向北扩展；而在北齐、金、元、明、清初时期，北方游牧民族强盛，游牧文化兴旺，势力向南扩张，农牧交错带界线向南移动。

大量的考古学研究表明，距今 4300 年前至距今 3500 年前前后，北方农牧交错带早期的农耕文化衰落，游牧文化兴起。3500 年来，长城沿线地区的游牧文化进一步向南、向东南扩展，并在殷墟二期文化之后的商周之际达到最大规模。具有游牧文化性质的北方青铜文化曾一度扩展到陕西绥德、山西石楼、北京玉皇庙一线以南。关中西部地区、晋中地区农业文化受来自西方、北方游牧文化因素的冲击而开始解体。我国北方地区出现的上述牧业文化从农业文化中分离出来并最终演变成以牧业文化为主导的过程，与整个欧亚草原区游牧文化的兴起，古印度、两河流域和古埃及农业文化文明的衰落或重大调整的时期大体相同。随即则有我国农牧交错带起源于欧亚大草原的观点。李博等（1980）认为，东西走向的欧亚大草原东段到我国后折向西南，这种森林草原带在大尺度气候变迁以及人类活动的干预下，逐渐演变为农牧交错

① Zhou Z, Sun O J, Huang J, et al. Soil Carbon and Nitrogen Stores and Storage Potential as Affected by Land-Use in an Agro-Pastoral Ecotone of Northern China [J]. Biogeochemistry, 2007 (82): 127-138.

带，其本质属性是草地生态系统。

在广义农业的范畴之内，游牧业出现最晚。根据拉铁摩尔、江上波夫等对亚洲草原民族的研究，公元前 4 世纪赵武灵王“胡服骑射”是中国北方草原地区游牧业与骑马民族兴起的标志。在此之前游牧业还仅限于北方草原地带。

最早见于文献记载的游牧民族是匈奴人。大约从战国时期，匈奴、林胡、楼烦、东胡等古代北方民族在山陕、内蒙古一带过着“逐水草而迁徙”的游牧生活。在战国时期，燕、赵、秦三国逐渐壮大，为抵御北方骑马民族的军事威胁，三国相继修筑长城并设郡以巩固其统治和向北的扩张。战国时期的燕、赵、秦三国长城就成为当时的农牧业分界线，也是中原农业汉民族文化与北方游牧民族文化的分界线。长城沿线地区随着历史气候冷暖、干湿的变化和农耕、游牧王朝的兴衰，被深深地烙上了农耕文化和游牧文化互为进退、相互交替和渗透的农牧交错印记，并一直延续至今。交错带反复拉锯式发展、不断位移和延伸，成为一种独特的农业地理景观。

清代以前北方游牧民族的传统农业是以游牧经济的副业形式出现，从未大量滥垦草场，传统农业一直没有对其草原游牧经济构成威胁。清代，汉族农民大批流入草原后大量开垦草场，成为北方农牧经济变迁的转折点。

清雍正二年（1724 年），为增加宫廷税收，清廷开始丈量察哈尔右翼四旗（即科尔沁草原），招山西、河北一带农民垦种。乾隆四十三年（1778 年），后套平原划归山西省管辖，晋陕贫苦农民在土默川一带“跑青”（开草原种地），春来秋去不定居，即所谓“雁行人”。

从清朝中叶蒙地放垦以后，经民国一百多年的开垦，内蒙古土地利用面貌发生了翻天覆地的变化。清代是内蒙古土地利用演变史上最重要的一个时期，其蒙地开垦政策经历了以下四个阶段：第一阶段，从顺治元年（1644 年）至乾隆十二年（1747 年），清政府虽然颁布了禁垦蒙地的法令，但实际奉行的却是在一定条件的限制下允许汉人前往蒙古地区开荒种地的政策。第二阶段，从乾隆十三年（1748 年）至乾隆六十年（1795 年），此期的特征是“禁而不绝”。其间出台的一系列有关汉人出边的禁令，对汉人的限制有名无实，根本控制不了汉人的越边；相反，出边的汉人数量逐渐增多，垦种的范围也日益扩大。第三阶段，从嘉庆元年（1796年）至光绪二十七年（1901年），此期禁止扩大私垦，同时允许在部分蒙地招垦。第四阶段，从光绪二十八年（1902年）至清朝灭亡（1911年），为缓解镇压太平天国运动和鸦片战争赔款带来的财政危机，对蒙地实行“新政”，即实行“移民实边”政策，对蒙荒（即草原）实行全面放垦。经济上改变原有封建蒙地政策，放垦蒙地，向内地流民招垦，企图增加国家财政收入，支付巨大的赔款；政治上为了便于管理更多的流民和增强边防能力，改盟旗制为郡县制，进一步深化府、州、厅、县的建置。至此，清王朝禁垦蒙地政策最后终结。清朝的蒙地开垦，使种植业界线大大向北部和西部的草原带推进。

北洋政府时期，在私垦草原的同时以放垦蒙地为敛财手段，进一步加强对内蒙古地区的控制。将蒙旗土地的分配权完全收归政府所有，将蒙地与内地“划一”，出卖开垦，借此达到迅速搜刮大笔金钱的目的。国民党政府借“移民实边”的幌子，拼命侵夺蒙民土地。经北洋政府和国民党政府对内蒙古实行的蒙地汉化政策，天然草场被大面积开垦，农牧交错带的界线又人为地往西、往北移动。

新中国成立后，内蒙古曾出现四次草地开垦高潮：第一次是在1958—1959年，片面地强调大办农业“以粮为纲”，仅3年就开垦草地1200多万亩，使当时的农牧交错带北界移动到乌兰浩特附近；第二次是在20世纪60年代初国民经济困难时期，仅1960年、1961年两年便开垦了1056万亩草地；第三次是“文化大革命”期间（1966—1976年），开垦牧区草地，内蒙古耕地增加了1500万亩；第四次是1995—1996年，粮食涨价引发经济利润追求，变相地承包草原进行开垦。①

内蒙古农牧交错带是一条位于内蒙古自治区北部牧业带与南部农业带之间的狭长地带，地貌以山地丘陵为主，气候由湿润向干旱、气候带由暖温带向中温带过渡，属于自然生态环境脆弱带。区内农业人口占内蒙古总农业人

---

① 陈建华，魏百刚，苏大学. 农牧交错带可持续发展战略与对策［M］. 北京：化学工业出版社，2004.

口的50%，耕地面积占内蒙古耕地总面积的50%以上，是全区最贫困的地带，也是全国自然生态环境破坏严重、经济贫困、文化科技教育落后的地区之一。① 该区域对于深入研究农牧交错带具有重要的理论和实践意义。②

2.2 农牧交错带的特征

2.2.1 脆弱的农业生态环境

农牧交错带并不是一个在国际学术界达成共识的概念，是我国学者根据我国气候特有的特点按400毫米降水量定义的一个区域。这个降水量相当于国际上普遍接受的半干旱气候区的降水量水平。在这个降水量水平上的地区，农业生态是非常脆弱的。③ 除降水量因素外，还有三个自然因素也加剧了农牧交错带生态的脆弱性：一是有限的降水主要集中在夏季，单位时间内降水强度大，很容易在较短的时间内形成地表径流；二是黄土高原是一个以山地和丘陵为主的地区，地表径流往往会造成水土流失；三是受西伯利亚大风的影响，地表裸露处极易形成风蚀。

2.2.2 兼有种植业生产和畜牧业生产两种资源

农牧交错带，顾名思义就是种植业与畜牧业相互交错的地带。降水量400毫米的分界线，不仅具有自然条件和资源方面的特点，也表现出种植业生产区域和畜牧业养殖区相互交错的特征，即在这个区域上的农村，既有一定的耕地可以从事大田农作物的生产，又具有一定面积的天然草原可以放牧。在内蒙古通辽市科左后旗，农牧交错带南部和东部是典型的农耕区，长期以来

---

① 常月明，王心源，沙俊英. 农牧交错带水土流失的危害及其成因———以内蒙古四子王旗为例［J］. 地域研究与开发，2004，23（1）：80-83.

② 海山. 内蒙古农牧交错带可持续发展研究［J］. 经济地理，1995，15（2）：100-104.

③ 国际上，旱作农业中，大田作物通常在降水量700毫米以上的地区.

一直以种植业为农村主导产业；农牧交错带北部和西部则是我国传统的牧区，在这一地带的大部分地区中，草原畜牧业是当地牧民从事的唯一产业。因此，在理论上，处于这二者之间的交错带在种植业和畜牧业的关系上存在两种可能性：一种是互相竞争关系，即要么种植业排挤畜牧业，导致耕地面积不断扩大，畜牧业逐渐萎缩，要么畜牧业排挤种植业，导致该地粮食自给能力不断下降；另一种是互补关系，即种植业与畜牧业协调发展，种植业为畜牧业提供充足的饲料，畜牧业为种植业提供有机肥，从而形成以畜牧业为主导产业、农牧业协调发展的循环经济。遗憾的是，新中国成立以来农牧交错带农村发展的历史表明，在大多数时间里，农牧交错带农村走的是种植业与畜牧业互相竞争的发展路径。①

2.2.3 蒙古族游牧文明和汉族农耕文明交错地带

由于内蒙古独特的民族构成，在农村发展上体现出典型的地缘特征，即放牧文明与农耕文明相互交错。自古以来，蒙古族人民一直从事着草原放牧业活动，并且在长期的生产和生活中形成了自己特有的文明——游牧文明。游牧文明是指在草原共有或公有的前提下，“逐水草而居”，根据自然条件的变化游动放牧。这样一种畜牧业生产方式，不同的牲畜饲养量对草原会产生不同的影响：当牲畜饲养量没有超过草地的理论载畜量时，游牧有利于保护草原，是一种合理的放牧制度；当牲畜饲养量超过草地的理论载畜量时，就会形成对草地的过度利用而造成草地退化，游牧就会成为草地退化的直接影响因素。而在汉族农耕文明中，由于人口压力加大和天然草地生产率相对低下，人们更加重视种植业发展，以保证人口生存需要。尽管两种文明有不同之处，但有一个共同点，即都长期处于以生存为目标的自给自足经济之中，而没有关注发展问题。②

---

① 修长柏. 内蒙古农牧交错带农村发展路径研究——以和林格尔县为例 [M]. 北京：中国农业出版社，2010.

② 关于游牧文明的讨论，请参见：内蒙古社会科学院草原文化研究课题组. 论草原文化在中华文化发展史上的地位与作用 [N]. 内蒙古日报，2004-12-11.

2.2.4 低水平均衡状态，商品经济不发达

一方面，农牧交错带农村人均土地资源相对丰富，即使绝对贫困发生率较高，也并没有在根本上影响到当地人们的生存安全。近代以来，包括新中国成立以后，农牧交错带农村长期是我国饥饿人口的理想流动带，因为大量闲置的土地资源是维持生活最基本，也是最廉价的资源。这样一种自给自足的经济状态导致农牧交错带的人们求异思变心理不强、安于现状心态占据主导地位。另一方面，农牧交错带农村地处边疆内陆地区，与经济发达地区和城市相隔绝，信息、交通等基础设施落后，人们即使想致富，也客观上找不到致富路径，导致农牧交错带农村经济发展缓慢。与此相对照的是，在农区，由于人口压力大，在农村经济落后状态下，即使是生存也面临挑战。而为了生存，人们不得不寻求能够促进当地农村发展的新路子，通过制度和技术创新实现发展的目的；在牧区，人均土地资源拥有量大，加上改革开放以来畜产品价格稳定上升，牧民的收入水平相对高于周边的农区和农牧交错带，即使他们的生活水平不能与农牧交错带相比（因为在牧区购买生产和生活资料都受到远离市场的制约），但单纯从收入上讲，牧区人口不属于贫困人口。①

2.3 农牧交错带的功能

2.3.1 社会功能

农牧交错带主要还是按照土地利用类型进行划分的，是以农业土地利用方式为主的农区和以畜牧业生产为主的牧区之间的过渡地带。过渡带是人地关系不稳定的地带，环境变化对文化发展的影响在过渡带地区表现最为明

---

① 修长柏. 内蒙古农牧交错带农村发展路径研究——以和林格尔县为例［M］. 北京：中国农业出版社，2010.

显，在史前时期更是如此。以北方农牧交错带为例，该地区在历史上曾经是原始农业区。在土地利用方式上，这一地带内不但有农有牧，而且时农时牧，历史上曾多次出现农业文化和牧业文化的交替。农牧交错带内各种时间尺度上的土地利用方式或农牧业生产方式的消长均受环境演变的驱动，具有深刻的环境演变背景。对应于全新世大暖期的温暖湿润的环境，在距今8000年前至距今3500年前，农牧交错带原始农业兴起并迅速发展起来。到了距今4000年前至距今3500年前前后，由于环境突变，特别是距今3500年前降水突变，牧业文化从农业文化中跃变出来，并最终演变成以游牧文化为主导；3500年来，即以暖湿为特征的全新世大暖期结束以后的冷干期为农牧交错文化期，农业经济随冷干程度的变化而兴衰，其间的农牧业经济随气候的暖湿、冷干波动而彼此消长，农业经济在暖期北进、冷期南退。这种随气候波动而造成的农牧交错带界线来回波动，使游牧民族也在该区域内来回迁移，造成了多民族的聚集以及民族杂居的现象，农牧交错带居住着汉、蒙、回、满、藏、维吾尔、苗等民族。这是一个非常悠久的历史过程，促进了各民族之间的经济、文化交流与融合。

由于历史上屯垦戍边、战乱频繁，土地利用的农牧界线反复进退，农牧交错带内农牧民生活不稳定。为了逃避战乱，人们颠沛流离，因此该地贫困人口较多，经济文化相对落后，成为我国贫困人口的集中区。全国大多数贫困县位于该区域，一些政策上的失误和管理上的问题，造成当地农牧民生活水平低下，影响到该区域的社会稳定；当地人口增多，引发了农牧交错带生态环境问题、经济问题、人地矛盾问题、持续发展问题等。因此，国家也加大了对该区的扶持与治理力度，防沙治沙、退耕还林还草、退牧还草、生态家园富民计划、小流域综合治理、环京津绿化等一系列重大工程相继启动，这些工程的主题或大部分就在这一区域。由此可见，农牧交错带在我国社会、经济发展和生态环境建设中具有重要的战略地位。农牧交错带的发展直接关系到各民族之间的安定团结和社会稳定。

农牧交错带区域内的发展不仅对当地农牧业生产、经济社会持续发展以及民族团结稳定有重要意义，对其周边地区的发展也有重大影响。例如，北方农牧交错带的东部毗邻一些重要的经济政治区，如环京津地区、首都圈地区，这些重要区域的环境整治、食品供应、劳动力流动等问题的解决，相当程度上要综合考虑京津以北的农牧交错带的现状和未来发展趋势。首都圈的生态安全问题与内蒙古农牧交错带息息相关。农牧交错带的生态环境建设和系统功能整合将直接关系到国家可持续发展战略的实施。

总之，农牧交错带的社会功能总结起来就是：既是多民族聚居区，又是国家贫困人口集中与经济文化欠发达地区，其发展对振兴西部经济、提高人民生活水平、增进民族团结、确保边疆安全、维护社会安定大局具有十分重要的意义。

2.3.2　经济功能

历史上农牧交错带一直是农牧区之间物质交换、贸易最活跃的地区，如古代的“茶马市场”等。“丝绸之路”当年经过的许多地方也是西北地区的农牧交错区。现在农牧交错带的功能已大为拓展，但最基本的还是经济枢纽功能，而且这种功能仍在加强。该区域范围内一些城市发展迅速，如赤峰、通辽、呼和浩特、包头、鄂尔多斯等城市，特别是在市场调节方面起着十分重要的作用。农牧交错带在系统学上是大尺度的混沌边缘，是特殊的复杂系统。它充斥着鲜明的地理、生态、历史、文化与产业等不同自然与人文系统复杂交错、渗透、矛盾、对抗、协调与融合的过程。即混沌边缘存在着高度的生态压力和多组分相互作用的激烈张力，其中既有使生命系统产生强烈振荡的新生因素，也有使系统不至于陷入无序状态的稳定因素。因此，农牧交错带是一个冲突带，充满动荡，充斥着对抗；又是一个融合带，充塞着混杂过程，不断产生着新的复合体和过渡形态。

农牧交错带——混沌边缘的关键任务在于找到一个平衡点，以避免陷入无序性而导致系统崩溃与灭亡，又不可远离混沌边缘而使形态陷于僵化和单调。变化太大和太小都是毁灭性的。因此，农牧交错带要在农、林、牧三个系统之间找到平衡。农牧交错带作为我国重要的生态屏障，其最基本的系统就是复合的农林牧系统，包括以农业方式经营的人工草地、以饲料地结合为基础的舍饲和以育肥为主的畜牧业生产基地。其空间结构特征是按景观或成分配置的带状或镶嵌状的土地利用格局。

由此，农牧交错带的首要经济功能就是在保证基本农田、稳定粮食作物生产的前提下，建立以优质高产人工饲草地为核心、以稳定的农牧复合系统为特征、具有高度牲畜育肥和农畜产品深加工能力的集约化草地畜牧业生产基地，并成为联系牧区与农区物流、能流、信息流的通道，东部农区的生态屏障和畜产品供应基地，西部牧区的育肥带、饲草料供应基地和初级畜产品的中转市场。①

2.3.3 生态功能

农牧交错带的生态实质是农业和牧业两个区域生态系统在相互过渡过程中，系统主体行为和结构特征发生“突发转换”的空间域，也就是农区与草原的相互拉锯，具有独特的和由农牧相邻系统相互作用程度决定的一系列特性。其生态功能主要体现在：是对全球变化响应的敏感地带，尤其是年降水变率的不稳定性增加；是荒漠化潜势强的前沿地带，易发生水土流失、风蚀沙埋、干旱、盐碱与虫鼠灾害等；多为河川的水源涵养区或风沙源地，对相邻地带有较大的生态保护意义；草原土层相对肥沃，生产力较高，多“荒地”，对滥垦开荒种粮有极大的诱惑力，但因土层不厚、土质较粗而疏松，且多为陡斜山地，开垦后极易因风水侵蚀而退化；带内林、草植被交错分布，生物多样性丰富，宜于发展农林草复合系统，在农林牧与加工业综合发展方面有较大优势。

农牧交错带具有水源涵养的功能。水不仅能够满足人类饮用的需求，对地球上的气候也有着极其重要的影响。1 立方米的水在温度降低 1℃时放出的热足以使 3100 多立方米的空气升温 1℃；反过来，3100 多立方米的空气降温 1℃时，放出的热仅能使 1 立方米的水升温 1℃。因此，贮存有许多水的河流、湖泊成了陆地上的天然气温调节器。河流、湖泊在气温比水温高时，可以吸

① 陈建华，魏百刚，苏大学. 农牧交错带可持续发展战略与对策［M］. 北京：化学工业出版社，2004.

收空气中的热量，使气温降低；在气温比水温低时，则可以放出热量，像火炉似的“烘”暖空气。水分通过在大气—植被—土壤（SPC）系统中的流动循环影响着人们的生产生活。这其中水源地的保护和植被的水源涵养功能功不可没。

农牧交错带是防风固沙的生态屏障。由于地质构造的作用，我国西北地区形成了戈壁阿尔泰山以南的干旱中心。其岩石经过长期风化，逐渐形成大量石块、沙砾和泥土。大风起时，飞沙走石、尘土蔽日。粗大的砾石留在原地，成为砾石戈壁滩；比砾石小的粗细沙粒，被吹到较远的地方形成沙漠；颗粒更小的粉沙细土随风南下，到达面积和范围广大的农牧交错带，遇到阻挡后风力减弱，逐渐停积形成黄土高原及其他地区的黄土堆积。戈壁阿尔泰山—腾格里沙漠—毛乌素沙地—陕北黄土高原的地理序列，便是这种情形的具体写照。

延绵狭长的农牧交错带，正与上述风沙流动的方向垂直，横卧在我国大陆的中部。其地势高，东段和中段海拔1000~2000米，西南段海拔达4000米以上，所以成为我国防风固沙的主要屏障。其前沿阵地是由祁连山、贺兰山、阴山、燕山、大兴安岭等山脉构成的强大防线，将巴丹吉林沙漠、腾格里沙漠、乌兰布和沙漠、浑善达克沙地、科尔沁沙地等阻挡在农牧交错带前沿，从而为内地人民的生产生活创造了一个良好的生态环境。

农牧交错带是社会经济发展的基石和保障，其生态环境直接影响该区域的可持续发展。自1987年布伦特兰夫人（G. H. Brundland）在《我们共同的未来》报告中正式提出“可持续发展”的概念以来，可持续发展思想日益深入人心，引起了科学家、政治家乃至每一个有良知的人的广泛关注。人类只有一个地球，地球生态系统是人类赖以生存和发展的物质基础，而地球生态系统的承载能力是有一定限度的，人类要实现可持续发展，人类社会就必须生存于生态系统的承载能力范围内。从生态经济学的角度而言，人类社会要取得发展的可持续性，就必须维持自己的自然资产存量。

然而，在经济突飞猛进的同时，世界人口不断增加、贫困日益加剧、土地退化、森林面积萎缩、生物多样性锐减、可利用淡水资源日益减少，地球生命支持系统超负荷运转并日益凸显出其脆弱的一面，全球规模的生态环境问题越来越严重。有关资料显示，自1970年以来，由于人类活动对其赖以生存的森林、淡水以及海洋系统的损耗，人类已经破坏了超过30%的自然界。越来越多的事实表明，可持续发展正在成为人们的一个理想目标，距离现实越来越远。为了将可持续发展思想变成现实的可操作的目标，人类必须清醒地认识地球生态系统的现状，明白其在多大程度上偏离了良性循环状态。改革开放以来，受到经济发展大趋势的推动，人们片面追求经济利益，忽略了生态功能和生态系统的服务价值，体现在对土地资源的不合理开发利用上，进一步加剧了生态失衡。而生态功能受损的后果是农牧交错带经济功能和社会功能的部分丧失，甚至陷入恶性循环，直接影响到当地农牧民的生产生活、民族团结和社会稳定。①

2.4 农牧交错带存在的问题

2.4.1 自然环境不可持续性

在全球气候变化的背景下，农牧交错带的气候格局是如何随之变化的？研究表明，因为生态过渡带内许多物种受气候条件所限处于生态过渡带的边界，因而可以更早地检测到全球气候变化。主体部分位于长城沿线的内蒙古东南部、冀、晋、陕北部和鄂尔多斯地区的农牧交错带是从半湿润区向半干旱区过渡的地带，干旱草原的界线即在本地带范围内发生摆动。这个典型的生态过渡带地处夏季风的尾闾区，对降水十分敏感，是对全球气候变化反应敏感的生态系统过渡带之一。降水量是决定农牧业生产收成以及环境问题的主导气候因素。从农牧交错带近年气候特征分析可知，农牧交错带气温逐渐升高，但降水量逐年减少，气候表现出明显的干热特征，导致旱灾频繁发

---

① 陈建华，魏百刚，苏大学. 农牧交错带可持续发展战略与对策［M］. 北京：化学工业出版社，2004.

生，农业生产不稳定；同时，降水的减少造成优质牧草种类减少，草场压力增大，加速了草场退化。

在气候不稳定加剧的同时，自然灾害的发生频率也提高。由于生态系统的脆弱性增加，抵御灾害的能力显著降低，灾害带来的危害或者说给农牧民造成的损失更加严重。农牧交错带的自然灾害主要有旱灾、霜冻害、冰雹、风灾等，尤其以旱灾和风灾为重。干旱几乎年年发生，春季大风吹走表土形成“沙尘暴”，冬季风夹带雪片则形成“雪暴”。这些自然灾害都极大地影响着当地农牧业生产。处于旱作农业边缘的旗县的滥垦导致草场减少，再加上受到北部牧区白灾和黑灾的影响，牲畜头数累计减少最多，也就成了绝对和相对灾情较重的地带。而在农牧交错区南侧一些以种植业为主的旗县，受北部牧区灾害的影响小，灾情也相对较轻。

2.4.2　社会问题

新中国成立后，农牧交错带人口呈现出迅速增长的态势。20 世纪 80 年代后，国家采取了一系列措施控制人口增长，但由于农牧交错带人口基数较大，以及人们的人口意识淡薄，人口增长速度仍然较快。同时，长期以来落后的文化教育水平，使得带内文盲、半文盲占相当大比例。尽管农村劳动力过剩，但由于劳动力素质低，难以向其他产业和城市转移，只能从事简单的农业生产和粗放经营，因而又进一步加剧了贫困。多项研究结果表明：人口的增加，土地的过度垦殖、粗放耕作，草地超载放牧等人类过度干扰行为，极大地破坏了当地的天然植被，反过来又影响到当地居民的生存和生产活动，成为可持续发展的重要制约因素；同时造成农牧交错带产业化程度较低，生产力水平长期徘徊不前。从某种意义上说，农牧交错带地区农村经济发展落后是现象，科学技术推广应用水平低是原因，劳动者科学文化素质较低是本质。科学知识普及和技术推广工作薄弱，农民的科学文化素质低、教育落后，是该区域社会和经济发展落后的根本原因。

人口数量增加，而教育水平低、素质不高，加之植被破坏、水土流失严重等生态问题，导致农牧交错带贫困问题突出。由此引发各种矛盾，直接影响当地人民群众的生产、经济活动，造成当地人民生活水平低下。贫困迫使人们过度开发和利用自然资源，并导致缺少必要的财力、物力和科技手段来改善生产条件、改变落后的生产方式，进一步加深了对环境的破坏。环境问题突出，生态系统脆弱性增强，反过来又影响了人们的生存和可持续发展，使人们缺少选择的机会和回旋的余地，只能通过对自然资源的过度开发和无尽索取来维持生计。

2.4.3 生态环境问题

内蒙古农牧交错带是一条生态脆弱带，主要表现在它随气候的不断变化而不断发生空间地带的摆动，湖泊萎缩，草场退化，沙漠扩大，林带上移甚至消失，较小的外界扰动即可导致系统崩溃。农牧交错带当前存在的主要生态环境问题包括草场沙化、水土流失、生物多样性丧失、生态环境破坏及景观破碎化等。就很大程度上而言，农牧交错带的环境问题主要是人的问题，是人类的不合理利用导致的。人类的职责在于管理自然、利用资源，过度的干扰和开发使得农牧交错带的生态环境遭到严重破坏。地区经济需要发展，人们就不可避免地对环境进行干扰，我们只是要寻求一个适宜的尺度，努力达到人与环境的协调互动。

农牧交错带的生态系统是由农田、草地、林地植被组成的复合生态系统，而土地利用方式是农牧林结构的核心和重要表现形式。由于政策和人为的原因，长期以来土地利用结构的动态变化比较大，从开荒时期耕地比例大幅度增加，至国家“三北”防护林工程的建设和荒漠化、水土流失的治理，直至20世纪90年代初土地利用比例调整，耕地比例下降，林草比例增加。受降水变率大的制约，建立波动的农牧林用地比例是农牧交错带农牧业可持续发展的关键。

总体上讲，农牧交错区的耕地面积在增加，而草地在退化，主要因为耕地大量占用草地，以内蒙古所占面积最多。草地资源的退化将对北方的生态环境产生不利影响，尤其是内蒙古草地的退化对华北的生态环境有很大影响。而从社会经济角度看，土地利用结构的不合理使农牧交错带的农牧林结构不能达到最优效果，农牧林之间的资源互补优势未能充分发挥出来，土地利用结构调整依然是今后农牧交错带可持续发展的重要抓手之一。

从农业子系统看，人均耕地较多，但耕地质量较差、水浇地少、旱耕地多和坡耕地比重大；种植业比例大，但人均农业产值低；长期以来的低投入、低产出造成农业比较效益低下。对耕地保护不够而引起的生态环境问题必将严重影响农业生产的可持续发展。从牧业子系统看，草地畜牧业一直是农牧交错带的优势产业，但长期以来因开发利用和放牧过度，草地植被破坏严重；优良牧草种类减少，甚至消失；草地生产力下降，畜种品种差，畜牧业发展起伏波动、不平衡。草地畜牧业作为内蒙古的传统和优势产业对内蒙古经济发展起到了积极的作用。总体上看，农牧交错带的草地畜牧业基本上是单纯的畜产品生产，主要依靠天然草地生产畜产品，很少或几乎没有大规模的人工草地。加上不合理的人为利用，草地生态系统十分脆弱，畜牧业发展受阻。农牧交错带本应具有牲畜、草料等跨农区、牧区流通及气候条件优于牧区的优势，可通过效益高的饲养和草地利用技术大大改善草地的生态条件，但这种优势并未得到发挥。①

不同的生态系统能够产生不同的物品，如食物、木材、药物等；生态系统还提供服务，包括水的净化、洪水的控制、碳的沉积、废物处理、生物多样性保护、疾病调控、空气质量的保持，以及审美的文化的益处。几十年来，由于人口增长和人类活动的加剧，农牧交错带生态系统失调，功能严重退化。例如，大面积砍伐森林或者毁林开荒，使得森林“绿色水库”和“营养水库”的功能下降，调节气候的功能也大为减弱。草地生态系统由于多年来的只放不养，土壤肥力降低，草地大面积退化或者沙化；部分草地被开垦为农田，耕作几年后因地力耗尽而被弃耕或者撂荒。草地生态系统破坏严重，表现为植被覆盖度减少，甚至地表裸露；优良牧草种类减少，甚至消失；土壤肥力降低，草地生产力显著下降。由于生态系统受损，生态功能退化，部分功能甚至丧失。农地生态系统的主要问题是广种薄收，盲目开

---

① 陈建华，魏百刚，苏大学. 农牧交错带可持续发展战略与对策［M］. 北京：化学工业出版社，2004.

垦，没有或缺乏水利设施，品种单调或技术落后；土壤肥力逐年下降，被迫弃耕和盲目开垦草地。突出表现为土地沙化和盐碱化严重。

2.4.4 经济系统问题

农牧交错带根据所处位置划分为农区、农牧交错区、牧区。这三个区域类型的经济结构不同，但从产值上看，均表现出“种植业>牧业>林业”的结构特点。种植业内部的产值“农区>农牧交错区>牧区”，而牧业产值恰好与种植业产值变化规律相反，林业产值变化不明显。总的来看，目前农牧交错带的经济结构不合理，表现为农业产值高于畜牧业产值。这可能是该区农牧业经济效益长期低迷的一个重要原因。

农牧交错带是农、牧两种经济文化的交融地带，相对而言，它的能流、物流、信息流应该更快捷、更畅通，这也正是不同系统在界面处耦合所应体现出的一种特征。但目前农牧交错带却是经济文化发展相对滞后的地区，从系统的功能流角度来看，能流、物流均存在着“潴留”（也就是农牧交错带系统内部的“流”沿着转化流程行进时，在系统的某处“涡存”下来）或者运转速度减慢的现象。例如，在农牧交错带的许多地区，由于气候条件的限制，不适于进行粮食生产，应以营养体农业生产为主，而人们却把粮食生产作为主业。生产的粮食除供应食品用以外，还有部分盈余。这部分盈余除少量生产为牲畜精饲料外，大部分作为荒粮储备起来。与此同时，由于大面积草场被开垦，牧畜的物质能量来源减少，草畜矛盾加剧，导致整个生态环境恶化。究其根源，是农牧业结构不合理，而结构的紊乱往往又导致系统功能的衰弱或丧失。

按照系统科学的理论，处于两个系统边缘的交接带既有优势也存在劣势。系统的边界会经常处于剧烈的振荡和摆动之中，相对比较脆弱。由于牧区是以畜牧业为主的单一产业结构，因此牧区经济受自然的影响较大；而农牧交错带的农区也因为种植业结构比较单一，加之多年来广种薄收、只种不养，土壤贫瘠、土地退化。脆弱的生态系统不能发挥其正常功能，包括生态系统的服务价值，也就不能支撑其负载的社会经济系统。以至于生活在农牧交错带的大部分农牧民经济实力有限，人均国内生产总值、人均财政收入、牧民人均纯收入三项指标均处于全国较低水平。大部分旗县抗灾能力极差，一遇到大的旱灾、雪灾等，特别是当连年遭灾时，只能等待盟市、自治区或者国家救助。由于及时自救的能力差、经济实力有限，比起经济实力较强的旗县，受灾后的损失更大。农牧交错带中的大部分旗县位于边缘地带，道路、交通、通信等基础设施差，畜牧业基础设施，如棚圈、饲料地建设和饲料贮备与防灾抗灾的要求存在很大差距，中小规模的牧户很多还没有保暖性较好的棚圈和有灌溉条件的饲料地。

总之，农牧交错带从生态的角度看，既是东部农区的生态屏障，起到防风固沙的作用，又可以作为西部牧区的大后方和坚强后盾，补充其冬春饲草料的不足，减少雪灾、旱灾的发生和损失，减缓西部牧区过载过牧对草地造成的退化、沙化压力。从经济上讲，既可以作为西部牧区的牲畜育肥带和畜产品深加工基地，又可以向东部农区输送畜产品。

农牧交错带定位是以优质高产人工饲草地为核心、以稳定的农牧复合系统为特征、具有高度牲畜育肥和农畜产品深加工能力的集约化草地畜牧业生产基地，并可成为连接牧区和农区的纽带。农牧交错带可以说是一个复杂的系统，包含社会、人文、历史、经济、生态等各子系统。如何管理这个系统，使之发挥农区的生态屏障和牧区的坚强后盾两大功能、实现可持续发展，需要多个领域的知识和协调。应该引入系统工程方法论，构建农牧系统耦合的生态—生产范式体系，为有效、高效地管理、规划合理的土地利用方式和作物、植物等不同配置方式提供依据和程序化步骤，实现社会—生态—生产（经济）效益共赢目标。

2.5　内蒙古农牧交错带治理的经验模式

经过长期不懈的努力，农业科技工作者和农牧交错带地区的人民群众摸索总结出了许多适合该地区生态、经济、社会条件并行之有效的产业发展模式。总结、交流、推广这些典型经验和做法，对于促进我国农牧交错带地区的社会经济发展具有极其重要的作用。

2.5.1 节水生态模式

2.5.1.1 基本概况

伊金霍洛旗地处鄂尔多斯高原东南部、毛乌素沙地东北边缘。总面积5487平方千米，2018年总人口为177661人，耕地面积为33464公顷。伊金霍洛旗在农业发展中，水浇地的面积不断增加，水资源供需矛盾日益凸显。

（1）降水和植物的生长期往往不同步，降水滞后于植物的生长期

伊金霍洛旗年降水量340~420毫米，全年蒸发量2163毫米，是降水量的7倍。80%降水保证率值是280.8毫米左右。虽然年降水量大于作物生长的最低需水量，甚至80%保证率的年降水量还大于谷子和甜菜的最低需水量，但月降水年内分配极不均匀，约30%的降水量集中在8月，9月也占了约15%，这两个月的降水占了全年降水量的近一半。然而，小麦的生长关键期是5—7月，玉米生长也主要集中在4—8月，所以，降水滞后于植物的生长关键期。伊金霍洛旗光、温、水配合并不合理，光温在前，降水滞后，日照时数的峰值比降水的峰值早出现70天。这样，植物在生长关键期往往严重缺水，再加上降水的年变率和季节变率都较大，产量的低而不稳就成为必然。因此，作物关键期降水量能否满足与降水量多少一样都是影响本地区农业生产至关重要的条件。

（2）地力条件差异是影响农作物水分利用率的一个重要方面

据调查，由于土壤肥力的差异，同是1毫米的自然降水，利用效率高的地区可生产粮食11125~15100千克/公顷，利用效率低的地区可生产粮食175~1150千克/公顷，相差较大。伊金霍洛旗历史上以游牧为主，种植业长期以来形成了广种薄收、粗放经营的传统。此外，自然灾害频繁，投入回报不稳定。

（3）盲目开垦不利于水资源利用率的提高

伊金霍洛旗土地资源调查报告中提供的数据表明，水分条件好、有机质

含量较高的宜农耕地仅有2670平方千米。开荒的直接后果是地表稳定性下降、土壤入渗性能降低、蒸发加强，降低了水资源的利用效率。因此，单纯追求播种面积往往达不到预期效果。

2.5.1.2　技术模式

（1）通过集水和节水等措施提高水资源的利用效率

据水利部20世纪80年代初的调查，我国一般灌溉农田的产量要比非洲灌溉农田的产量高1~3倍，越是干旱地区增产幅度越大。伊金霍洛旗耕地分散且降水集中在夏季，因此通过集水来调节水的时空分布是提高水资源利用效率的重要方法。节水是提高水资源利用效率的根本措施。伊金霍洛旗在节水方面做出了很大努力，大力推广节水灌溉技术，进一步加大投资、开源节流，以期更有效、更充分地利用水资源。

（2）优先发展耐旱作物和培育优良品种

干旱尤其是春旱，是半干旱地区农业生产的主要障碍和最大难题。优先发展耐旱或水分转换率高的高粱、谷子、玉米等作物，建立节水型农作物结构，是北方旱区农业实现可持续发展的必然选择。

（3）培肥地力，提高水肥的匹配效率

在布置农业生产时，应充分注意半干旱地区土地资源丰富，但肥力不足以及降水年际变化大的特点。在旱地农田"水土系统"中，土壤水分和肥力有着互相促进的作用，要想提高水资源的利用效率，必须以合理开发土地和培肥地力为基础。

（4）从实际情况出发，以水定发展目标，以水定土地开发规模

伊金霍洛旗应大量投入资金技术，兴修水利、培肥地力，协调利用地下水和地表水（伊金霍洛旗地区植物对水分利用不充分，加之沙质基质能有效抑制水分蒸发，使得该地区有丰富的浅层地下水），集约使用40%的水浇地，使其作用得以充分发挥。这对粮豆产量的提高大有好处。

2.5.2 防治荒漠化模式

2.5.2.1 基本情况

在我国北方，自东北西部科尔沁草原向西南，沿长城至兰州附近，有一条长约2000千米、宽200~300千米的特殊地带，这就是我国著名的北方农牧交错带。该区是我国荒漠化最严重的地区，20世纪80年代末期其荒漠化面积占全国沙漠化总面积的36.5%，而年均发展面积为全国的83.2%，每年大约有2000平方千米的土地沦为荒漠化土地，每年大约有30%的农田因风沙危害而减产，甚至绝收。这一地区已被列为“全国生态环境建设规划”重点治理区。

2.5.2.2 发展模式及效益

经过多年的实践和经验总结，研究人员对农牧交错区沙漠化治理的方针进行了重大调整，并提出发展农业生产，提高农业生产水平，增加农民收入，解决人口压力与资源承载力的矛盾。同时以封沙育草、植树造林、恢复植被为突破口，改善生产与生活的环境条件，促进生产的发展。在此基础上再进一步调整人地关系，均衡人口压力，强化资源管理和水土资源的合理利用，促进人地关系的良性互动，使生态环境逐步恢复，社会经济步入可持续发展。多年来，随着区域沙漠化土地综合治理与农业高效开发利用研究及生产实践工作的不断深入，总结出具有很大推广价值的乡、村、户三级治理开发模式。

（1）乡级“生态网”治理开发模式

所谓“生态网”模式，就是按一定的规划和技术要求，在一定范围内大规模地营造防风固沙林带，使之网络化。由于林网的防风固沙作用和对各网眼之间的屏蔽作用，加之各网眼内水、土条件的差异，每个网眼首先能够形成独立的各具特色的小生态系统。然后，根据各网眼的地形、土壤、水分条件确定利用方向并采取措施进行治理，不断改善各网眼的生态环境、提高其生产水平。最终形成一个由多个网眼组成的结构合理、功能齐全、运转正常、生产水平较高的“生态网”。这种模式一般由旗县或乡镇政府统一组织，由各乡或村分别具体实施。

（2）村级“多元系统”治理开发模式

“多元系统”模式是把自然村作为一个比较独立完整的系统，按照水、土、气各自然要素的配置格局和人口、劳动力、经济、技术等社会要素的组合特点，根据荒漠化发展速度、风沙危害程度和生产经营水平，从社会、经济、自然的不同方面和农、林、牧不同层次，开展对资源、环境、生态的全面整治和资源、经济、技术的综合开发，使退化的植被迅速恢复，生产水平大幅度提高，农民生活水平明显改善，最终实现社会、经济全面发展的一种模式。

采取的措施包括：调整土地利用结构，劣质农田退耕还林还牧；大搞基本农田建设，积极发展灌溉农业；引进经济林木和作物，推广优良品种；引进和推广沙地治理和农牧业生产的先进技术；封沙育草，植树造林，加强对植被的保护和草地的合理利用；增加对农业生产和沙地治理开发的投入；发展规模养殖，畜牧业走舍饲化道路，减少对草场的破坏；加强对村级组织的建设和管理；对沙地治理开发给予适当的政策优惠。

（3）户级“小生物圈”治理开发模式

“小生物圈”模式是以户或联户为单位进行沙地治理和农业开发的一种模式。这种模式的核心是在坨甸交错区把原来集中居住的农户分散移居到水、热条件较好的小块丘间甸子地中，然后以户为单位划定一个总面积20~33公顷的生产保护区。生产保护区分为3个层次，基本模式如下：

①中心区。用刺线围封条件比较好的坨间低地2.7~4.0公顷，围封外圈栽植乔灌林带0.7~1.3公顷，内圈种植牧草0.7~1.3公顷，中心建设小管机井1眼和基本农田1.3~2.0公顷；中心区主要用于提供粮食和燃料，区内农田由于有林草保护和水源灌溉，不会发生风蚀。

②保护区。在中心区的外围再用铁丝围建7.0~13.0公顷的草库伦，进行流沙固定和草场补播改良，实行半封育，牧舍和牲口棚圈建在这一区内；保护区的作用主要是提供冬、春补饲及对居住区和中心区的环境进行保护。

③缓冲区。在保护区外围再划定一定范围，只对其中的流动沙区进行封育，其余进行放牧，设立缓冲区主要是为了控制流沙向内部蔓延。这样就构成了由里向外的农业、草地、林业、封育、放牧等5个圈，形成了一个由里向外进行支撑、由外向里进行保护、内部结构比较完整和独立的小经济生物圈。由于这种“小生物圈”模式较好地解决了开发与保护、农业与牧业、生产与生活的关系，因而生态效益和经济效益都很明显。目前，这种模式通过自治区各级政府已在内蒙古有条件的地区推广。

2.5.3 农牧业综合发展模式

2.5.3.1 基本概况

位于黄土高原西北部丘陵沟壑区的内蒙古准格尔旗，属于温凉半干旱区，植被为森林草原向典型草原的过渡地带。20世纪八九十年代，水蚀风蚀在时空上交替叠加复合发生，地貌沟壑纵横。土壤为黄土母质上发育的黄绵土，土层分布均匀深厚，但地下水位深，补充能力差，尤其是干旱阳坡、半阳坡的天然草地达50%以上，土壤水分缺乏，生态系统不稳定，农牧业生产水平低下。

2.5.3.2 发展模式及效益

（1）保护与建设天然草地

针对黄土高原农牧交错区天然植被的严重退化，准格尔旗提出了灌草植被封育、改良、立体配置等快速恢复与重建的技术措施。目前这些组装配套的封育、改良、灌草立体配置技术体系，得到了大力推广应用，成效显著，并为黄土高原农牧交错区灌草植被的快速恢复、畜牧业高效规模化舍饲养殖提供了重要的科学依据和技术支持。

（2）引选与规模化种植人工牧草

影响黄土高原草地植被恢复和建设的关键问题是牧草品种单一，优良牧草较少。而现有牧草品种适应性差，繁殖更新慢，特别是在干旱、低温和风蚀的逆境条件下难以形成优势群落，整体治理效率低。因此，优良植物种群的引选繁育、推广应用及成果转化已成为生产中亟待研究解决的课题。

多年来，牧草品种引选实验研究为该区草地植被的快速恢复选择了适应性强、产量高、品质好、生长繁殖快的优良乔本科和豆科牧草品种。这些优良牧草的引选与规模化推广种植，促进了农牧业产业结构的调整及畜牧业的高效稳定发展，使该区的种植业结构由传统的粮食作物—经济作物二元结构调整为粮食作物—经济作物—饲料作物三元结构。目前，该区侧重研究芨芨草的栽培管理、开发和利用技术，改变了牧草品种单一、畜牧业发展缓慢、生态环境脆弱的局面，获得了较高的生态效益、经济效益和社会效益。

（3）优化畜种结构与规模化舍饲养殖

①放牧与舍饲结合型养殖模式。放牧养殖主要是利用多年来结合区域治理已建立的柠条、沙棘、山桃等灌木林草基地，在夏秋的生长旺盛季节每年放牧两次，每次放牧期控制在 15~20 天，放牧强度为 1~1.5 羊只/公顷。目前，在黄土丘陵区建立的柠条灌木林基地已形成较大规模并进行合理放牧利用，生态效益、经济效益和社会效益显著。舍饲养殖主要是利用农作物秸秆进行青贮、微贮、氨化或制作草粉、草捆饲料，同时结合农副产品加工后的剩余物配制混合饲料或颗粒饲料，对放牧快出栏的羊只提前 1~2 个月进行舍饲养殖。放牧与舍饲结合型的养殖模式，一般为夏秋放牧—冬春舍饲—出栏。这种养殖方式出栏的胴体羊，饲养周期短、饲料消耗少、商品率高、羊肉鲜嫩无膻味、商场竞争力强、经济效益高。该模式的建立不仅缓解了草地压力，促进了退化草地植被的恢复与重建，也为畜牧业的发展奠定了基础。

②舍饲型养殖模式。随着农业生产的快速发展，作物秸秆的产量大幅度增长，成为数量最大、分布最广的饲料来源，为舍饲畜牧业的发展奠定了良好的基础。但由于经营粗放，作物秸秆的利用率仅 25%~35%，浪费较大。充分利用作物秸秆作饲料，对农牧交错带畜牧业的发展具有重要的科学价值。

应用氨化处理技术，方法简单、成本低、无污染，消化率和采食量可提高 25%~30%，粗蛋白含量可提高 1.2~1.8 倍。据联合国粮农组织实验，饲用 2 千克氨化秸秆可节省精饲料 0.5 千克。因此，利用青贮和氨化的作物秸秆进行舍饲养殖，既缓解了冬春季节饲草的不足，又可提高出栏率，与长期放牧相比可提前1个月出栏，出栏率提高31%。同时还积蓄了大量的有机肥，每只羊平均年产粪便615.87千克，相当于10.96千克氮肥、8.75千克磷肥、4.27千克钾肥，可满足1亩耕地的有机肥料需求。一般养殖比例是2亩耕地1只羊，其秸秆通过青贮或氨化，补饲冬春季节饲草的不足，1只羊的粪便可以保证1亩农田的肥料，这样形成一个良性循环的生态系统模式，即作物秸秆—舍饲养殖—积蓄肥料—有机肥田—增加产量。

③优化种植制度。改变种植制度，将传统的粮经二元结构种植制度，改为粮经饲三元结构种植制度，从根本上改变单靠放牧和粮食转化发展畜牧业的传统方法和习惯。

④畜种调整。加快优良种畜（小尾寒羊、新疆细毛羊、土种羊等）的引进与推广，提高繁殖速率与毛肉品质，扩大肉羊的养殖规模，大力发展优质配合饲料和荒坡草业，并加大畜产品加工与市场销售力度，提高经济效益。

2.5.4 特色产业化发展模式

2.5.4.1 基本概况

清水河县位于内蒙古自治区中部，呼和浩特市南端。县境东南部以明代长城为界，与山西省右玉、平鲁、偏关三县接壤，西部以黄河为界，与鄂尔多斯准格尔旗隔河相望，北邻古勒畔几河与和林格尔县相连，西北与托克托县交界。

清水河属黄土高原丘陵区，地貌复杂，丘陵山地占90%以上，海拔930~1806米。地处半温带大陆性气候，年平均气温7.1℃，无霜期110~160天，日照时数2450~3350小时，≥10℃的有效积温2200~3200℃；年降水量平均为413.8毫米，多集中在7—9月，占全年降水量的70%以上。春旱、伏旱现象发生频率大，是制约当地农业发展的主要障碍。

小香米是清水河县享有盛名的特色农产品，因味微甜、黏度强、口感好、营养价值超过普通小米而闻名。小香米和奶牛互相促进、互相发展，已成为高茂泉夭村致富的主要途径。

2.5.4.2 发展模式及效益

（1）提高科技应用水平，推广模式化、规范化栽培技术

全面推广“农田旱井，秋雨春用，地膜覆盖，坐水点种，节水补灌，精种高产”的旱作农业模式；适时早播，配方施肥，选用良种，防治病虫，增施微肥，促进早熟，达到增产增收的目的。

（2）大力培育龙头企业，发展壮大农村经纪人队伍，强化市场开发力度

推行“订单农业”，逐步形成“公司+农户+基地”的产业化格局。解放思想，优化环境，更新观念，制定优惠政策，引进项目和人才，吸引外资来清水河办厂，开发小香米，推进产业化进程，将清水河农苑小杂粮开发中心做大做强，扩大生产规模，建立无公害生产基地，采取精选、精加工、精包装，使产品进入超市，进而打入国内外市场；同时，开拓大、中城市特色食品市场，增加产品的知名度，带动相关产业。另外，大力培养农村经纪人，为小香米产业化发展做好产前、产中、产后服务。

（3）建立无公害绿色小香米生产基地

充分利用小香米“精饲草”，大力发展育肥牛和奶牛业，形成畜多、肥多、小香米多的良性循环。产品基地以施农家肥为主，少施化肥，喷施生物农药防治病虫害，杜绝使用高残留剧毒农药，打造绿色无污染标准化生产基地。

加大政府扶持力度，大力宣传小香米优越性，提高它的知名度，树立品牌意识，以此带动区域内其他相关产业，开发特色产业群，带动县域经济的快速发展。小香米种植技术难度大，时间性强，不按技术规程种植和管理，会造成颗粒无收，挫伤农民种植的积极性。为此，各涉农部门按照各自的业务特点，各负其责，搞好服务，如科技培训、栽培技术攻关、良种基地建设、水源工程的配套，优化环境，制定相关优惠政策，推进小香米产业化进程。

2.5.5 退耕还草模式

2.5.5.1 基本概况

阴山北麓位于内蒙古自治区中部，属阴山山地向内蒙古高原过渡带，是典型的农牧业交错区。该地区农业垦殖有百年的历史，以粗放经营、广种薄收为特征。近几十年来，因人口剧增、过度开垦、毁草种粮、超载放牧等问题，生态环境不断恶化，土地荒漠化日益加剧，草场严重退化，土地生产力下降，经济发展缓慢。该区域是典型的生态环境制约型贫困地带，也是我国人口、资源与环境矛盾较集中、较尖锐的地区。

2.5.5.2 发展模式

（1）建立高产稳产农田

①水旱并举建设基本农田。在试点村建设中，充分开发水资源，发展水浇地。通过打井配套灌溉机械等，新建高产水浇地，建设旱作基本农田，在3°~15°坡耕地上修建坡式等高田。同时，采取增施有机肥、秸秆还田、粮草轮作耕作改制等措施培肥地力，改善作物生长条件，提高产量。

②引进、推广综合配套农业增产技术。引进新品种、新作物，特别是覆膜玉米的成功试种，结束了该区域不能种植玉米的历史。种植玉米提供了大量的秸秆饲料。

③调整种植结构。在提高粮食单产的基础上，减少粮食作物播种面积，增加蔬菜、瓜果等经济作物和饲草料播种面积，变二元结构为三元结构，有效增加农牧民收入。

（2）退牧还草

①退耕地建旱作人工草地。针对退耕地大多条件比较差的实际，选择耐干旱、耐寒冷、耐瘠薄、饲用价值好的牧草品种，先后引进18个牧草品种进行试种，筛选出一些适宜的优良牧草品种。同时，通过一系列土壤耕作技术和抗旱种植技术，确保牧草高产、稳产。

②“油草混播”“麦草混播”人工草地。用一年生的大黄菜籽、青莜麦

与多年生豆科、禾本科牧草混播，不仅经济效益显著，而且由于豆科植物的生物固氮作用，草地土壤养分状况得到改善。

（3）围栏封育改良退化草场

对退化严重的克氏针茅、杂类草草场进行围栏封育，封育后天然草场与同类型未封育天然草场相比，牧草平均高度由 4～5 厘米提高到 10～15 厘米，草场盖度由 20%～30%提高到 50%～60%，豆科等优质牧草数量明显增加，杂类草数量减少，且随封育年限的增加，草场质量和产量逐步提高。

2.5.5.3　综合效益

（1）保证了粮食安全

通过建设基本农田、推广综合配套农业增产技术、调整种植结构等综合措施，粮食单产可提高 1 倍以上，在耕地面积减少近 1/3 的情况下，粮食总产增加了 9.7 万千克，农民人均粮食占有量由 327 千克提高到 483 千克，种植业产值由 74.8 万元增加到 120 万元，为退耕还林还草奠定了良好的基础。

（2）促进了畜牧业发展

通过退牧还草和改良天然草场，每年可提供各类饲草 126.03 万千克、饲料 15 万千克，为发展效益型畜牧业创造了良好条件。通过调整优化结构、改良畜种、修建畜棚暖圈、实施舍饲与半舍饲等措施，畜牧业有了较快的发展。

（3）改善了生态环境

试点区人工种草保留总面积达到 520 公顷，其覆盖率为 30.5%，沙化土地面积由 939 公顷减少到 595 公顷，沙化治理率达到 51%。农牧业生产条件和区域生态环境得到了明显改善。

（4）农民生活水平大幅度提高

人均粮食占有量、肉占有量显著提高，农民随时可以吃到自己种植的蔬菜，结束了常年靠马铃薯当菜的历史，农民人均纯收入显著提高。

2.5.6　种草养畜模式

2.5.6.1　基本情况

内蒙古敖汉旗属于温带半干旱大陆季风气候，年降水量在 350～450 毫米，多集中在6—9月，占全年降水量的79%。年蒸发量为1700~2300毫米，是降水量的4~5倍。该地区总的特点是寒冷、干旱、多风，但水热同期，对牧草和作物生长发育有利。

2.5.6.2 发展模式及效益

通过多年生人工草地建设、一年生饲草料基地建设、退化草地改良和家畜改良措施的综合应用，大幅度提高了草地生产力，解决了天然草地的超载过牧、草畜矛盾突出的问题；改善了草地土壤植被以及草地生态系统的能量流动和物质循环，减小了土壤风蚀程度，保护了草地生态环境和草地周边地区环境质量。

（1）管理与利用人工草地

由于该地区自然条件相对北方的纯牧区较为优越，人工草地和饲草料地的建设可以减轻天然草地的放牧压力，提高草地生产力。研究表明，在合理施肥的基础上，加强草地管理，引进高产优质饲草品种，可获得较高产量。例如，草木樨在管理方式适合的条件下，产量最高可达到12000千克/公顷，制成青贮料可以有效解决怀孕母畜冬季饲草料供应不足的问题。另外，通过科学技术投入，人工草地产草量由原来的1150千克/公顷提高到4000~4500千克/公顷，饲料地饲草料产量由原来的3000千克/公顷提高到6000~7500千克/公顷。

（2）退化草地恢复

采用草地围封禁牧、补播、浅耕翻、松土、施肥等草地改良措施，草地状况逐步恢复。经过围封，土壤理化性质逐步向好的方向转化，土壤有机质从0.84%提高到2.62%，土壤中其他营养物质的含量也有所增加。草地改良不仅使草地土壤养分状况逐步改善，草地产量也有大幅度的提高。围封草地产草量的高峰出现在第8—10年，产草量比对照草地增加228.7%，补播沙打旺和浅耕翻产草量的高峰值出现在第3年。不同草地改良方式中以补播方式产草量的提高幅度最大。

（3）家畜改良与发展季节性畜牧学

在农牧交错带通过引进德国美利奴改良当地河北细毛羊，利用杂交一代优势，即德国美利奴生产性能好、当地河北细毛羊适应性强等特点，并通过合理的管理制度进一步实现、巩固这种遗传性能，最终提高草地畜牧业的经济效益。①

① 陈建华，魏百刚，苏大学. 农牧交错带可持续发展战略与对策［M］. 北京：化学工业出版社，2004.

第3章　内蒙古农牧交错带农户生计研究

3.1　研究区概况

3.1.1　基本情况

科尔沁左翼后旗1650年建旗，辖19个镇（苏木、场）和1个社区服务中心，262个行政村、14个社区，总人口40.11万，有蒙、汉、回、满、朝鲜等19个民族聚居，其中蒙古族人口占75.3%，是内蒙古自治区县域蒙古族人口居住较集中的地区。科左后旗是清代著名爱国将领僧格林沁的故里，是享誉周边的“英雄上马的地方”，是全国粮食生产先进县、全国绿色无公害果菜生产示范县、全国绿化先进集体、全国生态文明示范工程试点旗。享有“黄牛之乡”“马王之乡”“绿色水稻之乡”“旅游之乡”“民歌之乡”和“蒙古文书法艺术之乡”的美誉。2条国道、2条省道贯穿全境。

近年来，旗委、旗政府全面贯彻落实习近平新时代中国特色社会主义思想，深入贯彻习近平总书记考察内蒙古重要讲话精神，认真落实中央、自治区和通辽市各项决策部署，坚持生态优先、绿色发展，立足自身优势，明确打造全国知名的肉牛产业强旗、区域知名的全域四季文化生态旅游目的地、全市对外开放融入东北振兴的先遣地，建设东部知名的蒙中医药产业基地、国家生态文明建设示范旗、国家级民族团结进步示范旗6个目标定位，着力打造肉牛、文化旅游、现代蒙中医药、生态、硅砂及装备制造、物流、马文化、战略性新兴等8个产业，加快建设工业园区、金融2个平台，全力抓好乡村振兴、品牌文化和人才 3 项工程，压实全面从严治党、全面深化改革、信访维稳、扫黑除恶、安全生产 5 个责任，扎实推动全旗经济社会协调发展。2019 年地区生产总值实现 122.05 亿元，限额以上固定资产投资实现 24.59 亿元，公共财政预算收入完成 4.51 亿元，全面落实减税降费政策，为企业减负让利 6180 万元，社会消费品零售总额同比增长 3.6%，城镇和农村牧区常住居民人均可支配收入分别为 29025 元、13671 元。

3.1.2　历史沿革

科尔沁系蒙古族部落名，其意为带弓箭的侍卫。蒙古语称东为左。清朝早期以进军方向将蒙古分为左、右翼兵。1650 年建旗后，将科尔沁部中心的左后方称为科尔沁左翼后旗。

旗境在战国时期属东胡民族活动地区；秦时曾为匈奴汗国左贤王统辖；西汉时属辽东郡北境；东汉及魏晋南北朝时期属鲜卑族控制地区；唐代属契丹民族住地，隶属唐朝设置的松漠都督府；宋时为女真人所建金国的临潢府路所辖；元代隶属于行中书省宁昌路北境；明时曾属兀良哈三卫中的福余卫游牧；明朝末期，游牧于嫩江流域的科尔沁部取代福余卫兵后驻其地，其南部边境逐步到达盛京边墙，归属元太祖弟哈布图哈萨尔十七世孙明安所统率的兀鲁特蒙古一部游牧。万历四十年（1612 年），明安女嫁努尔哈赤，蒙满联姻。万历四十四年（1616 年）努尔哈赤统一女真建立后金，科尔沁部归后金国节制。崇祯五年（1632 年）改隶满洲正黄旗。崇祯九年（1636 年）以后曾和宾图郡王旗（科左前旗）合为一旗。清代属外藩蒙古内札萨克，直隶于理藩院，军国大事受盛京将军节制，会盟地在哲里木（今兴安盟科尔沁右翼中旗境内）。清顺治七年（1650 年），设科尔沁左翼后旗，首任札萨克彰吉伦。咸丰五年（1855 年）僧格林沁晋升为亲王，赐“博多勒噶台”号，称博多勒噶台亲王旗，简称“博王旗”，一直沿称到 1931 年。

中华民国时期归属奉天省，受哲里木盟盟长监督，地方军事由洮辽镇守使支配，驻地博王府（今吉尔嘎朗镇）。1931 年“九一八事变”后，翌年成立伪满洲国，设东科后旗公署，隶属兴安南分省和兴安总省。1945 年 8 月 15

日抗日战争胜利后，旗内各界人士共议建立东科后旗地方自治政府，翌年3月改民主政府，隶属科尔沁左翼三旗联合办事处、兴安南地区行署和哲里木省政府。1946年9月，国民党在吉尔嘎朗成立国民党东科后旗政府，归属辽北省管辖。1947年6月，恢复东科后旗民主政府，归属内蒙古自治区，7月恢复为科尔沁左翼后旗。1953年6月，哲里木盟撤销，归属自治区东部区行署。1954年4月，东部区行署撤销，复隶属于新恢复的哲里木盟。1969年同哲里木盟划归吉林省。1979年又归属于内蒙古自治区。

科左后旗蒙古族文化底蕴深厚，在旗内居住的大多数是蒙古族。蒙古族的饮食以乳、肉、米为主，兼用其他粮豆、蔬菜和野果。牧区以肉食、乳制品为主，以粮为辅，其早餐必喝奶茶。而农区迁来的蒙古族则以五谷杂粮、蔬菜为主，乳、肉为辅。

3.1.3 地理气候

科左后旗位于东经121°30′~123°42′、北纬42°40′~43°42′，地处科尔沁沙地与松辽平原交接地带，除东、西辽河交汇处有占总面积不到3%的冲积平原外，其余全部为沙坨草甸交错、沙丘连绵起伏、洼地纵横分布的地貌。

全境东西最长239千米，南北最宽107千米。境内呈西南向东北再向东南逐渐降低的地势，最高点在西南部的甘旗卡镇满斗一带，海拔308.4米，最低点在东南部的东西辽河交汇处，海拔88.5米。境内有双合尔山、大吐尔基山、小吐尔基山3座山峰。

总土地面积11570平方千米，是科尔沁区的4倍、开鲁县的2.6倍，是吉林省双辽市的3.6倍，比相邻的辽宁省彰武县（3641平方千米）、康平县（2175平方千米）、昌图县（4317平方千米）面积的总和还要大。全旗人均占有土地面积为42.2亩，远远高于相邻的辽宁省彰武县（人均13亩）、康平县（人均12.2亩）、昌图县（人均6.2亩）。

科左后旗地处中温带亚湿润边缘地区，属温带大陆性气候。其主要特点是：四季分明，春季温暖多风，夏季温热多雨，秋季温凉少雨，冬季干冷少雪。年平均气温为6.8℃，最冷月为1月，1月平均气温为-12.9℃，最热月为 7 月，7 月平均气温为 23.4℃，历年极端最高气温为 38.2℃，极端最低气温为-32.2℃；年平均降水量为 200～483 毫米，降水主要集中在 5—9 月，约占全年总降水量的 85%，全年降水东南部多、西北部少；年总日照时数为 2862.0 小时；年主导风向为西南风，无霜期为 151 天。主要气象灾害为干旱、内涝和冰雹。

科左后旗现有耕地面积 25.41 万公顷，园地面积 43.24 公顷，林地面积 17.91 万公顷，草地面积 58.62 万公顷，是国家重要的商品粮和绿色畜产品生产基地之一。

科左后旗光照资源非常丰富，蒸发量大于降水量，因为地表主要是沙质地并且植被覆盖度较低。地势平坦地区主要分布在东部及以南地区，属于辽河冲积平原，有着大量的耕地资源。中部多是草地、林地与耕地的交错分布地区。西部多是固定与半固定沙丘的交错地区，也是主要的草地分布区，该地区的经济发展相对落后，地类空间分布呈现出“西草东耕、中部交错”的格局。

3.1.4　自然资源

科左后旗耕地 393.03 万亩，占总土地面积的 22.78%。其中，水田 21.54 万亩，水浇地 94.46 万亩，旱田 277.03 万亩。林地 266.28 万亩，占总土地面积的 15.44%。其中，有林地 131.38 万亩，灌木林地 76.67 万亩，其他林地 58.23 万亩。草地 870.82 万亩，占总土地面积的 50.48%。其中，天然牧草地 824.28 万亩，人工牧草地 45.19 万亩，其他草地 1.35 万亩。城镇村及工矿用地 40.14 万亩，占总土地面积的 2.33%。其中，建制镇面积 5.8 万亩，村庄面积 33.69 万亩，采矿用地 0.63 万亩，风景名胜及特殊用地 0.02 万亩。交通运输用地 23.87 万亩，占总土地面积的 1.38%。其中，铁路用地 1.61 万亩，公路用地 2.56 万亩，农村道路 19.70 万亩。水域及水利设施用地 19.65 万亩，占总土地面积的 1.14%。其中，河水面积 2.49 万亩，湖泊水面积 12.30 万亩，水库面积 1.12 万亩，坑塘面积 2.28 万亩，内陆滩涂面积 0.5 万亩，沟渠面积 0.68 万亩，水工建筑用地面积 0.28 万亩。园地（果园）0.065

万亩。其他土地 111.09 万亩，占总土地面积的 6.44%。其中，设施农业用地 0.96 万亩，田坎面积 0.01 万亩，盐碱地面积 39.66 万亩，沼泽地面积 0.7 万亩，沙地面积 69.77 万亩。

科左后旗已探明煤炭储量 1.3 亿吨，主要是分布在金宝屯镇至查日苏镇一带的优质长焰煤。面积 38.8 平方千米，煤层厚度 0.95~2.24 米，发热量为 4000~5500 大卡/千克，具有工业开采价值。科左后旗硅砂远景储量 350 亿吨，占全市储量的 64%，居全国各旗县首位，主要分布在甘旗卡、巴嘎塔拉、努古斯台等镇（苏木）公路、铁路沿线以及常胜、阿古拉和茂道吐等镇（苏木）坨沼地区。硅砂原材料销往全国各地，生产的铸造用砂、石英砂出口到美国、日本、东南亚等国家和地区。科左后旗属风能资源较富集地区。年风场发电时数 2200~2300 小时，70 米高平均风速在 6.8~7.5 米/秒，年平均风功率密度 332 瓦/平方米。“十四五”期间规划 50 万千瓦风电场，主要分布在甘旗卡镇、努古斯台镇、巴嘎塔拉苏木、阿古拉镇、茂道吐苏木、海鲁吐镇等坨沼地区。科左后旗全年太阳总辐射量 5000~5700 兆焦耳/平方米，属二类区域，年平均日照时数为 2903.7 小时，多年平均等效利用小时数为 1530 小时，光照充足，属太阳能资源较丰富区，“十四五”期间规划光伏发电 50 万千瓦，主要用于多能互补、农光互补、牧光互补、渔光互补和储能等。

3.1.5 农牧业经济发展

科左后旗位于北方农牧交错带，畜牧业与种植业并存，是国家重要的粮食和畜产品生产基地，改革开放 40 多年来，农牧业经济发展有了很大进步。2017 年地区生产总值 177.31 亿元，比 2016 年增长 4%。农牧民人均纯收入 11116 元，比上年增长 8.5%。粮食产量 112.82 万吨，比上年减少 2.4%。肉类总产量 5.54 万吨，比上年增加 6.1%。乡村劳动力资源总数为 17.08 万人。其中，农村 8.74 万人，牧区 8.34 万人。

3.1.5.1 种植业发展状况

科左后旗是国家和内蒙古自治区重要的商品粮基地，2017 年总耕地面积为 25.41 万公顷。其中，水田面积 1.44 万公顷，占总耕地面积的 5.65%；水浇地面积 4.36 万公顷，占总耕地面积的 17.16%；旱地面积 19.61 万公顷，占总耕种面积的 77.19%。种植的主要粮食作物有玉米、水稻、小麦。自古以来，科左后旗都是以畜牧业养殖为主。近年来，随着农业的发展、耕地面积的增加，粮食作物播种面积和粮食产量逐年增加，已发展成为农牧交错区（见图 3-1）。

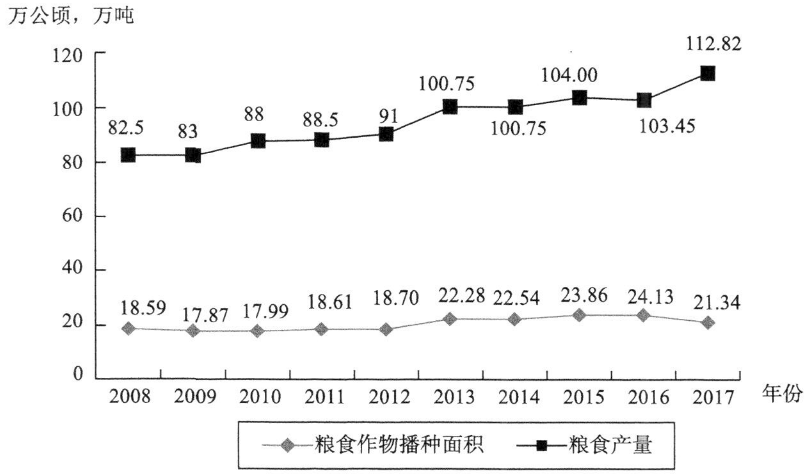

图 3-1　2008—2017 年科左后旗粮食作物播种面积和粮食产量

数据来源：《科左后旗统计年鉴》。

3.1.5.2　畜牧业发展状况

科左后旗 2017 年牲畜存栏 269.75 万头（只、口）。其中，肉牛存栏 65 万头，较上年增加 3 万头；肉羊存栏 48 万只；生猪存栏 8.9 万口。年内出栏肉牛 15 万头。肉牛产业逐步壮大。能繁母牛存栏达到 37.5 万头。肉牛存栏超万头镇（苏木、场）达到 15 个；母牛存栏超千头村（嘎查）新增 18 个，达到 167 个；超百头养殖场（户）新增 22 个，达到 100 个。新增舍饲养牛示范村 33 个，繁殖率达 80%以上。加大肉羊改良和模式化养殖力度，引进黑头杜泊种公羊 100 只，改扩建肉羊标准场 1 个，新建养羊专业合作社 6 个。畜禽污染防治工作有新进展。完成畜禽禁养区划定 521 平方千米、限养区划定 362 平方千米。建设无害化处理厂 1 处，粪污处理厂 1 处。动物防疫和改良工作得到加强。全年共完成畜禽免疫 1878.9 万头（只、口）/次，重点疫病免疫密度达到了 100%。完成畜间消毒灭源 3650 万平方米。完成能繁母牛保险 12.1 万头。进一步规范家畜改良工作，完成黄牛冷配 23.9 万头，肉羊人工授精 11.1 万只。① 近年来，随着畜牧业的发展，科左后旗牛、羊肉产量也在逐年增加，大牲畜存栏头数整体呈上升趋势（见图 3-2、图 3-3）。

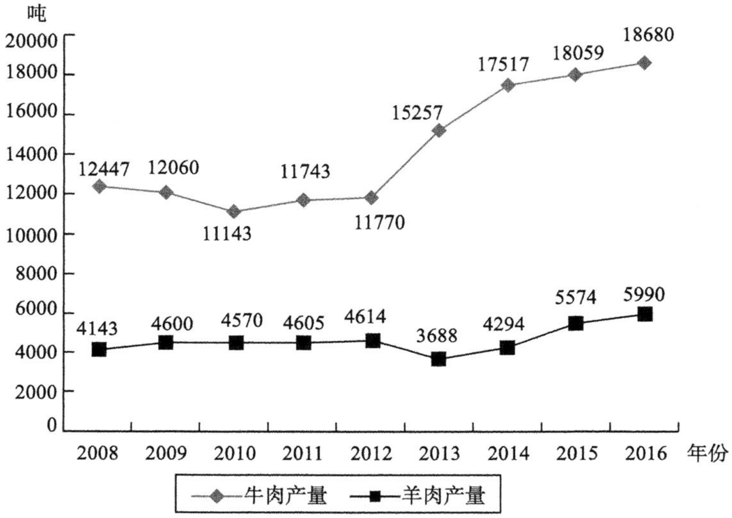

图 3-2　2008—2016 年科左后旗牛、羊肉产量

数据来源：《科左后旗统计年鉴》。

① 科左后旗农牧业局. 落实乡村振兴战略实现农牧业工作新突破［Z］. 农牧业系统工作会议上的讲话，2018.

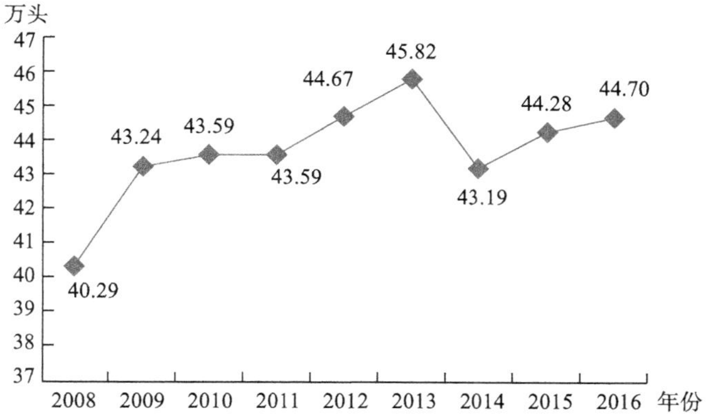

图 3-3 2008—2016 年科左后旗年末大牲畜存栏头数

数据来源：《科左后旗统计年鉴》。

3.1.6 基础设施、科教文卫

随着科左后旗经济社会的发展，基础设施建设和科教文卫事业也取得了长足的进步。2017 年科左后旗公路总里程达到 4293 千米，比上年增加 5%；固定电话用户 4.5 万户，移动电话用户 34.43 万户；互联网接入用户 4.36 万户，比上年增加 18.8%。在科技教育与卫生方面，共有专业技术人员 6605 人，比上年减少 1.2%；有小学学校 35 所，普通中学学校 15 所，体育场馆 2 所；医疗卫生机构床位 3466 张，比上年增加 0.6%，医疗卫生技术人员 2026 人，比上年增加 11.0%。①

科左后旗文化底蕴深厚，历史上红山文化、契丹文化、蒙元文化在这里交相辉映，尤其是璀璨夺目的科尔沁文化在这里传承和发展，著名的蒙古族三大叙事民歌之一《达那巴拉》和歌曲《雕花的马鞍》就在这里产生并广为传唱。近年来，科左后旗大力实施全域旅游、四季旅游、“旅游+”发展战略，坚持以“生态优先、绿色发展”为导向，围绕构建“一线一路四点”新格局，深层次开发文化生态旅游体验项目，丰富旅游产品，优化产业结构，构建大旅游格局，着力打造区域知名的全域四季文化生态旅游目的地。

① 《内蒙古统计年鉴—2018》。

立足自然生态、地域文化等优势，不断加大投入，加强宣传和推广，大力发展生态文化、乡村旅游业，并取得了一定的成效，生态文化旅游已成为全旗的一张亮丽名片。

3.2 数据来源及样本选取

3.2.1 数据来源

科左后旗的农户生计和农牧业宏观经济数据主要来自《内蒙古统计年鉴》《科左后旗统计年鉴》和科左后旗农牧业局提供的资料数据，农牧户生计数据均来自调研组对各个镇（苏木）及管辖村（嘎查）农户的实地调查。调研组成员于 2019 年 4—6 月在科左后旗 7 个镇（苏木）、村（嘎查）进行实地调查。调研组首先在科左后旗统计局、农牧业局、财政局相关部门收集了农牧区经济、自然资源、社会发展、草原禁牧政策等相关材料，然后进行入户访谈和问卷调查，获取原始数据。

在科左后旗实地调查中，共入户访谈 498 户，获得有效问卷 488 份。其中，科左后旗农区 207 户、牧区 203 户、半农半牧区 88 户。

在进村入户调查时，关于农牧户样本的选择依据，首先使用随机抽样的方式确定要调查的村（嘎查），其次由该村（嘎查）的村主任等将村（嘎查）内农牧户的生活水平划分为优、良、差三类等级，最后从三类生活水平不同的群体中随机抽取样本户进行入户调查。在入户访谈时，由于有些人不懂蒙语，为了使调查全面、准确、客观，调研过程中都有蒙汉兼通的当地人员作为翻译陪同。每份问卷的访谈时间为 0.5～1 小时，数据均通过入户面对面访谈方式获取。

3.2.2 样本选取

科左后旗农户的主要生计方式是种植业和畜牧业，从地区分布看，种植业主要集中在东部地区，畜牧业主要集中在西部地区。为了样本的准确性和较强的代表性，调研地选取了科左后旗东部的金宝屯镇、查日苏镇；中部地区的常胜镇、阿古拉镇；西部地区的甘旗卡镇、巴嘎塔拉苏木、茂道吐苏木。调查的农牧户覆盖了以上 7 个镇（苏木），每个调研地点的具体情况如表 3-1 所示。

表 3-1　调研地基本情况

地区	镇（苏木）	村（嘎查）	生计方式	户数/户	人口/人	耕地/万亩	草牧场/万亩	样本户数
东部地区	金宝屯镇	铁建村、白沙坑村、大因嘎查	农业	5971	25248	45.96	31.5	65
	查日苏镇	喇嘛窝堡村、布敦花村、东五家子村	农业	9286	34757	38.8	18	69
中部地区	常胜镇	莲花泡村、地河村、铁牛村	农业	8842	27276	21.9	2.6	73
	阿古拉镇	桐其格嘎查、色音胡都嘎嘎查、道日苏嘎查	农牧兼业	4512	16892	22.9	74	61
西部地区	甘旗卡镇	浩坦塔拉村、新胜屯村、满斗村、翁斯嘎查	牧业	40365	116743	63	144	87
	巴嘎塔拉苏木	巴胡塔嘎查、查干塔拉布日嘎查、沙布嘎图嘎查	牧业	3724	13790	20.3	103	71
	茂道吐苏木	索根嘎查、高井嘎查、哈根潮海嘎查	牧业	3699	13732	12.7	46	61

3.2.3　调查户家庭特征及收入来源

3.2.3.1　调查户家庭特征

本次调查共入户调查 498 户，回收有效问卷 488 份。通过对问卷的统计，488 户农牧民家庭中，总人口为 1689 人，其中访谈男性 396 人，女性 92 人；从年龄分布上看，被访谈人口年龄最大为 77 岁，最小为 22 岁；从文化程度上看，初中及以下文化程度占比最大，为62.3%，高中及以上文化程度占比为33.4%，大专及以上文化程度占比为4.3%；从家庭拥有的劳动力看，最多的为5人，最少的为0.5人（年龄60岁以上，算作0.5个劳动力），59.7%的农牧户家庭拥有2人及以上的劳动力。

通过以上统计可知，目前科左后旗农户家庭的人口文化程度水平主要集中在初中及以下，家庭劳动力整体文化素质偏低，但是，家庭拥有的劳动力资源比较丰富，主要是因为长期以来农牧业生产方式比较落后、机械化程度不高、农牧业产出效益低、劳动力转移途径单一。

3.2.3.2 收入来源描述

实地调研中发现，科左后旗东、中、西部不同区域，由于生计方式和生计策略的不同，家庭收入来源也不同，以农业种植业生产为主要生计方式的金宝屯镇、查日苏镇、常胜镇等的受访家庭农业种植业收入高于畜牧业收入，农户更倾向于选择从事农业生产。与此同时，有些农户家庭也饲养一些牛、羊等牲畜，作为副业进行经营。而以牧业为主的甘旗卡镇、巴嘎塔拉苏木、茂道吐苏木等中西部地区受访家庭牧业收入高于农业收入，农户更倾向于选择牧业生计方式。在农牧耦合的阿古拉镇，牧业收入略高，从事畜牧业养殖的农户较多，这些农户在舍饲畜牧业养殖的同时，也有一些耕地，主要用来给牲畜提供青贮饲料。

由表3-2可知，阿古拉镇、巴嘎塔拉苏木、茂道吐苏木在大小牲畜存栏、牛、绵羊、山羊、育肥牛出栏、种植青贮面积、棚舍、畜圈方面水平较高，说明该地区的生计方式主要是畜牧业，收入来源主要靠饲养牲畜。受城镇化水平高的影响，甘旗卡镇户均水平有所下降。

表3-2 被调查镇（苏木）户均牧业基本情况

镇（苏木）	大小牲畜存栏/头、只	牛/头	绵羊/只	山羊/只	育肥牛出栏/头	人工种草面积/亩	种植青贮面积/亩	棚舍/间	畜圈/座	饲料加工机械/台
金宝屯	14.57	4.75	8.55	0.48	0.36	0.58	3.40	1.64	0.32	0.16
查日苏	13.76	2.29	10.74	0.10	0.48	0.31	1.12	1.16	0.33	0.28

续表

镇（苏木）	大小牲畜存栏/头、只	牛/头	绵羊/只	山羊/只	育肥牛出栏/头	人工种草面积/亩	种植青贮面积/亩	棚舍/间	畜圈/座	饲料加工机械/台
常胜	9.77	2.11	9.77	0.69	0.70	0.00	0.86	2.75	0.40	0.22
阿古拉	26.99	9.02	17.73	2.60	0.91	1.26	8.53	2.21	0.45	0.22
甘旗卡	4.16	1.92	1.80	0.34	0.47	0.08	1.37	0.86	0.08	0.07
巴嘎塔拉	29.42	11.41	15.39	1.26	0.65	1.67	12.95	2.26	0.58	0.08
茂道吐	25.86	7.65	15.49	2.58	0.16	0.14	10.23	2.12	0.53	0.20

数据来源：根据调研统计数据计算而得。

3.2.4　问卷设计

调查问卷整体包括两部分：一部分是农牧户基本信息调查，面向所有调研农牧户；另一部分是农牧户生计调查，面向所有农牧户。

农牧户基本信息主要是统计农牧户的家庭基本信息，包括户主本人和家庭成员的姓名、性别、年龄、民族、家庭总人数、受教育程度、婚姻状况、健康状况、家庭性质等。

农牧户生计资本包括自然资本、物质资本、金融资本、人力资本和社会资本等。①自然资本状况包括是否有耕地及面积、是否有草牧场及面积、草地的质量、放牧的时间、放牧的方式。②物质资本状况包括牲畜的数量（包括羊、牛、马等）、房屋的数量及结构、拥有大型生产工具的种类及数量（机动三轮车、拖拉机、抽水泵、收割机等）、是否有畜牧业生产资料（棚圈的数量）、是否有耐用生活用品（电动车、电视机、电冰箱、洗衣机）。③金融资本包括家庭年均收入、收入来源、每年是否有新增贷款、贷款金额、贷款渠道、家庭是否有获得信贷或被资助的机会等。④人力资本状况包括家庭劳动力的数量、健康状况、受教育程度、是否懂得种植养殖技术等。⑤社会资本状况包括人际信任、人际网络、制度信任、组织网络、互惠规范、道德约束等。

此外，还增加了针对村（嘎查）领导的访谈提纲，采用的都是开放式的提问，包括整个村（嘎查）的历史发展及经济社会变迁情况、耕地和草牧场面积及承包情况、村民外出务工情况、村民金融贷款情况、村民掌握种植养殖技术情况、农牧民家庭收入消费情况、农业基础设施配备情况、农业补贴及生态奖补政策的实施情况等。

3.3 农户生计资本描述

生计资本是农牧户生存和发展所必需的生产资料和生活资料，是维持生计可持续发展的基础。谁拥有更多、质量更好的生计资本，谁的生计能力就更强，抵御风险的能力也就更强，生计也就更趋于稳定；反之，抵御风险的能力弱，生计不稳定。因此，通过对科左后旗农牧户生计资本现状进行考察和定性分析，能够很好地判断某一家庭生计脆弱与否，从而做出生计策略的调整，提高其生计能力水平。

根据研究的实际情况，本书将科左后旗农牧户的生计资本分为五大类，即自然资本、物质资本、金融资本、人力资本和社会资本。

3.3.1 自然资本状况

自然资本主要是指农牧户拥有的土地、矿产资源、水资源、生物多样性等自然资源的总和。

在科左后旗东部、中部地区，农牧民的生计方式是以种植业为主、以畜牧业为辅。主要粮食作物为玉米和水稻。对于以种植业为主的地区，耕地是其收入的主要来源，也是生存保障和发展的基础。耕地的数量、质量和结构分别决定了农户的生产经营规模、经营方式以及经营效率。从科左后旗东部、中部的金宝屯镇、查日苏镇、常胜镇调查的具体情况看，分属于这3个镇的9个村的家庭户，他们的生计方式还是以种植业生产劳动为主。

金宝屯镇铁建村位于金宝屯镇所在地往东南5千米处，原铁建村、大蒿子村合并为铁建村，嘎查总户数524户，总人口2224人，有4个村民小组，总土地面积3.41万亩，其中耕地面积11339亩、林地面积4083亩、草牧场面积400亩；白沙坑村位于金宝屯镇所在地往西南7千米处，原有白沙坑村、西板井子村合并为白沙坑村，嘎查总户数 292 户，总人口 1143 人，有 3 个村民小组，总土地面积 2.9 万亩，其中耕地面积 13317 亩、林地面积 5543 亩、草牧场面积 3100 亩，粮食总产量达到 1216.3 万斤；大因嘎查位于金宝屯镇西北 25 千米处，原大因嘎查、财达木嘎查、哈日宝吐嘎查、腰艾里嘎查合并为大因嘎查，嘎查总户数 434 户，总人口 2198 人，下设 4 个村民小组，总土地面积 8.65 万亩，其中耕地面积 2.47 万亩、林地面积 1.09 万亩、草牧场面积 1.29 万亩。①

查日苏镇喇嘛窝堡村位于查日苏镇所在地南部 4 千米处，村总户数 228 户，总人口 1140 人，有 4 个村民小组，总土地面积 1.86 万亩，其中耕地面积 1.2 万亩、林地面积 0.37 万亩、草牧场面积 0.07 万亩；布敦花村位于查日苏镇所在地西北方向 5 千米处，村总户数 598 户，总人口 1655 人，总土地面积 3.843 万亩，其中耕地面积 2.87 万亩、林地面积 1.474 万亩、草牧场面积 0.225 万亩；东五家子村位于查日苏镇所在地东部 4 千米处，村总户数 333 户，总人口 1260 人，总土地面积 4.387 万亩，其中耕地面积 1.6 万亩、林地面积 1.4 万亩、草牧场面积 0.341 万亩。

常胜镇莲花泡嘎查位于常胜镇所在地东南部 4 千米处，村总户数 585 户，总人口 1535 人，总土地面积 5.6 万亩，其中耕地面积 1.3 万亩、林地面积 1.4 万亩；地河村位于常胜镇所在地北部 3 千米处，村总户数 710 户，总人口 2473 人，总土地面积 8.5 万亩，其中耕地面积 2.6 万亩、林地面积 2.9 万亩、草牧场面积 0.2 万亩；铁牛村位于常胜镇所在地西南部 3 千米处，村总户数 813 户，总人口 2643 人，总土地面积 6.6 万亩，其中耕地面积 1.9 万亩、林地面积 2.3 万亩。

甘旗卡镇浩坦塔拉村位于甘旗卡镇所在地南部 1 千米处，村总户数 619 户，总人口 1780 人，总土地面积 2.44 万亩，其中耕地面积 1.67 万亩、林地面积 0.66 万亩、草牧场面积 1.24 万亩；新胜屯村位于甘旗卡镇所在地东南部 1.5 千米处，村总户数 725 户，总人口 2740 人，总土地面积 10.14 万

① 资料来源：金宝屯镇政府 2017 年统计数据。

亩，其中耕地面积 3. 5 万亩、林地面积 2. 1 万亩、草牧场面积 3. 9 万亩；满斗村位于甘旗卡镇所在地西南部 5 千米处，村总户数 420 户，总人口 1269 人，总土地面积 13. 5 万亩，其中耕地面积 3. 4 万亩、林地面积 2. 5 万亩、草牧场面积 6. 5 万亩；翁斯嘎查位于甘旗卡镇所在地西部 8 千米处，嘎查总户数 390 户，总人口 1245 人，总土地面积 2. 25 万亩，其中耕地面积 0. 99 万亩、林地面积 1. 6 万亩、草牧场面积 1. 202 万亩。

阿古拉镇位于科左后旗东北部 70 千米处，总户数 4512 户，总人口 16892 人，总土地面积 150 万亩，其中耕地面积 22. 9 万亩、林地面积 41. 1 万亩、草牧场面积 74 万亩，是一个农牧相结合的蒙古族聚居区。

巴嘎塔拉苏木巴胡塔嘎查位于苏木所在地北部 2. 5 千米处，嘎查总户数 207 户，总人口 782 人，总土地面积 7. 07 万亩，其中耕地面积 1. 03 万亩、林地面积 1. 06 万亩、草牧场面积 4. 67 万亩；查干塔拉布日嘎查位于苏木所在地东部 64. 7 千米处，嘎查总户数 327 户，总人口 1287 人，总土地面积 12. 96 万亩，其中耕地面积 1. 28 万亩、林地面积 1. 8 万亩、草牧场面积 9. 42 万亩；沙布嘎图嘎查位于苏木所在地东南部 5 千米处，嘎查总户数 235 户，总人口 897 人，总土地面积 6. 83 万亩，其中耕地面积 1. 98 万亩、林地面积 1. 3 万亩、草牧场面积 3. 53 万亩。

茂道吐苏木索根嘎查位于苏木所在地南部 18. 8 千米处，嘎查总户数 330 户，总人口 1133 人，总土地面积 9. 8 万亩，其中耕地面积 0. 9 万亩、林地面积 1. 2 万亩、草牧场面积 3 万亩；哈根潮海嘎查位于苏木所在地南部 15. 1 千米处，嘎查总户数 274 户，总人口 951 人，总土地面积 8. 9 万亩，其中耕地面积 0. 7 万亩、林地面积 2. 7 万亩、草牧场面积 2. 5 万亩；高井嘎查位于苏木所在地西南部 47. 3 千米处，嘎查总户数 104 户，总人口 437 人，总土地面积 5. 5 万亩，其中耕地面积 0. 5 万亩、林地面积 0. 8 万亩、草牧场面积 3. 5 万亩。①

由表 3-3 可知，受村集体土地面积、人口数量、土地流转等因素的影

① 各苏木数据来源于实地调查。

响，农牧户拥有的人均耕地面积不同。大部分地区都超过了每人拥有 8 亩口粮地的规定；从拥有的耕地质量看，通过调研了解到，科左后旗东部地区的耕地质量要好于西部地区。例如，种植玉米，东部地区产量 500～600 公斤/亩，西部地区 200～300 公斤/亩。西部有些地区种植玉米等农作物就是为了给牲畜准备青贮饲料，而不是为了产粮；相反，由于东部地区耕地质量较好，耕种主要是为了产粮。从人均拥有的草牧场面积看，科左后旗中、西部地区明显高于东部地区，东部地区有的地方没有草牧场，最高也仅为大因的 5.87 亩/人，而西部地区最高达 80.09 亩/人。近年来，由于过度放牧、自然灾害、人为滥牧等，草场退化、牧草质量下降，影响了草原畜牧业的发展。因此，政府也出台了草原禁牧（休牧）、退牧还草、生态移民等生态保护政策，有效地改善了当地的生态环境。但从调查中得知，这些生态保护政策也影响了农牧户的生计。西部地区人均拥有林地面积也高于东部地区。

表 3-3　调研村（嘎查）人均耕地、林地和草牧场情况　　单位：亩

村（嘎查）	人均耕地	人均林地	人均草牧场
铁建	5.10	1.84	0.18
白沙坑	11.65	4.85	2.71
大因	11.24	4.96	5.87
喇嘛窝堡	10.53	3.25	0.61
布敦花	17.34	8.91	1.36
东五家子	12.70	11.11	2.71
莲花泡	8.47	9.12	0.00
地河	10.51	11.73	0.08
铁牛	7.19	8.70	0.00
浩坦塔拉	9.38	0.37	6.97
新胜屯	12.77	7.66	14.23
满斗	26.79	19.70	51.22
翁斯	7.95	12.85	9.65
阿古拉镇	13.56	24.33	43.81
巴胡塔	13.17	13.55	59.72

续表

村（嘎查）	人均耕地	人均林地	人均草牧场
查干塔拉布日	9.95	13.99	73.19
沙布嘎图	22.07	14.49	39.35
索根	7.94	10.59	26.48
高井	11.44	18.31	80.09
哈根潮海	7.36	28.39	26.29

注：阿古拉镇3个村数据不全，因此取阿古拉镇平均数据。

数据来源：根据调研数据计算而得。

自然生态环境的状况，直接影响着农牧民的生计。在调查区域金宝屯镇、查日苏镇、常胜镇，由于近几年的干旱、扬沙等自然灾害，玉米等农作物在播种季节需要人工灌溉，既增加了劳动力需求又增加了生产成本。在科左后旗西部牧区，由于生态环境差，国家实施草原禁牧政策，增加了牲畜养殖户饲料的成本。因此，生态环境的改善与治理也成为增加农牧户生计成本的现实问题。

3.3.2 物质资本状况

物质资本包括公共设施和基础建设以及农牧户用于生产和生活的各种工具设备等。公共设施和基础建设包括公路、交通、卫生、通信、饮水、科技、教育、能源等；农牧户用于生产和生活的各种工具设备包括农牧户的棚圈、农用机器、电话、房屋、牲畜、电视、冰箱、洗衣机、汽车等。一般采用家庭资产价值状况、农作物产值以及家庭牲畜数量作为物质资本的衡量指标。

科左后旗东部地区自退耕还林以来，国家发放退耕还林补贴和粮食直接补贴。在耕种面积减少的同时，有些农户开始进行畜牧业养殖，作为收入的额外来源。在科左后旗西部地区，国家实施围封禁牧政策，发放禁牧补贴，但是，牲畜的饲料还不能自给自足，还需要购买一部分。

从调查的7个镇（苏木）22个村（嘎查）的公共设施和基础设施建设情况看，所有的村都实现了村村通公路，东部地区的交通条件要好于西部地区；都有手机信号覆盖，但有些地区信号不强；广播电视户户通已实现全覆盖。

家庭牲畜、棚圈和机械数量作为物质资本的衡量指标，其数量决定了一个家庭的生计能力水平。从调查的情况看，科左后旗西部地区牲畜数量多于东部地区，农牧户使用大型机械的程度较低，这也说明农牧户在农业和畜牧业生产过程中，仍然处于粗放经营状态（见表 3-4）。

表 3-4　调研村（嘎查）家庭牲畜数量、棚圈和机械数量情况

村（嘎查）	大小牲畜存栏/头、只	牛/头	绵羊/只	山羊/只	棚舍/间	畜圈/座	饲料加工机械/台
铁建	3714	918	1570	0	700	300	60
白沙坑	1758	970	760	0	173	8	162
大因	11774	2240	9230	226	422	229	188
喇嘛窝堡	1025	230	943	0	102	15	65
布敦花	5277	436	4821	0	300	67	61
东五家子	3136	445	2685	0	87	87	20
莲花泡	5245	749	3968	412	35	76	75
地河	8617	3429	4799	152	1200	400	210
铁牛	7025	1346	5310	57	1234	289	210
浩坦塔拉	2249	646	1565	0	432	67	8
新胜屯	6121	2489	3503	50	400	300	300
满斗	6105	1804	4067	57	200	211	50
翁斯	4851	2851	1608	260	653	220	15
巴胡塔	4087	1612	2278	0	123	160	90
查干塔拉布日	7405	3941	2940	109	380	170	37
沙布嘎图	5481	2535	2642	116	680	176	69
索根	7991	2384	4795	758	550	300	70
高井	6451	1017	4960	467	650	104	55
哈根潮海	4331	1850	2015	326	245	187	45

注：阿古拉镇 3 个村数据缺失。

数据来源：根据调研数据整理而得。

房屋是农牧民重要的物质资本。房屋的宽敞程度、质量、使用年限影响农牧民的生计水平。从调查的 488 户农牧户情况看，2 间房的有 69 户，占被调查户的 14.14%；3 间房的有 271 户，占被调查户的 55.53%，4~5 间房及以上的有 148 户，占被调查户的 30. 33%。就房屋的质量而言，砖混结构的房屋 31 户，占被调查户的 6. 35%；砖木结构的房屋 358 户，占被调查户的 73. 36%；土木结构的房屋 99 户，占被调查户的 20. 29%。许多土木结构的房屋使用年限在 10 年以上，砖木结构和砖混结构的使用年限在 10 年以内。并且，中、东部地区的房屋建设水平要好于西部地区。总体来看，科左后旗的房屋建设水平是较好的。

农牧民的生产性工具和家庭耐用消费品也是物质资本的重要组成部分。从调查的 488 户农牧户的情况看，拥有农用三轮车、四轮拖拉机、收割机、打草机的分别为 378 户、387 户、78 户、69 户。对农牧民家庭拥有的生活耐用品的调查显示，拥有电视、冰箱、洗衣机、手机、电脑、汽车的用户分别为 488 户、218 户、244 户、488 户、136 户、49 户。由此可以看出，拥有农用三轮车、四轮拖拉机、电视、手机的农牧民家庭较多（见表 3-5）。

表 3-5　被调查户生产性工具及家庭耐用消费品

生产性工具及家庭耐用消费品	户数/户	占比/%
农用三轮车	378	77. 46
四轮拖拉机	387	79. 30
收割机	78	15. 98
打草机	69	14. 14
电视	488	100. 00
冰箱	218	44. 67
洗衣机	244	50. 00
手机	488	100. 00
电脑	136	27. 87
汽车	49	10. 04

注：占比为占 488 户样本的比重。

数据来源：根据问卷调查统计获取。

3. 3. 3　金融资本状况

金融资本是指农牧户的存贷款、家庭现金收入、政府补贴收入以及能够获得的预期收入的资本化。拥有金融资本的多寡，决定了未来收益能力的大小，金融资本是实现生计目标的重要资本。在金融资本指标的选取上，根据前人的研究成果和调查的实际情况，本书从农牧民家庭年平均收入、生产生活消费支出、年平均得到的政府补贴、贷款难易程度以及拥有社保种类 5 个方面进行评价。

科左后旗农户拥有金融资本的情况如表 3-6 所示。被调查户家庭年平均收入 0～5000 元的有 24 户，占比 4.92%；5000～10000 元的有 65 户，占比 13.32%；10000～20000 元的有 85 户，占比 17.42%；20000～30000 元的有 233 户，占比 47.75%；30000 元以上的有 81 户，占比 16.60%。通过以上统计分析可见，被调查户的家庭年平均收入主要集中在 20000～30000 元，占比 47.75%。关于生产生活消费支出，0～5000 元的有 63 户，占比 12.91%；5000～10000 元的有 74 户，占比 15.16%；10000～20000 元的有 248 户，占比 50.82%；20000～30000 元的有 60 户，占比 12.30%；30000 元以上的有 43 户，占比 8.81%。通过以上统计分析可见，农牧民的消费支出主要集中在 10000～20000 元，消费水平不高。关于年平均得到的政府补贴，没有获得政府补贴的户数有 0 户；0～300 元的有 34 户，占比 6.97%；300～600 元的有 45 户，占比 9.22%，600～900 元的有 120 户，占比 24.59%；900 元以上的有 289 户，占比 59.22%。可以看出，年平均得到的政府补贴在 900 元以上的占比最高，为 59.22%，这说明农牧民家庭每年得到的政府补贴较高。关于贷款难易程度，认为贷款非常困难的有 198 户，占比 40.57%；认为贷款困难的有 186 户，占比 38.11%；认为贷款难度一般的有 81 户，占比 16.60%；认为贷款容易的有 23 户，占比 4.71%；没有人认为贷款非常容易。可以看出，认为贷款非常困难或困难的有 384 户，占比 78.68%，说明农牧户向银行贷款普遍偏难。关于拥有社保种类，没有社保的被调查户为 0 户；有 1 种社保的有 360 户，占比 73.77%；有 2 种社保的有 116 户，占比 23.77%；有 3 种社保的有 12 户，占比 2.46%，说明在科左后旗大部分农牧民拥有 1 种社保。

表 3-6 被调查户拥有的金融资本的情况

统计指标	分类指标	户数/户	占比/%
家庭年平均收入	0~5000 元	24	4.92
	5000~10000 元	65	13.32
	10000~20000 元	85	17.42
	20000~30000 元	233	47.75
	30000 元以上	81	16.60
生产生活消费支出	0~5000 元	63	12.91
	5000~10000 元	74	15.16
	10000~20000 元	248	50.82
	20000~30000 元	60	12.30
	30000 元以上	43	8.81
年平均得到的政府补贴	无	0	0.00
	0~300 元	34	6.97
	300~600 元	45	9.22
	600~900 元	120	24.59
	900 元以上	289	59.22
贷款难易程度	非常困难	198	40.57
	困难	186	38.11
	一般	81	16.60
	容易	23	4.71
	非常容易	0	0.00
拥有社保种类	无	0	0.00
	1 种	360	73.77
	2 种	116	23.77
	3 种	12	2.46
	4 种及以上	0	0.00

注：占比为占 488 户样本的比重。

科左后旗农牧民收入从其结构来看，大致有农牧业经营性收入、转移性收入、工资性收入、财政性收入及其他收入。其收入主要来源是农业收入和畜牧业经营性收入。农业收入主要来自通过耕种土地获得的经营性收入，畜牧业收入主要是养殖牛、羊的收入；转移性收入，即获得的政府补贴收入，主要是退耕还林补偿、退牧还草补偿、生态奖补补偿、政策性惠农补贴、农村养老补贴，其他的政府补贴很少；工资性收入，主要是劳动力外出务工所获得的工资性劳动报酬，其主要从事劳动密集型的建筑、餐饮及其他服务型行业工作，劳动报酬较低；财政性收入较少。

根据调查结果，从农牧户的生产生活支出看，主要包括以下几个方面：一是现金消费支出（食品烟酒、衣着、居住、生活用品及服务、交通通信、教育娱乐文化、医疗保健及其他用品及服务）；二是生产经营现金费用支出（第一、第三产业经营现金费用支出）；三是现金财务性支出（生活贷款利息支出及其他支出）；四是现金转移性支出（个人所得税、社保、其他转移支出）；五是部分商业保险支出；六是购置资产及非经常性转移支出；七是借贷性支出。在以上支出中，对农牧业的生产性投资是最主要的支出。其中，农业支出包括购买种子、化肥、燃料、农药、机械的费用等；牧业支出包括购买牲畜及饲草料的费用、牲畜防疫的费用、医治费等。

子女的文化教育支出也占有一定比重。这类支出一方面是供养大学生的费用支出，另一方面是村（嘎查）小学的合并、集中办学，增加了交通费、住宿费等费用。在调研中了解到，农牧区的人情交往费用、通信支出、衣着和食物支出也是农牧民生活所必需的支出。

从贷款的难易程度看，农牧户的养殖贷款主要是通过内蒙古农村信用社和科尔沁牛业来获得。调查中，据当地农牧民介绍，要想取得贷款必须是有正式工作的“公务员”或满足其他严格的限制条件，否则贷款不能获批。这些条件也就造成了农牧民获得贷款的渠道单一，出现“贷款难”的情况。因此，在农牧区金融机构发展不完善的条件下，农牧民在应对生计风险时，会变卖自家养殖的牲畜换取现金，以提高其生计能力水平。调查中发现，在科左后旗东部地区，大部分农牧户除了农业种植以外，还饲养牛、羊等牲畜，但规模都不大，饲养的目的一方面是增加收入，另一方面是应对资金短缺时的生计风险；在科左后旗中、西部地区，农牧户饲养牛、羊的数量较多，由于耕地质量较差，其耕种的土地主要是用来生产青贮饲料。

通过对农牧民家庭年平均收入、生产生活消费支出、年平均得到的政府补贴、贷款难易程度以及拥有社保种类的调查与分析发现，科左后旗农牧民的金融资本是比较低的。

3.3.4 人力资本状况

人力资本是增强农牧户自身可持续生计的最重要因素，也是可提升空间最大的一部分。美国经济学家舒尔茨和贝克尔于20世纪60年代创立了人力资本理论。人力资本理论认为，人的劳动技能和素质的提高可以通过投资来实现，也可以通过接受教育、技能培训等方式进行，是体现在人身上的各种生产知识、劳动与管理技能以及健康素质的存量总和。① 人力资本体现在劳动力的数量和质量上，劳动力的质量取决于劳动力的受教育程度、技能掌握程度、健康状况等因素。本书根据现有研究成果对人力资本的阐述，再结合科左后旗劳动力资源的实际情况，选择了家庭拥有劳动力数量、受访者文化程度、种植养殖技术掌握程度、劳动力健康状况4个指标来测量科左后旗农牧户人力资本的存量。

被调查户人力资本情况如表3-7所示。家庭没有劳动力的有10户，占比2.05%；1~2人的有262户，占比74.18%；3~4人的有213户，占比23.16%；5~6人的有3户，占比0.61%；7人及以上的有1户，占比0.20%。可以看出，家庭拥有劳动力数量主要集中在1~2人，占比74.18%。受访者文化程度方面，未上学的有24人，占比4.92%；小学的有56人，占比11.48%；初中的有289人，占比59.22%；高中/中专的有108人，占比22.13%；大专及以上的仅有11人，占比2.25%，这说明科左后旗农牧民的文化程度普遍偏低。种植养殖技术掌握程度方面，完全不懂的有112户，占比22.95%；不懂的有123户，占比25.20%；一般的有150户，占比30.74%；熟悉的有63户，占比12.91%；非常熟悉的有40户，占比8.20%。可见，农

① 袁梁. 生态补偿政策、生计资本对可持续生计的影响研究——以陕西秦巴生态功能区为例[D]. 杨凌：西北农林科技大学，2018.

牧民对养殖技术掌握程度不高，特别是科左后旗东部地区农民对牛、羊养殖技术程度掌握不高。关于劳动力健康状况，从入户调查的统计分析结果看，家庭中有长期患病或身体出现障碍者有 46 户，占比 9.43%；经常患病者有 71 户，占比 14.55%；偶尔患病者有 182 户，占比 37.30%；很少患病者有 172 户，占比 35.25%；家人都非常健康的有 17 户，占比仅为 3.48%。从统计结果分析看，家庭中很少患病或非常健康的仅为 189 户，占比 38.73%，反映出家庭劳动力健康状况不是很好。通过对家庭拥有劳动力数量、受访者文化程度、种植养殖技术掌握程度及劳动力健康状况的分析，可以发现科左后旗农牧民拥有的人力资本偏低。

表 3-7　被调查户人力资本情况

统计指标	分类指标	户数/户	占比/%
家庭拥有劳动力数量	没有	10	2.05
	1~2 人	262	74.18
	3~4 人	213	23.16
	5~6 人	3	0.61
	7 人及以上	1	0.20
受访者文化程度	未上学	24	4.92
	小学	56	11.48
	初中	289	59.22
	高中/中专	108	22.13
	大专及以上	11	2.25
种植养殖技术掌握程度	完全不懂	112	22.95
	不懂	123	25.20
	一般	150	30.74
	熟悉	63	12.91
	非常熟悉	40	8.20

续表

统计指标	分类指标	户数/户	占比/%
劳动力健康状况	长期患病、残疾人	46	9.43
	经常患病者	71	14.55
	偶尔患病者	182	37.30
	很少患病	172	35.25
	非常健康	17	3.48

注：占比为占488户样本的比重。
数据来源：根据调查数据计算而得。

3.3.5 社会资本状况

社会资本是指社会主体（包括个人、群体、社会甚至国家）间紧密联系的状态及其特征，主要表现为集体的相互作用和解决问题的能力。社会资本是对全社会的人际关系的关注，包括结构性社会资本（如社会网络、协会和制度）、认知性社会资本（如价值观、信任感等）。① 本书根据现有研究成果对社会资本的阐述，再结合科左后旗农牧民生存环境的特点，选择人际信任、人际网络、制度信任、组织网络、互惠规范、道德约束6个变量评价科左后旗农牧民的社会资本存量。

被调查户社会资本情况如表3-8所示。人际信任变量中将财产交给邻居等的放心程度指标，非常不放心的有13人，占比2.66%；较为不放心的有67人，占比13.73%；一般的有265人，占比54.30%；较为放心的有123人，占比25.20%；非常放心的有20人，占比4.10%。人际网络变量中亲朋好友担任嘎查、国家公务员的数量指标中，没有担任的有276人，占比56.56%；1～4人的有124人，占比25.41%；5～7人的有52人，占比10.66%；8～10人的有25人，占比5.12%；10人以上的有11人，占比2.25%。制度信任变量中对嘎查干部的信任程度指标，非常不信任的有123人，占比25.20%；较为不信任的有235人，占比48.16%；一般的有87

① 袁梁. 生态补偿政策、生计资本对可持续生计的影响研究——以陕西秦巴生态功能区为例[D]. 杨凌：西北农林科技大学，2018.

人，占比 17.83%；较为信任的有 32 人，占比 6.56%；非常信任的有 11 人，占比 2.25%。组织网络变量中家庭成员过去 1 年内参加集体活动的次数指标，没参加的有 324 人，占比 66.39%；1~2 次的有 134 人，占比 27.46%；3~5 次的有 23 人，占比 4.71%；6~9 次的有 6 人，占比 1.23%；10 次及以上的有 1 人，占比 0.20%。互惠规范变量中村（嘎查）农牧民间团结程度指标，认为非常不团结的有 12 人，占比 2.46%；较为不团结的有 32 人，占比 6.56%；一般的有 278 人，占比 56.97%；较为团结的有 154 人，占比 31.56%；非常团结的有 12 人，占比 2.46%。道德约束变量中周围农牧民对保护草原的态度指标，非常不关心的有 56 人，占比 11.48%；较为不关心的有 124 人，占比 25.41%；一般的有 187 人，占比 38.32%；较为关心的有 67 人，占比 13.73%；非常关心的有 54 人，占比 11.07%。

通过对被调查户人际信任、人际网络、制度信任、组织网络、互惠规范、道德约束的分析，发现科左后旗农牧民的社会资本偏低。

表 3-8　被调查户社会资本情况

社会资本	统计指标	分类指标	户数/户	占比/%
人际信任	将财产交给邻居等的放心程度	非常不放心	13	2.66
		较为不放心	67	13.73
		一般	265	54.30
		较为放心	123	25.20
		非常放心	20	4.10
人际网络	亲朋好友担任嘎查、国家公务员的数量	0	276	56.56
		1~4 人	124	25.41
		5~7 人	52	10.66
		8~10 人	25	5.12
		10 人以上	11	2.25

续表

社会资本	统计指标	分类指标	户数/户	占比/%
制度信任	对嘎查干部的信任程度	非常不信任	123	25.20
		较为不信任	235	48.16
		一般	87	17.83
		较为信任	32	6.56
		非常信任	11	2.25
组织网络	家庭成员过去1年内参加集体活动的次数	0	324	66.39
		1~2次	134	27.46
		3~5次	23	4.71
		6~9次	6	1.23
		10次及以上	1	0.20
互惠规范	村（嘎查）农牧民间团结程度	非常不团结	12	2.46
		较为不团结	32	6.56
		一般	278	56.97
		较为团结	154	31.56
		非常团结	12	2.46
道德约束	周围农牧民对保护草原的态度	非常不关心	56	11.48
		较为不关心	124	25.41
		一般	187	38.32
		较为关心	67	13.73
		非常关心	54	11.07

注：占比为占488户样本的比重。

数据来源：根据调查数据计算而得。

3.4 农户生计资本的实证分析

3.4.1 生计资本评价指标体系的构建与量化

3.4.1.1 生计资本评价指标体系的构建

本书在前人研究成果的基础上，通过查阅文献，遵循客观、准确、可量化的原则，构建了科左后旗农牧户生计资本评价指标体系。其中，自然资本指标 6 个、物质资本指标 5 个、金融资本指标 5 个、人力资本指标 4 个、社会资本指标 6 个。26 个指标的选取具有一定的代表性和可靠性，能在一定程度上反映出科左后旗农牧户生计资本的基本情况。26 个指标的原始数据主要来源于调研数据以及相关部门统计资料。

自然资本方面，因为科左后旗属于半农半牧区，既有耕地又有林地和草地资源，故选取耕地面积、耕地质量、林地面积、林地质量、草地面积和草地质量 6 个指标。自然资本是农牧民赖以生存和发展的必要资源，耕地、林地、草地的数量以及质量都会影响到农牧业的产出，进而影响到农牧民的生计状况。

物质资本方面，主要体现在住房、家庭拥有耐用消费品和生产性工具情况、牲畜数量以及村庄基础设施建设情况上。由于住房结构、住房面积不能客观直接反映住房实际情况，因此本书采用住房现值衡量住房情况；对于家中耐用品、生活用品和生产性工具等指标，选取生活资料和生产资料；村庄道路等基础设施的数据也不能直观反映实际情况，因此本书采用对基础设施的看法衡量道路等基础设施的情况。因此，本书选取住房现值、生活资料、生产资料、牲畜数量、对基础设施的看法 5 个指标作为物质资本的衡量指标。①

在金融资本指标的选取上，根据前人的研究成果和调查的实际情况，本书选用农牧民家庭年平均收入、生产生活消费支出、年平均得到的政府补贴、贷款难易程度以及拥有社保种类5个指标进行衡量。

人力资本方面，主要衡量的是劳动者的数量及质量。无论是什么地区、什么职业的劳动者，掌握职业技能都是非常重要的。即使本身没有经过良好的教育，也可以通过技能培训掌握一门或多门技能。因此，本书选取家庭劳动力数量、受访者文化程度、种植养殖技术掌握程度、劳动力健康状况4项指标作为人力资本的衡量指标。

社会资本方面，考虑到农牧民的人际信任、人际网络、制度信任、组织网络、互惠规范、道德约束情况，选取将财产交给邻居等放心程度、亲朋好友担任嘎查和国家公务员的数量、对嘎查干部的信任程度、家庭成员过去1年内参加集体活动的次数、村（嘎查）农牧民间团结程度、周围农牧民对保护草原的态度6项指标作为社会资本的衡量指标。科左后旗农牧户生计资本指标评价体系和指标说明见表3-9。

表3-9　科左后旗农牧户生计资本指标评价体系

资本类型	指标体系
自然资本	耕地面积、耕地质量、林地面积、林地质量、草地面积、草地质量
物质资本	住房现值、生活资料、生产资料、牲畜数量、对基础设施的看法
金融资本	家庭年平均收入、生产生活消费支出、年平均得到的政府补贴、贷款难易程度、拥有社保种类
人力资本	家庭劳动力数量、受访者文化程度、种植养殖技术掌握程度、劳动力健康状况
社会资本	将财产交给邻居等放心程度、亲朋好友担任嘎查和国家公务员的数量、对嘎查干部的信任程度、家庭成员过去1年内参加集体活动的次数、村（嘎查）农牧民间团结程度、周围农牧民对保护草原的态度

资料来源：根据相关文献及调研情况汇总。

① 王静．精准脱贫户生计资本对生计策略的影响研究——以重庆市酉阳县为例［D］．重庆：西南大学，2018.

3.4.1.2　生计资本评价指标体系的量化

本书运用 DFID 提出的可持续生计分析框架，结合调查区自然环境、人文环境、经济社会发展环境，依据科左后旗鲜明的民族性和半农半牧性特征，在 Sharp（2004）、肖敏静（2012）、吴丽媛（2016）、徐汉龙（2016）、王静（2018）等对生计资本量化研究的基础上，对科左后旗农牧户的生计资本进行了量化，结果如表 3-10 所示。

表 3-10　科左后旗农牧户生计资本指标的量化

资本类型	评价指标	指标的定义与描述
自然资本（N）	耕地面积（N1）	耕地面积实际值/万亩
	耕地质量（N2）	耕地质量评价（非常差 = 0，较差 = 0.25，一般 = 0.50，较好 = 0.75，非常好 = 1）
	林地面积（N3）	林地面积实际值/万亩
	林地质量（N4）	林地质量评价（非常差 = 0，较差 = 0.25，一般 = 0.50，较好 = 0.75，非常好 = 1）
	草地面积（N5）	草地面积实际值/万亩
	草地质量（N6）	草地质量评价（非常差 = 0，较差 = 0.25，一般 = 0.50，较好 = 0.75，非常好 = 1）
物质资本（P）	住房现值（P1）	住房现值/元
	生活资料（P2）	生活耐用品拥有率/%
	生产资料（P3）	生产性工具拥有率/%
	牲畜数量（P4）	牛、羊牲畜的数量/头、只
	对基础设施的看法（P5）	对村落交通等基础设施的看法（非常差 = 0，较差 = 0.25，一般 = 0.50，较好 = 0.75，非常好 = 1）
金融资本（F）	家庭年平均收入（F1）	家庭整体劳动力一年收入/元
	生产生活消费支出（F2）	整个家庭一年支出/元
	年平均得到的政府补贴（F3）	获得政府补贴的数额/元
	贷款难易程度（F4）	非常困难 = 0，困难 = 0.25，一般 = 0.5，容易 = 0.75，非常容易 = 1
	拥有社保种类（F5）	社保数量实际值/个

续表

资本类型	评价指标	指标的定义与描述
人力资本（H）	家庭劳动力数量（H1）	劳动力数量/人
	受访者文化程度（H2）	文盲=0，小学=0.25，初中=0.50，高中/中专=0.75，大专及以上=1
	种植养殖技术掌握程度（H3）	完全不懂=0，不懂=0.25，一般=0.50，熟悉=0.75，非常熟悉=1
	劳动力健康状况（H4）	健康=1，不健康=0
社会资本（S）	人际信任（S1）	将财产交给邻居等放心程度（非常不放心=0，较为不放心=0.25，一般=0.50，较为放心=0.75，非常放心=1）
	人际网络（S2）	亲朋好友担任嘎查、国家公务员的数量/个
	制度信任（S3）	对嘎查干部的信任程度（非常不信任=0，较为不信任=0.25，一般=0.50，较为信任=0.75，非常信任=1）
	组织网络（S4）	家庭成员过去1年内参加集体活动次数/次
	互惠规范（S5）	村（嘎查）农牧民间团结程度（非常不团结=0，较为不团结=0.25，一般=0.50，较为团结=0.75，非常团结=1）
	道德约束（S6）	周围农牧民对保护草原的态度（非常不关心=0，较为不关心=0.25，一般=0.50，较为关心=0.75，非常关心=1）

3.4.2 生计资本指标体系评价方法

用熵权法计算各指标的权重比较客观。通过计算信息熵能够准确地计算出各指标权重，信息熵越大，权重越小。

3.4.2.1 数据标准化

对 m 个样本、n 个指标，则 x_{ij} 为第 i 个样本第 j 个指标的数值（$i=1, 2, \cdots, m$; $j=1, 2, \cdots, n$）。构建数据评价矩阵：

$$\boldsymbol{X}=\begin{bmatrix} x_{11} & x_{12} & \cdots & x_{1m} \\ x_{21} & x_{22} & \cdots & x_{2m} \\ \vdots & \vdots & \ddots & \vdots \\ x_{n1} & x_{n2} & \cdots & x_{nm} \end{bmatrix} \tag{3-1}$$

通过极差变换法将原始矩阵式（3-1）进行标准化处理，即把各指标不同的绝对数值进行归一化处理，转化到［0，1］。指标属性不同，代表的含义和标准化算法也不相同。正向指标的数值越大越好，计算方法见式（3-2）；负向指标的数值越小越好，计算方法见式（3-3）。由此可以得到标准化矩阵式（3-4）。

$$y_{ij}=\frac{x_{ij}-\min(x_{in})}{\max(x_{ij})-\min(x_{ij})} \tag{3-2}$$

$$y_{ij}=\frac{\max(x_{ij})-x_{ij}}{\max(x_{ij})-\min(x_{ij})} \tag{3-3}$$

$$\boldsymbol{Y}=\begin{bmatrix} y_{11} & y_{12} & \cdots & y_{1m} \\ y_{21} & y_{22} & \cdots & y_{2m} \\ \vdots & \vdots & \ddots & \vdots \\ y_{n1} & y_{n2} & \cdots & y_{nm} \end{bmatrix} \tag{3-4}$$

其中，$\boldsymbol{X}$ 是原始数据评价矩阵；$\boldsymbol{Y}$ 是标准化矩阵，是由 $\boldsymbol{X}$ 通过式（3-2）、式（3-3）的极差变换法计算获取的。

3.4.2.2　各指标信息熵的计算

计算第 i 个样本在第 j 个指标下所占的比重：

$$p_{ij}=\frac{y_{ij}}{\sum_{i=1}^{m} y_{ij}} \tag{3-5}$$

计算第 j 项指标的信息熵值：

$$E_j=\frac{-1}{\ln m}\sum_{j=1}^{m}(p_{ij}\ln p_{ij}) \qquad E\in[0,1] \tag{3-6}$$

计算各指标的权重：

$$W_i=\frac{1-E_j}{n-\sum E_j} \tag{3-7}$$

计算各生计资本综合评价指数：

$$C_i=\sum W_i X_{ij} \tag{3-8}$$

依据熵值法计算步骤，可以计算得出生计资本评价指标体系的权重值。

3.4.3 生计资本指标标准化及权重确定

3.4.3.1 指标标准化

根据式（3-2）对调研原始数据进行标准化处理，得到金宝屯、查日苏、常胜、阿古拉、甘旗卡、巴嘎塔拉、茂道吐农户的自然资本、物质资本、金融资本、人力资本、社会资本指标标准化值（见表3-11至表3-15）。

表3-11 自然资本指标标准化值

指标	金宝屯	查日苏	常胜	阿古拉	甘旗卡	巴嘎塔拉	茂道吐
耕地面积	0.6712	0.7189	0.5829	0.2028	1.0000	0.1511	0.0000
耕地质量	0.8485	1.0000	0.7719	0.3333	0.5088	0.2632	0.0000
林地面积	0.3227	0.5557	0.5842	0.5961	1.0000	0.0222	0.0000
林地质量	0.6050	0.0000	0.4500	0.2000	0.3000	1.0000	1.0000
草地面积	0.4444	0.4089	0.0000	0.5050	1.0000	0.7100	0.3069
草地质量	0.0000	0.0000	0.0500	1.0000	0.5000	0.0000	0.7500

表3-12 物质资本指标标准化值

指标	金宝屯	查日苏	常胜	阿古拉	甘旗卡	巴嘎塔拉	茂道吐
住房现值	0.4000	0.4286	0.3429	0.5714	1.0000	0.2857	0.0000
生活资料	0.3000	0.5000	0.3000	0.6000	1.0000	0.6000	0.0000
生产资料	0.8000	1.0000	1.0000	0.0000	1.0000	0.2000	0.4000
牲畜数量	0.0081	0.5086	0.0000	0.4349	1.0000	0.2851	0.1142
对基础设施的看法	0.5000	0.6333	0.2667	0.8000	1.0000	0.2667	0.0000

表3-13 金融资本指标标准化值

指标	金宝屯	查日苏	常胜	阿古拉	甘旗卡	巴嘎塔拉	茂道吐
家庭年平均收入	0.4444	0.7778	0.6667	0.3333	1.0000	0.1111	0.0000
生产生活消费支出	1.0000	1.0000	0.8750	0.7500	0.8750	0.1250	0.0000
年平均得到的政府补贴	1.0000	0.6667	0.0000	1.0000	0.6667	0.3333	0.3333
贷款难易程度	0.1667	0.1667	0.0000	0.4501	1.0000	0.3333	0.2333
拥有社保种类	0.4444	0.1111	0.0000	0.0000	1.0000	0.0000	0.1111

表 3-14　人力资本指标标准化值

指标	金宝屯	查日苏	常胜	阿古拉	甘旗卡	巴嘎塔拉	茂道吐
家庭劳动力数量	0.2500	0.3750	0.2000	0.1750	1.0000	0.1250	0.0000
受访者文化程度	1.0000	0.3667	0.2667	0.2333	0.3667	0.2333	0.0000
种植养殖技术掌握程度	0.0000	0.0000	0.2897	0.3586	0.2621	1.0000	0.8621
劳动力健康状况	0.3000	1.0000	0.5000	0.5000	0.5000	0.2000	0.0000

表 3-15　社会资本指标标准化值

指标	金宝屯	查日苏	常胜	阿古拉	甘旗卡	巴嘎塔拉	茂道吐
人际信任	0.3846	0.4615	0.5385	1.0000	0.1538	0.0000	0.3000
人际网络	0.7550	0.3241	0.4300	0.4000	1.0000	0.0000	0.0000
制度信任	0.3125	0.4375	0.2500	0.5075	0.0000	0.4375	1.0000
组织网络	0.5143	0.2857	0.5429	0.0000	1.0000	0.1429	0.1286
互惠规范	0.0952	0.0000	0.4431	0.4189	0.0952	0.5714	1.0000
道德约束	0.0204	0.6000	0.1633	0.4163	0.4959	0.8367	1.0000

3.4.3.2　指标权重的确定

根据式（3-5）至式（3-8），计算出金宝屯镇、查日苏镇、常胜镇、阿古拉镇、甘旗卡镇、巴嘎塔拉苏木、茂道吐苏木 7 个样本镇（苏木）农牧户的生计资本评价指标权重值（见表 3-16）。

表 3-16　科左后旗农牧户生计资本评价指标权重值

资本类型	评价指标	权重
自然资本（N）	耕地面积（N1）	0.13
	耕地质量（N2）	0.09
	林地面积（N3）	0.22
	林地质量（N4）	0.16
	草地面积（N5）	0.13
	草地质量（N6）	0.27

续表

资本类型	评价指标	权重
物质资本（P）	住房现值（P1）	0.15
	生活资料（P2）	0.14
	生产资料（P3）	0.25
	牲畜数量（P4）	0.31
	对基础设施的看法（P5）	0.15
金融资本（F）	家庭年平均收入（F1）	0.14
	生产生活消费支出（F2）	0.11
	年平均得到的政府补贴（F3）	0.11
	贷款难易程度（F4）	0.24
	拥有社保种类（F5）	0.40
人力资本（H）	家庭劳动力数量（H1）	0.28
	受访者文化程度（H2）	0.21
	种植养殖技术掌握程度（H3）	0.33
	劳动力健康状况（H4）	0.18
社会资本（S）	人际信任（S1）	0.10
	人际网络（S2）	0.29
	制度信任（S3）	0.10
	组织网络（S4）	0.14
	互惠规范（S5）	0.22
	道德约束（S6）	0.15

3.4.4 生计资本的测量与评述

3.4.4.1 调查镇（苏木）农牧户生计资本的测量

计算出各评价指标的标准值和权重后，对调查区金宝屯镇、查日苏镇、常胜镇、阿古拉镇、甘旗卡镇、巴嘎塔拉苏木、茂道吐苏木农牧户生计资本进行综合计算，测量值如表3-17所示。

表 3-17　调查镇（苏木）农牧户生计资本测量值

调查区	自然资本	物质资本	金融资本	人力资本	社会资本	生计资本数值	排名
金宝屯	0. 3892	0. 3795	0. 4999	0. 3340	0. 3837	1. 9863	4
查日苏	0. 3588	0. 6369	0. 3767	0. 3620	0. 3139	2. 0483	3
常胜	0. 3593	0. 3834	0. 1896	0. 2976	0. 4015	1. 6314	5
阿古拉	0. 5552	0. 4245	0. 3472	0. 3063	0. 4214	2. 0546	2
甘旗卡	0. 5088	0. 7000	0. 6496	0. 5335	0. 4057	2. 7976	1
巴嘎塔拉	0. 3005	0. 3052	0. 1460	0. 4470	0. 3150	1. 5137	6
茂道吐	0. 4024	0. 1354	0. 1370	0. 2845	0. 5180	1. 4773	7
合计	2. 8742	2. 9649	2. 3460	2. 5649	2. 7592		

数据来源：通过调研数据标准化处理和指标权重进行计算后整理。

由表 3-17 可知，金宝屯镇自然资本测量值为 0. 3892，物质资本测量值为 0. 3795，金融资本测量值为 0. 4999，人力资本测量值为 0. 3340，社会资本测量值为 0. 3837，合计生计资本测量值为 1. 9863，排名第 4；查日苏镇自然资本测量值为 0. 3588，物质资本测量值为 0. 6369，金融资本测量值为 0. 3767，人力资本测量值为 0. 3620，社会资本测量值为 0. 3139，合计生计资本测量值为 2. 0483，排名第 3；常胜镇自然资本测量值为 0. 3593，物质资本测量值为 0. 3834，金融资本测量值为 0. 1896，人力资本测量值为 0. 2976，社会资本测量值为 0. 4015，合计生计资本测量值为 1. 6314，排名第 5；阿古拉镇自然资本测量值为 0. 5552，物质资本测量值为 0. 4245，金融资本测量值为 0. 3472，人力资本测量值为 0. 3063，社会资本测量值为 0. 4214，合计生计资本测量值为 2. 0546，排名第 2；甘旗卡镇自然资本测量值为 0. 5088，物质资本测量值为 0. 7000，金融资本测量值为 0. 6496，人力资本测量值为 0. 5335，社会资本测量值为 0. 4057，合计生计资本测量值为 2. 7976，排名第 1；巴嘎塔拉苏木自然资本测量值为 0. 3005，物质资本测量值为 0. 3052，金融资本测量值为 0. 1460，人力资本测量值为 0. 4470，社会资本测量值为 0. 3150，合计生计资本测量值为 1. 5137，排名第 6；茂道吐苏木自然资本测量值为 0. 4024，物质资本测量值为 0. 1354，金融资本测量值为 0. 1370，人力资本测量值为 0. 2845，社会资本测量值为 0. 5180，合计生计资本测量值为 1. 4773，排名第

7。这说明在科左后旗中部地区或者半农半牧地区，农牧户的生计资本值较高，其次是东部种植业地区（查日苏、金宝屯、常胜），西部畜牧业养殖区生计资本较低。

3.4.4.2 农户生计资本的评述

由表3-17可知，调查区金宝屯镇、查日苏镇、常胜镇、阿古拉镇、甘旗卡镇、巴嘎塔拉苏木、茂道吐苏木农牧户综合生计资本值分别为：自然资本值为2.8742，物质资本值为2.9649，金融资本值为2.3460，人力资本值为2.5649，社会资本值为2.7592。

自然资本数值较高。具体来看，科左后旗位于我国北方农牧交错带，东部地区耕地较多但质量不高，西部地区草地较多，多沙地，林地大多为生态防护林，由于近些年实行退耕还林、退牧还草、草原禁牧政策，农牧户可用的土地资源较少。但是，与其他资本相比，农牧户更容易获得自然资本，并且对自然资本的依赖程度较高。各镇（苏木）在科左后旗政府的指导下，根据自然条件的现状，依托自身发展优势，因地制宜发展经果林种植、林业、畜牧业养殖、红干椒种植、西瓜种植、旅游业等产业，部分农牧户利用自家或租用闲置土地进行生产活动。

物质资本数值最高。近年来，内蒙古自治区实施一系列惠农、扶贫措施，旧房、危房通过改造后，农牧民住房条件得到极大改善。随着农牧民经济收入水平的提高，家用耐用消费品的购置逐渐增多。国家和自治区的优惠政策，使民生得到极大改善。牲畜棚圈建设、村村通公路工程、农田水利基础设施建设等工程大大地提高了农村基础设施建设水平。随着科左后旗民生的改善、政策的扶持、农牧耦合的发展，在一些农耕地区，畜牧业的发展也不断进步，牲畜数量逐渐增多。物质资本的改善在一定程度上提高了农牧民的生产能力和收入水平。

金融资本数值最低。通过调研了解到，目前科左后旗农牧民收入水平比较低，并且消费支出比较多。农牧民因为本身信贷能力较差且缺乏抵押物，所以获得内蒙古农村信用社、村镇银行等正规金融机构信贷的机会少、获得贷款比较难。农牧民每年会收到草原禁牧补贴、种粮直接补贴、退耕还林补贴等政府性补贴，在一定程度上降低了农牧民的生计风险。从农牧民参加的社会保障种类来看，大部分农牧民只参加了农村社会医疗保险。由于保险种类单一，遇到生计风险时支出比较大，只能向亲戚朋友借贷。金融资本的匮乏，削弱了发展农业生产、投资创业、供养子女上学、保障大病支出的能力。农牧户收入水平较低、信贷机会较少、社会保障水平低，导致拥有的金融资本较少。

人力资本数值较低。人力资本是农牧户有效利用其他生计资本类型进而选择生计策略的重要依据。根据调研数据，科左后旗劳动力数量比较充足，但受教育程度不高，受教育程度主要集中在小学和初中，高中/中专及以上的劳动力较缺乏，且很多农牧民缺乏基础的畜牧业养殖技术。另外，有些农牧户家庭因病导致劳动力短缺，因此，农牧户的人力资本水平并不高。

社会资本数值偏低。社会资本是对融入社会和参与社会程度的评价。农牧户社会资本数值较低的主要原因是：亲朋好友在政府任职的情况少，其生计活动没有背景支撑；对嘎查干部的信任程度低；参与社会经济组织的情况少；很少有农牧户加入农业专业合作社等组织，并且合作社等合作经济组织也不多；依靠自身促进发展的能力有限；农牧民保护草原的积极性不高，在有些地区还存在着偷牧放牧现象。

从五大生计资本的单项测量值看，自然资本值最高的是阿古拉镇；物质资本、金融资本和人力资本最高的是甘旗卡镇；社会资本最高的是茂道吐苏木。

3.5　农户生计策略分析

可持续生计分析框架中，生计资本决定生计策略。生计资本包含自然资本、物质资本、人力资本、金融资本和社会资本五个方面。

具体到农牧交错带的农户，由于区域气候条件干旱，水资源稀缺是制约其农业生产经营的首要因素；旱田是农户最重要的自然资本，也是农户劳动力配置的主要领域和重要的生计来源。旱田面积越大，农户生计对其依赖性越强。

物质资本包含两个方面：一是生产性物质资本，即牲畜数量；二是生产工具。对于农牧交错带地区，由于人口数量增加，大量耕地被开垦，许多公共草地被开荒，草地资源逐渐消失，与此相对应的，农户的畜牧业生产逐渐被种植业的规模扩张挤出。生产工具主要是拖拉机、摩托车等。拖拉机在播种、施肥和秋收运输过程中发挥作用。农业生产工具投资越大，对农业生产的依赖性越强。摩托车作为农户重要的交通运输工具，在农户日常生活交往、进城采购、农地劳作过程中起着重要的作用，同时也为农户近距离打工、采取多样化生计提供了可能。

人力资本包含两个层面：一是由家庭劳动力数量构成的数量指标；二是由户主教育程度和专业化技能构成的质量性指标。家庭劳动力数量决定能够配置的资源的规模和数量。劳动力的受教育程度决定其职业选择。劳动力的专业化技能决定就业机会的可得性，为农户生计多样化选择创造条件。

金融资本根据信息的可得性主要用家庭年收入来测量。家庭年收入是农户生计资本中流动性最强的资本，年收入水平决定农户其他生计资本的扩充能力和水平，进而决定农户生计资本要素提升和生计模式转型。

社会资本是农户家庭日常生活交往的网络，用农户社交人员的职业类型来表示，具体包括农民、产业工人、村干部和商人。而农户社会交往人员结构越多元、为农户提供的信息越多，农户采取生计策略多元化的可能性越大。

农户五种类型生计资本的禀赋状况决定其生计策略选择，进而决定农户总体生计水平。①

3.5.1 农户生计策略

3.5.1.1 种植业主导型

种植业主导型农户以种植业为主要生计，种植业收入占比≥60%，伴有

① 道日娜. 农牧交错区域农户生计资本与生计策略关系研究——以内蒙古东部四个旗为例[J]. 中国人口·资源与环境，2014，24（5）：274-278.

少量畜牧业养殖以满足家庭肉类需求，偶有打零工补贴家用。其种植业主要包括玉米、水稻等高产粮食作物种植业，豆类油料、瓜果蔬菜等经济作物种植业，以及种子、苗木等特殊种植业。种植业主导型农户的主要特点是，他们往往拥有相对肥沃的或较为丰富的耕地资源，或邻近城市市场便于时蔬销售，或拥有一定种植技术经营设施农业，其农作物产品主要用于销售。种植业主导型生计起初是农户在禁牧政策下无奈做出的选择，以传统粮食作物（玉米、水稻、豆类）种植为主，谋求收入，沿袭过去广种薄收的粗放式生产方式，后续在市场刺激和政府引导下逐渐转向畜牧业或草木种植，生产方式也逐步转向专业化和规模化。

3.5.1.2　畜牧业主导型

畜牧业主导型农户以畜牧养殖为主，同时兼顾“为养而种”的种植业，畜牧业收入占比≥60%。畜牧业主导型农户的主要特点是，他们更加重视畜牧养殖，一般存栏牲畜数量较多，主要有育肥牛、基础母牛、绵羊、山羊等，而种植业农产品主要用作牲畜的补充饲料。畜牧业能为农户适应恶劣环境、提高收入提供有效保障，因而畜牧业主导型生计是农牧交错带最为典型、传统的生计类型。在退耕禁牧之前，放牧方式将畜牧养殖的生产成本转移为环境成本，农户收益率高，因而被广泛采用；退耕禁牧之后，农户只能舍饲圈养，养殖成本升高。但近年来，随着科左后旗牲畜市场的完善和价格的提高，养殖育肥牛和基础母牛的农户并没有减少，反而有所增加。

3.5.1.3　半农半工型

半农半工型农户既保持农业生产，又参与第二、第三产业生产，增加了收入来源。其农业收入和非农业收入较为均衡，类型划分时将农业收入占比设定在40%~60%。半工半农型农户的主要特点是，家庭劳动力数量相对大，劳动力分配“男主外、女主内”，即男性一般在外务工（农忙时在家务农，农闲时在外务工），女性在家务农。半农半工型农户处于由农业生计向非农业生计转型的过渡阶段，半农半工型生计属于过渡型生计。

3.5.1.4　非农主导型

非农主导型农户以非农业就业为主，非农业收入占比≥60%。非农主导型农户的特点是，大部分时间在外谋生，有一定专业技能和文化水平。根据调研可知，科左后旗非农主导型农户大多从事服务业。

3.5.1.5 补贴型

补贴型，又称劳动力流失型或退休型。此类农户多为留守老人，子女已分家或迁向城镇，主要依赖子女赡养、养老补贴、农村低保、退耕补贴、生态补偿等补贴性收入生活，补贴性收入占比≥60%。补贴型农户的主要特点是，劳动力老龄化，从事小规模种植业或养殖业用于自给，农地转租或撂荒。补贴型农户的出现主要由于城镇化对农村劳动力的吸引和人口老龄化，对应农村的空心化。

3.5.2 生计策略时间和空间演变

根据农户从事职业和收入来源，运用定性定量综合研究方法，可以将科左后旗农户生计划分为种植业主导型、畜牧业主导型、半农半工型、非农主导型和补贴型五类。不同生计类型表现出了显著的差异性和地理规律性。

种植业主导型农户2010年之前由于大多采用广种薄收的传统低效生产方式，收入较低且增长缓慢，有些农户不得不兼职零工保持生计多样性以增加收入。由于退耕还林政策的倒逼和政府的有效引导，2010年之后，种植业主导型农户中产生了以瓜果时蔬、苗木制种为主的种植业专业户，并日趋成熟，因而此类型农户占比有小幅度上升，其家庭收入水平逐渐提高并向其他类型农户靠拢，生计多样性表现为专一化趋势。在空间分布上，此类农户主要分布在科左后旗东部、南部地区。

畜牧业主导型生计为科左后旗农户传统的生计策略。在禁牧政策的影响下，该类型农户改放牧为圈养舍饲。2011年实行草原禁牧政策之初，农户生产成本增加，收入水平下降，该类型农户占比逐渐下降；但是，近些年随着牛市价格的上涨、养牛技术和经营管理水平的提高，大多数农户开始从事畜牧业养殖，从最初集中在科左后旗西部、北部到遍布全旗境内，该类型农户占比逐年增加。

半工半农型生计属于由农业向非农业转型的过渡型生计。此类农户由于同时兼顾农业生产和非农业就业，历年来生计多样性指标值最高且基本稳定；其家庭纯收入也随着城镇化与经济发展的大趋势而逐步提高。由于半农半工型农户不断向非农主导型农户转变，尤其是东部和南部种植业区农户在退耕还林、还草政策的影响下迁移至城区，因此该类农户占比逐渐下降。

非农主导型农户占比呈上升趋势，主要集中在甘旗卡城镇周边，少量分布于金宝屯煤矿矿区。但其生计多样性比较单一，大多从事牛中介、采掘、运输等工作。

补贴型农户主要依赖子女赡养、政府补贴生存，收入水平在各类农户中最低，生计多样性也日趋单一。该类农户从起初的零星分布到全旗大量涌现，是农村劳动力迁移与老龄化的必然结果，并因此引发了“空心村”、土地抛荒等一系列问题。

在快速工业化、城市化背景下，科左后旗农户生计变化不仅体现在农业生产内部的转变上，还体现在大量农户向非农部门的外部转移上。农业生产内部变化表现为种植业主导型和畜牧业主导型农户一改过去广种薄收、过度放牧的粗放式生产方式，转变为针对农业优势地区实现集约化、规模化的专业种植和圈养舍饲养殖。这种变化目前已在全旗境内发生，养牛业的变化最为突出。另外，还表现为生计策略由种植业主导型向畜牧业主导型转变。这些转变的结果是农户家庭收入水平的持续上升以及当地生态环境压力的大幅缓和。①

---

①　郐志龙. 北方农牧交错带农户生计转变及其驱动机制研究［M］. 北京：中国财政经济出版社，2019.

第4章　农户生计与农牧系统耦合关系研究

4.1　生计资本与生计策略的关系分析

生计策略的选择受生计资本的影响，不同生计资本对生计策略选择的意义不同。家庭拥有的生计资本越多，抵御风险的能力就越强，可持续生计能力水平就越高。家庭或者其他个人都会根据所拥有的优势资本做出生计策略选择，构筑和发展生计。

一些资本对特定的生计活动和生计策略是基础性的。例如，大面积的草场（自然资本）和大规模的家庭（人力资本）对于生产足够的喂养大牲畜（物质资本，畜牧型）的饲料是必要的，抓住发展机会获得一笔金融资本将是一个家庭开展非农活动（如交通运输业）的起始点，教育、技术和经验（人力资本）为家庭成员取得一份薪水工作（非农型生计策略）铺平了道路，野生小产品（自然资本）为那些缺乏其他形式资本的穷人提供了最后一道维持生计和食物安全的屏障（采集生计策略）。

生计活动和生计策略的关系表明：充足的自然资本（草地、耕地）和人力资本（劳动力）可以培育一种“资源导向型”生计活动，如“传统富裕型”的畜牧型家庭（大家庭的人力资本优势转化为大规模畜群的物质资本存量）；同样，充足的金融资本可以培育一种“资本导向型”生计活动，如“现代富裕型”的非农型家庭（通常只有富裕家庭才能购买得起卡车，开始这种利润丰厚的运输生意活动，或者能够对其子女进行教育投资使得孩子将来可以获得一份稳定的工作，例如在政府或企事业单位供职）。缺乏以上几种资本就会导致“劳动力导向型”的种植活动和采集活动。家庭把尽可能多的劳动力配置到种植、采集活动中去，这类家庭通常比较贫穷。比较丰富的自然资本、人力资本和金融资本的结合就会形成比较富裕的多样型策略，实现家庭生产活动和收入来源的多样化。这充分说明生计资本对生计策略有决定性的影响。①

科左后旗的土地类型从总体上看，中部多是草地、林地与耕地交错分布的地区；东部地区土地平整，拥有大量的耕地资源；西部地区主要是沙质土地和草地交错分布的地区；西南部主要是天然的乔木林分布区，也是天然林保护区。从不同的生计活动地域分布看，畜牧业活动主要分布在中西部地区，种植业活动主要分布在东部地区。从另一方面看，自然资源的分布格局，决定了不同的生计策略类型。科左后旗东部地区种植活动所占比例最大。该区主要包括金宝屯镇、查日苏镇、常胜镇、海鲁吐镇、双胜镇、散都等。由于土地类型条件相对优越于其他地区，并且更适合于农业种植业生产活动，因此该地区的农户生计以种植业为主。中西部地区的畜牧业养殖活动所占比例大大高于其他类型的生计活动。中部地区除草地资源外，还有大量耕地资源，因此种植业和畜牧业的占比很高，这充分说明自然资本对农牧民的生计策略选择具有重要意义。

农牧户生计方式及类型取决于拥有物质资本的状况，因为生产和生活资料种类相对较少的农户主要依靠传统产业或仅仅依靠一种其他方式谋生，没有其他生计方式，主要依靠种植、养殖、打零工、政府救助等形式来维持生计。但是，对于生计多样化的农户来说，传统的种植或养殖已经不是维持其生计的主要方式，出现了生计策略多样性。农户拥有的物质资本值越高，生计方式的种类也就越多。科左后旗农牧户拥有物质资本的情况对农户生计方式的选择具有重要的影响。因此，要大力提高农村基础设施建设水平，贯彻落实乡村振兴战略，通过危房改造、道路硬化、扩大养殖规模等措施，进一步培育和壮大农户物质资本，改变农户生计策略单一局面。同时，农户拥有

① 杨培涛. 牧民生计资本与生计策略的关系研究——以甘南藏族自治州为例［D］. 兰州：西北师范大学，2009

金融资本的数量，获取现金收入、取得信贷的能力，社会保障水平决定了生计方式和生计能力。

根据调查，有些家庭从事的生计活动包括“临时性工作”“商品批零”“交通运输业”“在政府机构供职”等活动或者是某几种活动的联合。这类家庭的特点是家中牲畜数量比较多、家庭规模比较大、收入水平比较高，并且家庭成员的受教育程度和对教育的投资也比较高。然而，大部分种植型家庭收入水平比较低，各类生计资本有限、生计活动单一，所以生活水平比较低。

4.2 生计资本视角下农牧系统耦合分析

农户选择什么样的生计策略取决于拥有哪些生计资本，或者拥有的这些生计资本中哪些生计资本起决定性作用，决定了农户生计策略的选择。农户作为科左后旗农村地区最重要的生产决策主体，其生计资本结构决定着对农牧业资源的利用。生计资本禀赋对促进农牧系统耦合具有重要作用。

4.2.1 自然资本

从整体上看，科左后旗自然资本值较高，自然资本主要体现在耕地面积和质量、林地面积和质量、草地面积和质量上。因此，科左后旗具有得天独厚的农牧耦合条件（见图 4-1）。

从人均拥有的耕地、林地、草地面积看，各村农户拥有的耕地面积基本相同，科左后旗西部地区人均拥有的林地面积高于东部地区，但是从人均拥有的草地面积看，西部地区农户明显高于东部地区农户（见图 4-2）。但由于牧区农户拥有的耕积质量不高，西部地区农户的自然资本值并不比东部地区农户的自然资本值高（见图 4-3）。牧区农户的生计方式主要是以种养畜，因此，在实行禁牧政策和耕地质量不均匀分布的背景下，牧区要实现生态与经济、农牧业协调发展，必须尽快实现种植业与畜牧业的系统耦合，这既可以缓解草原的生态环境压力，又有利于提高牧区农户的生计能力。农区的耕地质量虽然好于牧区，但是由于种植方式传统和农业技术落后，农户的生计水平也不高，因此，农区要利用好秸秆多、粮食多的优势，大力发展农区畜牧业，促进农牧系统的耦合来提高农户的生计能力。

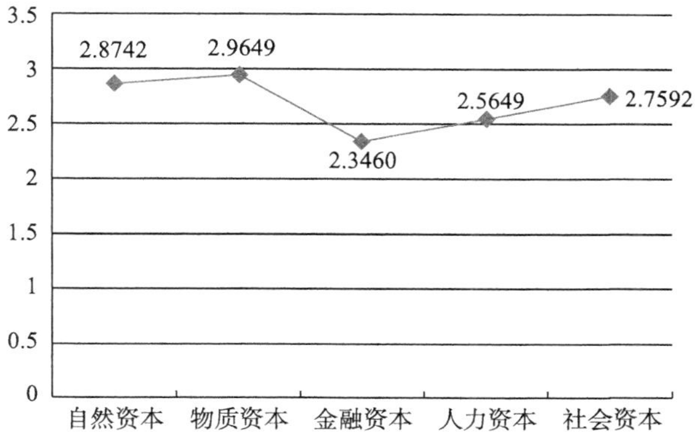

图 4-1　科左后旗农户生计资本整体情况

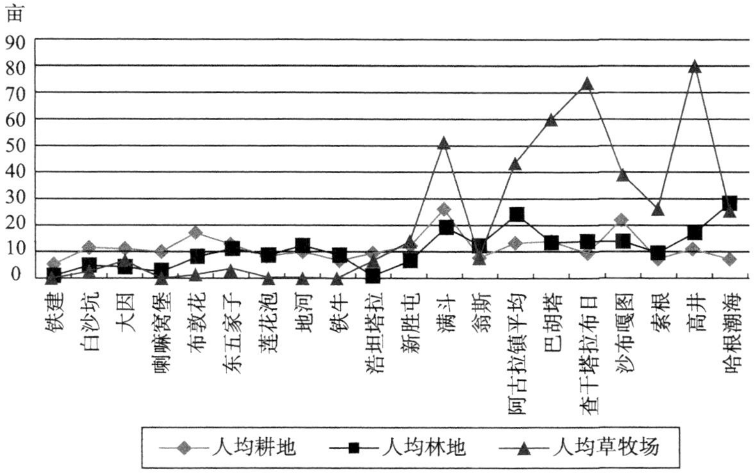

图 4-2　调查村（嘎查）农户自然资本拥有情况

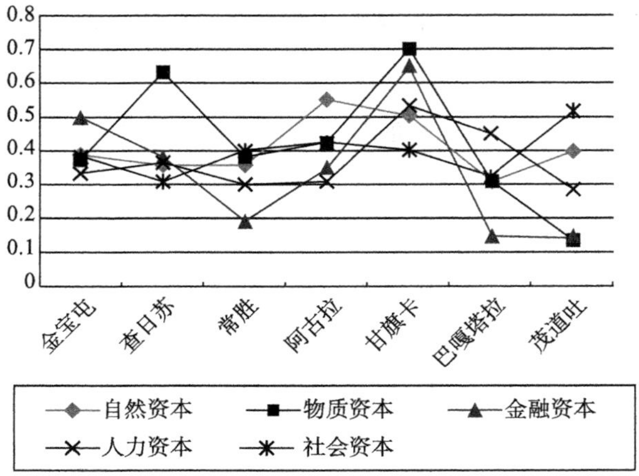

图 4-3　调研镇（苏木）农户五大生计资本情况

4.2.2　物质资本

拥有物质资本的多少，决定了农户的生计能力和生计水平。不同农户拥有物质资本的丰裕程度不同，抵御风险的能力也不同。物质资本富裕的农户，能够通过扩大再生产提高其收入水平，而拥有物质资本较少的农户为了生存，只能外出打工。

从拥有的物质资本整体情况看，物质资本值在五大生计资本中最高（见图 4-1）。这说明在促进农牧系统耦合发展的过程中，科左后旗农户的生计资本基础较好。但同时存在着地区分布不均匀的情况：从牲畜的拥有量看，种植业区农户少于牧区农户（见图 4-4）；从拥有的畜牧业生产资料看，科左后旗西部牧区农户拥有的棚舍和畜圈数量多于东部种植业区农户；从饲料加工机械拥有量看，东部种植业区农户多于西部牧区农户（见图 4-5）；从调查的 488 户农户拥有的生产、生活资料看，收割机和打草机拥有的数量较少（见图 4-6）。因此，要实现科左后旗农牧系统耦合，就要扩大种植业区牲畜饲养的规模、加快畜牧业生产基础设施的建设、增加生产工具的购买。

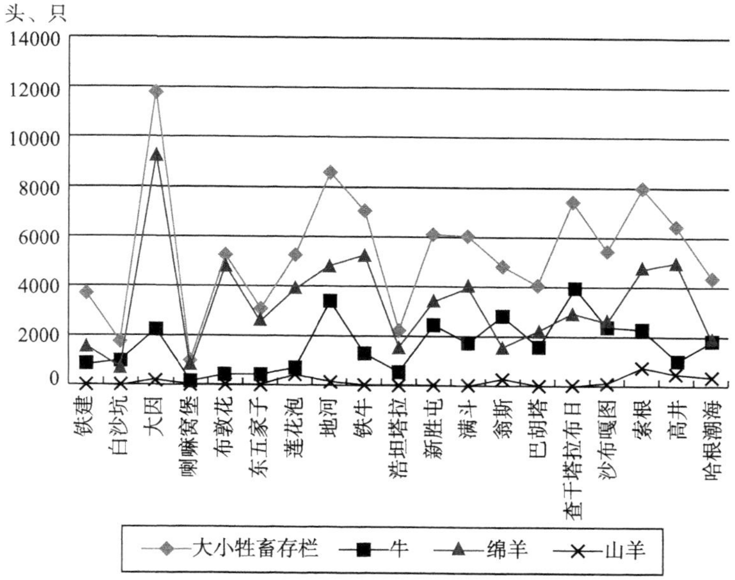

图 4-4　调查村（嘎查）农户牲畜拥有情况

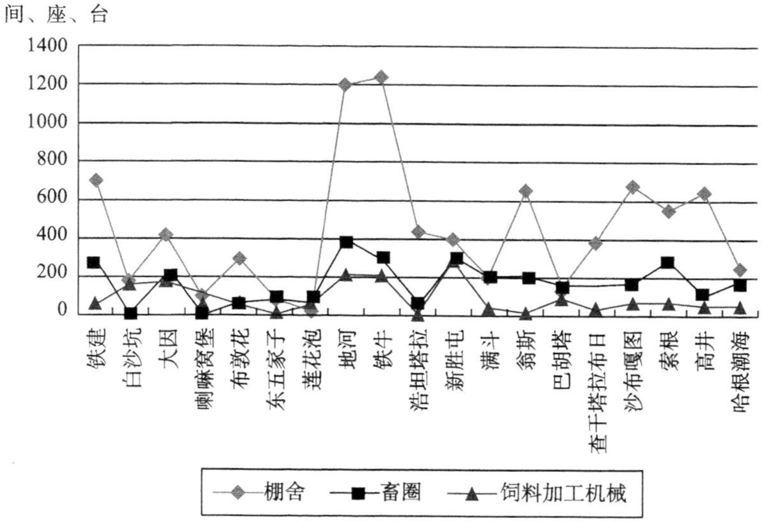

图 4-5　调查村（嘎查）农户生产资料拥有情况

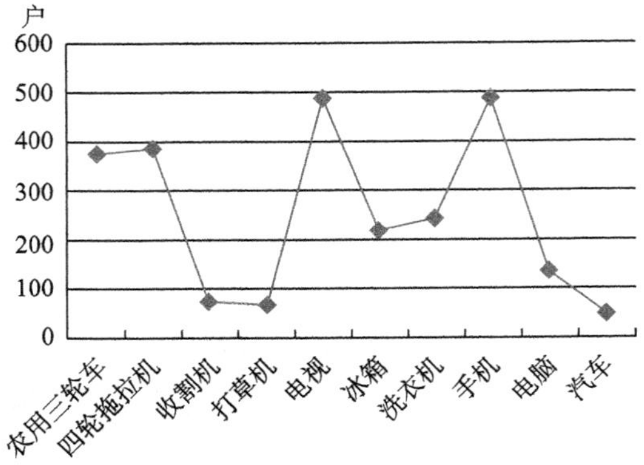

图 4-6　农户拥有生产、生活资料情况

4.2.3　金融资本

从科左后旗农户拥有的金融资本整体情况看，金融资本值在五大生计资本中最低（见图 4-1）。农户家庭年平均收入和消费水平均较低，从贷款难易程度看，其获取贷款还很困难，社保水平也比较低。金融资本在促进农户生计策略改变方面起着重要作用，当农户有一定的储蓄并进一步积累资产时，他们的生计策略就会开始改变，就会扩大生产、追加投资。例如，增加固定资产投资、建立工厂、接受职业技能培训以及加强对子女的教育投资，而缺乏资金的农户会选择减少生活消费、减少生产性投资及对子女的教育投资。

农户由于金融资本低，畜牧业发展融资难，阻碍了畜牧业的发展。畜牧业基础设施建设和饲料购买是其投资的主要方面。农户为了扩大生产规模，需要追加投资，需要从金融机构获得贷款，但通过实地调研得知，农户获得贷款的渠道很少或条件很苛刻，制约了农牧系统耦合发展（见图 4-7）。

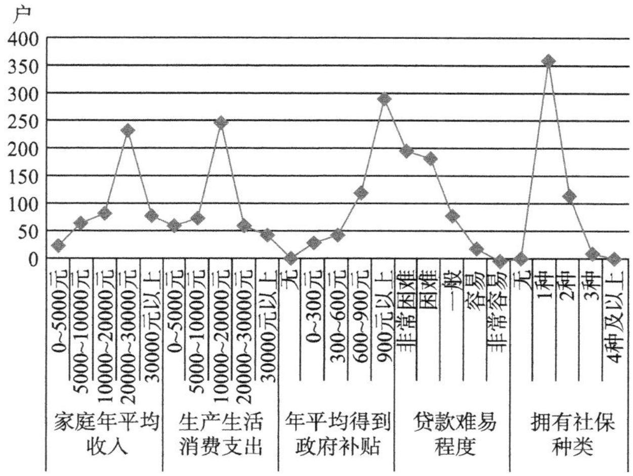

图 4-7　农户金融资本水平

4.2.4　人力资本

从拥有的人力资本整体情况看，人力资本值在五大生计资本中较低（见图 4-1）。从家庭劳动力数量上看，家庭拥有劳动力主要集中在 1~2 人，文化程度大都在初中水平，并且大部分劳动力的种植养殖技术掌握程度不高。农户家庭的人力资本状况影响了其生计策略，人力资本水平高的农户，生计策略的选择就具有多样性。在实地调研中，通过对农户的访谈和问卷调查分析可知，人力资本短缺成为影响生计策略选择和农牧业系统耦合的重要因素。主要包括以下几种情况：一是家庭成员年龄普遍偏大。劳动能力比较差的家庭采取父母与子女合作的方式，即“分家不分工”，饮食和生活分开，合作劳动。二是疾病或意外导致家庭成员部分或完全残疾，致使他们不能参加正常的劳动。为了生存，他们不得不筹集医疗费用，劳动力的丧失和医疗费用的增加使他们陷入生计困难。为了增加家庭中的劳动力，迫使子女辍学在家务农，或者依靠亲戚的帮扶谋生。三是劳动力缺乏技能。这种家庭成员自身学习能力不强或天生智力有一定的障碍，因此只能从事相对简单的农牧业生产活动。人力资本缺乏制约着农户生计策略的选择，农户没有能力从事其他职业。若要实现农牧系统的耦合，有必要提高科左后旗农牧民的人力资本水平（见图4-8）。

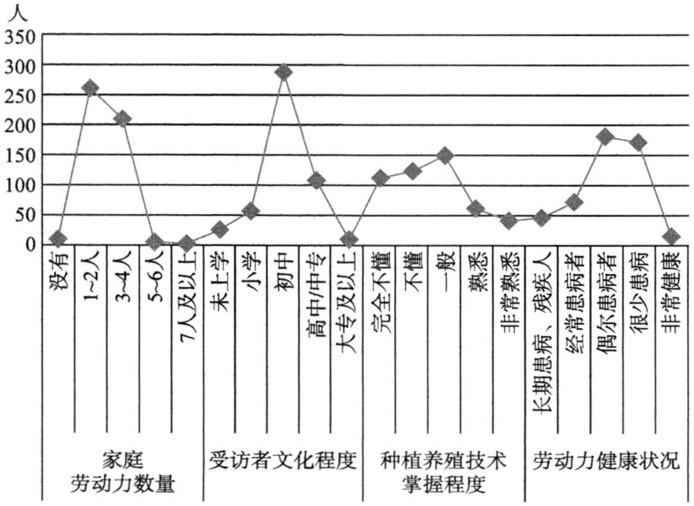

图4-8 农户人力资本水平

4.2.5 社会资本

从拥有的社会资本整体情况看，社会资本值在五大生计资本中排名第4（见图4-1）。对于农户来说，拥有的社会资本越多，其应对风险的能力就越强。从某种意义上讲，社会资本是社会制度的集合。社会资本又分为制度和非制度两个方面。例如，正规的社会化服务体系的建设和非正规的亲戚、邻居、朋友等社会关系的和谐程度都影响着农户抵御生计风险的能力。在传统农村社会中，农村地区的社会风险相对较低，因为人与人之间是基于熟人和半熟人之间的社会信任，彼此互相帮助，更注重人情与面子。但是，随着农村社会的发展变迁，转型期的农村社会与传统农村社会明显不同，其制度和环境也有很大的差别。

从调查的488户农户社会资本情况看，农户的社会资本较低，说明农牧民参与社会组织的组织化程度较低，农牧民在面临生计风险时抵御风险的能力较弱。农牧系统耦合的发展，需要农牧民建立和完善合作经济组织；农牧业产业经营一体化，需要健全的社会组织。当前，科左后旗农户社会资本较为薄弱，因此，需要加快人际信任、人际网络、制度信任、组织网络、互惠规范和道德约束机制的建设，以便更好地促进科左后旗农牧系统耦合发展（见图 4-9）。

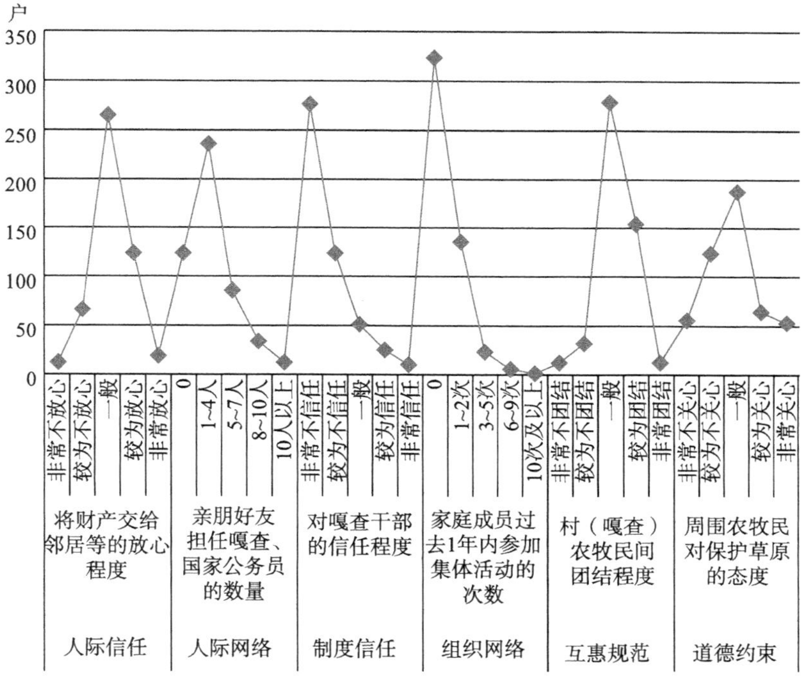

图 4-9　农户社会资本情况

4.3　生计策略视角下农牧系统耦合分析

农户生计策略的选择取决于家庭目前拥有的生计资本的种类和数量。农户为了提高生计水平和增加家庭收入，不断地调整其生计策略。家庭是组织生计发展的基本单位，尽管大多数农户都忙于处理家庭的短期需求，但一个家庭的生计并不是在任何一年或短期内形成的，而是很长一段时间内生计资本的积累。

4.3.1 农户类型划分

借鉴前人关于农户生计类型划分的研究成果，结合科左后旗实际情况，通过入户调查，本书根据家庭现有谋生方式、家庭主要收入来源及其所占比重、家庭主要劳动力的投入方向等将农户划分为 4 种类型：种植型、畜牧型、多样型、非农型（见表 4-1）。

表 4-1 样本户农户类型与划分标准

类型	划分指标			占比/%
	谋生方式	收入来源	劳动力投入	
种植型	种植业为主	种植业>60%	种植业活动	26
畜牧型	畜牧业为主	畜牧业>60%	畜牧业活动	40
多样型	农业、非农业	种植业、畜牧业为主	农业、非农业活动	24
非农型	非农业为主	非农业>60%	非农业活动	10

注：占比为占 488 户样本的比重。

数据来源：根据实地调研数据而得。

总的来看，农户类型不同，其家庭采取的生计方式也不同。牧区牧户的生计方式以畜牧业养殖为主。这些牧户在进行畜牧业生产的同时，还有少量耕地，也种植玉米等农作物。他们种植玉米的目的不是销售，而是为饲养的牲畜提供饲料。种植业区的生计方式是大面积种植玉米、水稻等农作物，生产能力不高，主要还是靠天吃饭。多样型农户既养殖牲畜，也种植玉米、水稻，还从事非农产业，这类农户收入来源丰富多样，生计能力也比较强。

种植型家庭占样本户的 26%，其家庭主要收入来源中，种植业收入占 60%以上，种植的农作物有玉米、豆类、水稻、花生、小麦等。农产品一部分用于家庭消费，另一部分销售到市场中。该类家庭的生计方式除种植业外，还饲养少量的牛、羊等牲畜，主要采取舍饲的形式，规模比较小，以农作物的秸秆和副产品为饲料。同时这些牲畜的粪便又可以作为种植业的肥料进行还田。在每年的农闲时节，还有一部分劳动力去周边的城区打工（从事非农业活动）来增加家庭的收入。通常情况下，种植业的收入减去成本投资，会有少量的现金收益。来自非农业活动的现金收入支付了当年的日常生产、生活费用和债务后也没有更多的节余。

畜牧型家庭占样本户的 40%，其家庭收入的 60% 以上来自畜牧业经营，家庭的生计方式以畜牧业为主，拥有较大面积的草场，饲养一定数量的牛、羊等牲畜，一部分是基础母牛，一部分是育肥牛，还有少量的羊。饲养的牲畜主要用来销往市场以增加家庭收入。同时，这些家庭还拥有少量耕地，但耕地的质量不高，耕种主要是为牲畜提供饲料。

多样型家庭占样本户的 24%。相对于其他类型的家庭，他们主要从事畜牧业、种植业、非农业等生计活动。由于生计类型多样化，家庭收入来源也多样化。因此，这类家庭抵御风险的能力较强，遭受的损失更少，可持续生计能力更强。

非农型家庭占样本户的 10%，其生产活动集中在家庭副业生产、运输、商业、个体经营、旅游、服务于政府部门或企事业单位、手工业、建筑业等非农业生计活动。这些非农业生计活动可以带来更多的家庭收入，为改善家庭生活质量和提升生计能力水平提供了重要条件。一些家庭还从事少量的农牧业生产活动。例如，饲养牛、羊、猪、鸡等牲畜，作为家庭成员的重要营养来源。另外，还种植少量的玉米、花生、豆类等，除了满足家庭对粮食的需求外，农产品的秸秆和副产品可以作为牲畜的饲料。

采集食、药用野生植物资源也不同程度地成为上述主要生计活动外家庭收入的一个补充。可供采集的食用野生植物资源有龙葵、杠柳、鹅绒藤、家榆、草麻黄、西伯利亚杏、野韭、麻叶荨麻、平车前、刺儿菜、西瓜苗等，药用野生植物资源有甘草、列当、艾、红花、矮韭、益母草、芦苇、猪毛菜、地锦、防风、大麻、知母、冷蒿等。这些野生植物资源都能在市场上以较好的价格出售。

4.3.2 农户生计策略类型

4.3.2.1 生计策略类型

不同类型的农户从事的生计活动不同，主要体现在农业和非农业生计活动的安排上（见表4-2）。

表4-2 不同类型农户的生计活动

类型	种植	畜牧	采集	打工	运输	经商	工资性收入	副业
种植型	+	-		+		-	-	-
畜牧型	-	+	-	-		-	-	-
多样型	+	+		-	-	-	-	-
非农型		-	-	+		+	+	-

注：+代表主要生计活动，-代表辅助生计活动。具体而言，种植包括玉米、水稻、豆类、花生；畜牧包括牛、羊；采集包括食用菌、野生药材；打工包括全年工作和打零工；运输包括客运运输、货物运输；经商包括牲畜交易、粮食交易、商业零售等；工资性收入包括村干部、教师和工人的工资；副业包括玉米、水稻、小麦小规模加工，工艺焊接，维修。

种植型家庭的生计活动以种植业和打工为主，也有其他生计活动；畜牧型家庭的主要生计活动是畜牧业养殖；多样型家庭的生计活动主要是种植业和畜牧业；非农型家庭的生计活动其类型更加丰富和多样，以非农业活动为主，他们会将自家的土地转包给其他人耕种，并收取地租。

农牧民的生计活动主要受生计资本因素的影响。综上所述，科左后旗农户的主要生计策略如下：

第一，以自然资本为导向。自然资本主导策略的主要特点是家庭生计更多地依赖于土地等自然资源。种植业地区的农户依靠耕地，畜牧业地区的牧民依靠草地，他们分别拥有大量的耕地资源和牧场资源。一方面，种植业区的农户可以种植更多的粮食进行销售，也可以饲养少量牲畜，农牧民的主要收入依赖于耕地资源；另一方面，在畜牧业养殖地区，农牧民依靠草地资源饲养牛、羊等牲畜，并将其销售作为家庭收入，但近年来科左后旗实施了草原禁牧政策，大多数农户主要还是通过圈舍的形式进行畜牧业生产经营。

第二，以人力资本为导向。人力资本主导策略是指依靠拥有劳动力的优势而获得一定收入的生计活动。在生产技术水平和土地规模的约束下，农业家庭若要得到更多的收益，必须投入更多的劳动力，才能生产出足够的产品来维持生存。有些家庭自然资本少，家庭成员会通过学习畜牧业养殖技术或技能，给牲畜治病（兽医）以增加家庭收入。

第三，农牧耦合主导型。生计类型的多样化必然导致收入来源的多样化和收入水平的提高。农牧耦合主导型策略是以牲畜养殖和种植业为主，通过农牧系统耦合，形成一个更高级别的农业生产系统，带动农业的产业化经营，促使生计类型多样化，这样既可以提供更多的就业，又可以增加收入。

第四，金融资本导向型。以资本为主导的策略是基于家庭拥有的大量金融资本。这类家庭主要是非农家庭，主要特点是拥有相对丰裕的现金收入和丰富的人力资本，生活水平和收入水平比较高，受教育程度也比较高，从事的生计活动主要是在企事业单位、政府部门、经商等领域。

自然资源禀赋和地方政策影响农牧民生计策略的选择。地方政策改变其生计策略的出发点是提高农户的生计能力水平、增加农户收入、提高生活水平。但是，目前实施的禁牧休牧政策在短期内难以满足牧民的现实发展需求，也就存在草场生态保护与牧民生计之间的博弈。部分农牧民离开原来的牧区或农村而搬迁到城市里去生活，实现了职业的非农转换，彻底改变了生计策略。

4.3.2.2　不同生计类型农户家庭特征

不同生计类型的农户在家庭规模、劳动力配置、年龄结构、受教育程度、收入和消费结构等方面都存在差异，导致了生计策略选择的不同。

首先，从家庭规模和劳动力配置的角度看，4 种不同类型家庭的总人口数基本一样，其中畜牧型家庭的家庭规模相对较大。主要原因是几乎所有的畜牧型家庭都是少数民族家庭，而少数民族家庭享有特殊的生育政策，大多数少数民族家庭至少生育两个孩子，家庭规模自然比其他类型的家庭要大。尽管家庭人口总数没有显著差异，但上述 4 种类型的家庭在家庭劳动力分布上都有各自的特征。畜牧型家庭的劳动力主要从事饲养牛羊、制作奶食品等畜牧业生产活动。种植型家庭的劳动力主要从事耕作、播种、除草、灌溉和收割等农业生产活动，这些活动的劳动力投入比较大、劳动强度高。随着生计方式由单一向多样转变，劳动力在各种生产活动中的分布是平均的。换句话说，家庭中的劳动力既要从事种植业生产和畜牧业生产，以确保家庭的基本生活消费需求，又要从事非农业生产，以赚取更多的收入来提高家庭的生计水平。因此，生计多样化分散了生计风险，家庭抵御风险的能力变强。多样化的生计可以让人们更灵活地选择生计策略，可以有效降低生计脆弱性，提高生计能力水平。

其次，从不同类型家庭的年龄结构和受教育程度看，种植型和畜牧型家庭成员的年龄相对较大，文化程度不高。畜牧型家庭成员比种植型家庭成员的文化程度略高。多样型家庭成员文化程度较高，年龄也比较小，大多属于年轻家庭。随着义务教育的推进、经济水平的提高，人们接受教育的年限越来越长，文化程度也越来越高。这些年轻人一般具有冒险和创新精神，敢于接受新鲜事物。因此，这类家庭除了从事农业生产外，还从事一些非农业活动。

最后，就不同类型家庭的收入和消费结构看，从事种植业的家庭年总收入一般比较低。他们的生产方式还是分散的、小规模的，机械化程度不高。由于农田水利基础设施建设水平不高，农业生产经常受到干旱和其他自然灾害的影响。农忙季节主要是 4 月至 10 月，在农闲时期，有一部分农牧民外出务工，赚取一些收入。此外，国家还有一些财政支农补贴和草地禁牧补贴。畜牧型家庭收入水平相对较高，但畜牧业发展经营管理水平较低，还是以传统畜牧业发展模式为主。另外，禁牧政策增加了牧民饲养成本。大部分畜牧型家庭的收入来源主要还是靠草原畜牧业，很少来自其他行业，政府补贴收入相对较少。通过实地调查可知，种植型和畜牧型家庭由于生产和生活成本高，部分家庭存在着入不敷出的现象，为了下一年的生产和投资而不同程度地向亲戚、朋友、银行借款。多样型家庭的收入有相当一部分来自非农业活动，这类家庭到年底还有一部分剩余收入，生活条件相对较好。

4.3.3 农户生计调整的方向：农牧系统耦合

农牧系统耦合是指通过区域间生计资本的重组，实现传统种植业与畜牧业有机耦合的过程，可以提高农牧业系统的综合效益。科左后旗农牧民的生计活动类型多样，农牧民通过某种活动或多项活动来实现家庭生计，努力提高生计能力水平。要想提高农牧民生计能力，必须从内部因素入手调整农牧民的生计策略，使农牧民的生计多样化。

为了实现农牧民生计多样化，消除地域空间农牧资源分配不均，使农耕区和畜牧区的总体农牧业生产力得到协调发展，就要实现科左后旗农区植物生产系统和牧区动物生产系统的耦合。

第5章　内蒙古农牧交错带农牧系统耦合实证研究

5.1　农牧系统耦合的条件、驱动力及功能与意义

5.1.1　农牧系统耦合的条件

两个或两个以上性质相近的系统有机地结合起来发生耦合，需要什么样的条件？归纳起来有3个条件：首先是各子系统之间具有内在联系；其次是各子系统之间具有物质和能量上的异质性；最后是要有联系各子系统的耦合途径。①

农区种植业与草地畜牧业之间存在着内在的联系，畜牧业养殖区可以将农区农作物的秸秆作为牲畜的饲料，因此，可以将牲畜转移到农区进行养殖，充分利用农区秸秆饲料成本低的优势，既节省了成本，又减轻了牧区草地生态的压力。在农区一些生态环境不好的地方，可以实行退耕还草，进行畜牧业养殖。农区与牧区不同子系统之间进行的物质和能量交换，构成了农牧耦合的基本条件。农牧经济系统各子系统之间物质和能量的耦合，并不是自发主动完成的，耦合系统的构建需要一定的耦合路径，任继周院士称这一耦合路径或途径为“耦合键”。因此，科左后旗应将“牧区繁育，农区育肥”

① 樊胜岳. 西藏地区沟域经济系统耦合模式研究［J］. 西南民族大学学报（人文社科版），2009（1）：72-77.

“农户繁育，合作社育肥”的耦合模式作为农牧区经济系统的耦合键，通过制度安排、人为控制来优化耦合系统，使科左后旗农牧业稳定发展、农牧民增收。①

5.1.1.1 农牧子系统之间的联系

种植业和畜牧业是科左后旗两个主要的农业经济系统。无论是在自然生产过程中还是在经济生产过程中，两个系统之间都会产生一定的耦合效应。从自然和经济生产的基本规律出发，研究农牧之间的系统耦合，对于科左后旗农牧业的健康可持续发展和加快农业产业化进程具有重要的实践意义。

以往研究结果表明，科左后旗种植业生产对生态环境的压力大，而畜牧业生产对环境的依赖程度高，但对环境的利用率较低，辅助能值投入少。从投入产出看，种植业系统与畜牧业系统相比，种植业系统为低成本、高收益，畜牧业系统为高成本、低收益。从能值分析角度看，“为牧而农，因种而牧”的农牧耦合关系，是促进农牧系统耦合的重要路径。②

农耕区与牧区的生产过程既存在差别，又有一定的互补性。科左后旗每年4—11月是农作物的播种、田间管理、收割、储运时期。这一时期，会产生大量的农作物秸秆和农副产品。在草原牧区，每年11月至次年3月，牧草停止生长，进入枯草季。此时正是农闲时期，为增加牛、羊等牲畜的饲草料，可以将农作物的秸秆和农副产品进行加工和利用。农区位于科左后旗东部地区，该区有丰富的农作物秸秆和农副产品资源，中西部地区为半农半牧区和牧区，该地区有充足的牛、羊等畜种来源，因此，充分利用农区的农作物秸秆和农副产品发展冬季畜牧业生产具有广阔的前景，对于科左后旗经济高质量发展、乡村振兴和农牧民增收具有重要的实践价值（见图5-1）。

① 丁继，于萨日娜. 乡村振兴背景下内蒙古农牧交错区农牧系统耦合研究［J］. 内蒙古师范大学学报，2019，48（5）：108-114.

② 崔艳智，高阳，赵桂慎. 我国北方农牧交错区农牧生计可持续性评价——以科尔沁左翼后旗为例［J］. 干旱区资源与环境，2013，32（8）.

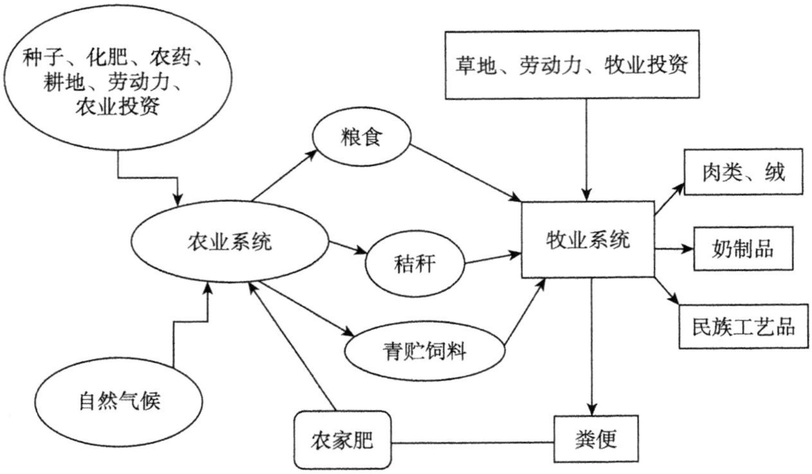

图 5-1　农牧系统耦合结构

5.1.1.2　耦合键

耦合系统的形成需要一定的耦合键，耦合系统各子系统的物质、信息和能量循环不会自动地产生联系。只有产生系统耦合，它们之间才会相互影响和相互制约。

（1）生态耦合键与生态耦合

在各生物生产层之间、生物之间存在着密切的生态过程。因各生产层的生物之间的生态过程而产生的耦合键，被称为生态耦合键。受生态耦合键控制的耦合类型，被称为生态耦合。

根据农业耦合系统驱动力分析，在植物生产层、动物生产层与微生物生产层之间存在着明显的生态过程以及受生态过程控制的生态耦合键。在农产品加工层与生物生产层之间也有存在生态耦合键的可能，如农副产品（酒糟、秸秆）可以作为饲料进入动物生产层，参与农产品加工层与动物生产层的耦合。

（2）社会经济耦合键与社会经济耦合

生物性农产品在离开生物生产层之后，就进入后生物生产层。在后生物生产层与生物生产层之间，除了农产品加工层可以向生物生产层提供生态耦合键外，其他的耦合键都受社会经济因子，如市场、农产品加工工艺、保鲜技术、储藏和运输能力等的影响和控制。那些受社会经济因子控制的耦合键叫作社会经济耦合键，受社会经济耦合键控制的耦合类型叫作社会经济耦合。同理，在农产品加工层与涉农服务层之间、前生物生产层与涉农服务层之间也都存在着社会经济耦合键和社会经济耦合。

（3）空间耦合键与空间耦合

在空间上具有亲和势的两个或者两个以上农业子系统之间存在着空间耦合键，受空间耦合键控制的耦合类型叫空间耦合。空间耦合可以在水平范围内进行，也可以在垂直范围内进行，分别称水平耦合和垂直耦合。如我国农区和畜牧区进行的农牧耦合以及耕地种植业与庭院养殖业进行的种养耦合都是水平耦合，而丘陵地区由丘陵顶部到丘底平缓地区依次发展出的“丘顶林业生产—丘腰桑果茶草种植—丘脚粮经饲种植—低缓地动物饲养”以及农产品加工并将各业耦合的模式就是垂直耦合。空间耦合的距离亦可近可远，在自由能运输成本的许可空间范围内均可发生耦合。耦合也可以在同一空间内进行，如稻、鸭、鱼共生耦合系统。

（4）时间耦合键与时间耦合

农业耦合系统中前后相邻的两个生产层子系统之间存在着亲和势，因而也可以进行耦合。即前一生产层子系统的输出产品可以作为后一生产层子系统的生产资料，参与后一生产层子系统的生产，而后一生产层子系统的废弃物往往又可以被前一生产层子系统所利用。相邻的子系统之间往往存在两个耦合键。农业耦合系统中前后相邻的两个生产层子系统之间存在的耦合键叫时间耦合键，它们之间发生的耦合类型被称为时间耦合。

上述 4 种耦合键和 4 种耦合类型之间并不是彼此独立的，它们分别是从不同角度对耦合机制进行的探讨和分析。现实中农业耦合系统的某些耦合模式，既可能是生态耦合，也可能是空间耦合，还可能是时间耦合。比如农牧耦合异地育肥，既是植物生产子系统与动物生产子系统之间的生态耦合，也是空间上具有亲和势的不同子系统之间的空间耦合，还是在植物生产层之后进行的时间耦合。

本书将在牧区进行繁育、在农区进行育肥和构建农业产业化联合体的模式作为科左后旗农牧系统的耦合键。① 实践证明，通过牧区繁育、农区育肥可以实现对农牧区资源的合理利用，既缓解了牧区草原生态环境的压力、解决了饲料短缺的问题，又提高了农区副产品的科学合理利用效率。

科左后旗中西部地区天然草牧场资源丰富，畜牧养殖方式以圈养为主，养殖的种类有黄牛、绵羊、山羊。中西部地区要充分发挥基础母畜多和季节畜牧业的优势，构建农牧耦合系统，从而提高牲畜出栏率和商品率，提高畜牧业的效益，增加农牧民收入。科左后旗东部地区农田资源较丰富，农业种植结构以粮食作物和油料作物相结合为主，主要种植玉米、水稻等粮食作物，少量种植花生、豆类等油料作物。为了促进农牧系统耦合的协调发展，应充分地利用本地区的动植物资源，调整种植结构，加入饲草料作物的种植。目前，科左后旗实行草原禁牧政策，要充分利用好东部地区现有耕地农作物秸秆资源和套种高产牧草，既可以解决牲畜饲草料问题，又可以实现东部地区短期育肥，提高牲畜的产肉量，进而提高农牧民的经济效益。

5.1.2 农牧系统耦合的驱动力

借鉴景观生态学对景观变化驱动力因子进行分析的方法，本书把农业耦合系统耦合的驱动力分为两类：一类是自然驱动力；另一类是人为驱动力。

5.1.2.1 自然驱动力

（1）生态系统物质循环和能量流动的驱动力

受自然驱动力影响的耦合普遍存在于生态系统中。生态系统的物质循环和能量流动先从第一性的植物生产或者初级生产开始，再向第二性的动物生产（植食动物和肉食动物）或者次级生产转化，最后向微生物生产延伸。因此，在“植物生产—动物生产—微生物生产”之间存在可以参与耦合的自由能，并在物质循环的过程中发生耦合。

① 任继周. 草原生产流程与草原季节畜牧业［J］. 中国农业科学，1978（2）：87-92.

(2) 自然条件的区域分异产生的驱动力

自然条件在水平方向和垂直方向上分布的差异，常常使不同的区域具有不同的农业生产和生物量积累特征，甚至在自然条件特殊的地方形成某种农产品的专一生产区。同一区域在不同时间段，也会出现农业生产和自然生态系统生物量积累的季节性差异。这种差异的存在导致自由能的积累，并为区域资源优势互补而进行耦合提供了可能。在自然状态下，动物通过迁移或者迁徙实现对自由能的利用。以我国西北畜牧区和南方农耕区的差异为例：在秋末至初春这一时间段，西北草原畜牧区牧草的积累量降至最低点，有些地方甚至长期为积雪所覆盖。与此同时，南方农耕区不仅因为种植业耕作而收获了大量的饲料资源，而且因其四季常青的优越资源条件，其生物量的积累仍然处于比较高的水平。因此，此时南方农耕区存在较多的自由能，可以与西北畜牧区实现农牧耦合。

5.1.2.2 人为驱动力

自然驱动力的耦合是人为驱动力的基础，但自然驱动力作用下形成的耦合系统生产力水平低下且不稳定。通过人类有目的地、持续地干扰，可以将自然耦合过程进行优化调整，最大限度地提高耦合系统综合生产力水平。耦合系统综合生产力水平的提高取决于人为耦合的优化过程。

(1) 科学技术

据估计，目前全世界农产品的增长中 83%依靠科技进步，美国、日本等农业发达国家农业科学技术进步对农业的贡献率高达 85%以上。可见，科学技术对农业发展起着关键的、不可替代的决定性作用。首先，农业科学技术的进步大大提高了农业集约化程度和资源利用率，从而增加了系统内自由能的通量。如采用地膜覆盖栽培技术，每亩可以增产 10%～20%，低产田改造为高产田后，每亩可增产约 50%。其次，农业科学技术进步扩大了农业资源开发利用的深度和广度，使许多原来难以利用或者无法开发利用的资源得到开发利用，改变了农业耦合系统的基础生态位。如温室和暖房技术的出现，使气候寒冷的地区可以种植某些热带地区的农作物。再次，资源多级循环与再生利用技术，直接推动了农业耦合系统的研究和应用。如农林牧菌复合系统、农业初级产品加工、种养加一体化等。最后，科学技术进步带来了运输革命。随着技术水平的提高，运输系统有了长足的发展，扩大了社会经济的空间分布，扩大了大尺度上自由能的输出和输入，扩大了粮食、其他农产品、肥料等农资的交流，农业耦合系统建设的空间范围和尺度也随之扩大。

（2）市场规律

市场规律是商品经济的基本规律。在市场机制下，生产者可以通过交换获取自己所需的生活和生产资料。市场对资源要素的配置起着决定性的作用，即调节资源要素在各生产部门间的分配。在商品经济社会中，资本等生产要素的本质是追求最优的经济效益或者利润的最大化。农业耦合系统建设可以将一个子系统的输出自由能转化为另一个子系统的输入，不仅节约了生产成本，而且经耦合放大作用，产生了增值。仅以农牧耦合异地育肥为例，王宁等（2000）对宁夏农牧耦合异地育肥进行研究后得出，异地育肥后可以获得比原来高6~10倍的经济效益。经济效益如此之高的原因主要有两个：一是区域比较价格的差异，农耕区的牲畜产品单位重量的价格要明显高于畜牧区的价格；二是农耕区植物生产系统与畜牧区动物生产系统耦合后，农耕区和畜牧区各自的自由能汇聚并释放潜能，生成一个经济功能远高于农耕区和畜牧区的农牧耦合系统。因此，在市场规律作用下，耦合机制产生的巨大的经济利益将会驱动异地育肥农牧耦合模式的规模不断扩大，并向农林牧耦合、农林牧菌耦合等更多耦合环节的耦合模式拓展。

（3）社会需求

农业生产的主要任务之一就是满足人们不断增长的物质文明和精神文明的需要。随着人口的增加和人们生活水平的改善，人们对农产品的数量和质量的需求都有了变化。城镇居民的食品消费结构中，经过粮食转化生产的蛋奶禽肉类和水产品的比例大幅度增加，而粮食的比例降低。随着生活水平的提升，人们在精神文明方面的消费支出也呈现不断增加的趋势。这就要求在开发利用农业资源时，注重对农业非物质性生产（如农业观光旅游、教育等）功能的开发，将种植业的结构由以往的粮经二元结构向粮经饲三元结构进行调整，并通过农牧耦合大力发展畜牧业。

（4）制度与政策

制度与政策包括国家和地区制定的各种针对农业管理、农业资源开发利用和保护的法规、规定、条例、办法等，对农业资源开发利用方式和方向有巨大的引导作用。目前中国农村的主要经营体制是家庭联产承包责任制，土地的所有权归国家，使用权归承包者。家庭联产承包责任制曾极大地提高了我国的农业生产效率，但在当前形势下却不利于扩大农业生产规模和提高农业组织化程度，应该积极鼓励农村土地流转。我国曾于 1966—1976 年实行“以粮为纲”的政策、于 1995 年先后实行“米袋子”省长负责制和“菜篮子”市长负责制，都对我国农业生产的单一化（阻碍耦合）起到了巨大的改善作用。目前仍在实行的“扶持龙头企业”制度就有利于农工商协同发展（农业子系统耦合）。①

5.1.3　农牧系统耦合的功能与意义

5.1.3.1　系统耦合的功能

（1）系统耦合具有催化潜势

催化作用最初被化学反应证实，后来被用于系统研究，作用巨大。任何耦合过程如同化学反应，正向、逆向过程并存。如加以催化，可使逆向循环的势能渐弱，以至于忽略不计，进而加快了反应速度，即增加了自由能的通量密度。催化循环是复杂结构存在的基础。在农业生态系统中，最常用而未被充分认识的催化手段，就是在生态系统的适当环节上，用耕作、灌溉、施肥、喷洒农药等农业措施，以生产资料的形式投入能量或元素，也被称为正向催化。另外一种手段是用及时收获农产品的方式，迫使农业生物减少自由能的积累、处于非成熟状态以保持旺盛生机，也被称为负向催化。催化促使农业生态系统中的能量、元素有序而畅通地定向流动，从而获得较多的产品。

① 何绍福. 农业耦合系统的理论与实践研究——以马坪镇为试验区［D］. 福州：福建师范大学，2005.

系统耦合过程中既有系统间的正向催化，又有负向催化，其提高生产力的作用是显而易见的。

（2）系统耦合具有位差潜势

两个系统之间，由于自由能积累的不同产生势能位差。位差不论正负，其强度效应是一样的。任何系统的非平衡态都是绝对的，平衡态是相对的、偶存的，在人为农业生态系统中尤其如此，因而这种位差潜势总是存在的。从系统发生学的观点来看，系统之间亲缘关系越远，其位差潜势就越大。①

美国西部放牧带与中西部玉米带（还有较干旱的高粱带），通过异地育肥养牛业进行农牧系统耦合，使生产水平提高了 6 倍左右。在中国东南部农耕区与西北部畜牧区的交会地带，从西南到东北画一条斜线，在这条线的两侧，曾分布着一系列“茶马市场”，即牧区产品与农区产品交换的市场。如云南的大理、四川的西昌、甘肃的临夏、陕北的榆林、河北的张家口等地，都曾是“淘金者”的乐园，像撒在神州大地上的一串明珠，璀璨照人。这是农耕系统与畜牧系统两个生态系统之间的势能位差所致。这种位差潜势，往往表现为市场价格之差。这是农产品商品化过程中不同生态系统间能量位差的异化。

（3）系统耦合具有多稳定潜势

复杂的农业系统的总体功能比简单的农业系统更稳定。这种整体的稳定，正是因多种局部不稳定成分的不断变化和调节而形成的。耦合系统中成分复杂，所包含的子系统位差势能变化不定，但全系统自由能总量较为恒定，因而生产水平较为稳定。转化阶是农业系统内能量和元素转化的阶梯，如从可利用的光能到作物产品、从作物产品到动物产品等，类似生态学的营养级。通过系统耦合，转化阶相应增加，结构相应复杂，从而使生产振荡衰减。这无异于农业系统中的安全阀，可避免生产水平的大幅度起落，经济效益显而易见。

---

① 任继周，胡自治，牟新待，张普金．草原综合顺序分类法及其草原发生学意义［J］．中国草原，1980（1）：12-23.

（4）系统耦合具有管理潜势

农业生态系统本质上是在人为调控之下的自然—社会生态系统。生产水平越高，管理的贡献也越大。不同生态系统走进耦合系统，把低层系统综合为高一层系统，就形成等级系统。它既有等级系统的结构特性，也有等级系统的调控特性。高一层的调控，有选择地忽略低层系统的无关细节，是等级调控的一般属性。这种管理简化而管理力度增加的事例，在生产管理中多有体现。如区域化管理、行业管理、有时间特征的阶段管理、综合层的分级管理、规模管理等，都是有选择地忽略了低层系统的某些细节，从而强化了分级调控的具体应用。在现代大生产中，由此而解放出的生产潜力十分可观。农业系统尤其如此。

系统耦合潜势来源于普遍存在的各子系统内自由能的积累。这种能量积累形成系统的外延势能，是实现系统耦合的依据。系统耦合使系统内部的催化潜势、位差潜势、多稳定潜势及管理潜势得到发挥，从而显著提高了系统的生产水平。

农牧系统耦合是在区域分工与区域联系的基础上实现了种植业与畜牧业之间的有机统一。农牧系统耦合的功能有 3 种：互补增效功能、联动增殖功能、平衡与稳定功能。对应于这 3 种功能，存在 3 种耦合效应：①互补增效效应。主要来自两个方面：一是资源互补投入；二是资源的全面深入利用。②联动增殖效应。农牧系统耦合产生的联动效应，不仅促进了资源和要素的流动聚集和优化组合，还呈现出强劲的扩张趋势，增加了农牧民的收入。③平衡与稳定效应。农牧系统耦合促使农业生产系统能够维持更长的食物链和保持较多的种群。种植业中的作物多样性种植不仅有利于种植业本身的发展，还为畜牧业发展提供了丰富的饲料。农牧系统耦合，对于饲草料的季节性平衡、土地营养质量的提高、草地和耕地压力的缓解、农牧业生产体系稳定性和抗灾能力的提高都具有重要的意义。①

农牧系统的耦合可以提高农户生计多样性，不仅可以降低农户生计的脆

① 王爱民，刘宇，高翔. 河西地区农牧地域分异与农牧耦合探讨［J］. 经济地理，2002，22（12）.

弱性，还可以提高农户的抗风险能力，有效改善农业生产对生态环境的破坏，减轻生态压力，增加农牧民经济收入。农牧系统耦合是解决生态环境外部性的途径之一。在系统耦合的过程中，物质、能量、信息和价值的交换可以实现农业和牧草资源价值的“逆向流动”（如科左后旗东部地区利用农副产品来满足中西部地区饲草料的需求），从而内化了外部性问题。① 有研究表明，羊和牛在异地育肥的模式下，能够产生比自繁自育更高的经济效益。通过农业种植业结构调整，在农区加大牧草的种植力度，将农田生态系统转变为草地生态系统，对于农牧系统耦合和生态环境改善都会起到积极的作用，同时也会减轻畜牧业养殖区牲畜对草原牧区的生态压力，具有良好的经济和生态效益。

5.1.3.2 系统耦合的意义

（1）农牧耦合仍是当前农畜产品生产的主要模式之一

在农业生产高度专业化的今天，通过对牲畜数量、农产品产量及服务人口等方面进行比较可以发现，农牧耦合农作系统提供了全世界 50%的谷物产品、60%的肉类产品和 75%的奶类产品。② 尤其在雨养地区，不同国家农牧耦合系统饲养了 70%~95%的反刍动物。③ 在亚洲及非洲人口密集区，农牧耦合系统在粮食安全方面意义更为重大。④ 在中国，除了传统的牧区省份外，农牧耦合仍然是当前中国农区小农户普遍采用的一种生产方式。全国猪肉产量的 91%、牛肉产量的 85%、羊肉产量的 65%、禽肉产量的 82%、禽蛋产量的 94%、牛奶产量的 70%、绵羊毛产量的 30%都由农牧耦合系统提供。⑤ 在全球

---

① Frank E. Household strategies and rural livelihood diversification [J]. Journal of Development Studies, 1998, 35 (1): 1-38 .

② Herrero M, Thornton P K, Notenbaert A M O, et al. Drivers of change in crop-livestock systems and their potential impacts on agro-ecosystems services and human wellbeing to 2030: a study commissioned by the CGIAR systemwide livestock programme [J]. Clinical Chemistry, 2012, 37 (2): 169-172.

③ Devendra C, Thomas D. Crop-animal interactions in mixed farming systems in Asia [J]. Agricultural Systems, 2002, 71 (1/2): 27-40.

④ Thorne P J, Tanner J C. Livestock and nutrient cycling in crop-animal systems in Asia [J]. Agricultural Systems, 2002, 71 (1/2): 111-126.

⑤ 邓蓉，孙伯川. 我国畜产品生产系统和供给变化趋势分析 [J]. 安徽农业大学学报（社会科学版），2004 (5): 40-43, 52.

气候变暖，水资源、能源、耕地资源短缺及农业生态系统服务功能退化等背景下，人口增长、消费模式转变、城镇化及收入分配变化等都迫使农业走集约、可持续农牧耦合发展道路。①

（2）世界范围内，农牧耦合仍然是农户生计的重要来源

农牧耦合是全球贫困农民的生计来源之一。在南亚地区，农业占整个 GDP 的 25%～43%，其中畜牧业贡献了 10%～45%。② 以印度为例，小农 15%～40%的收入由农牧系统中的畜牧业提供。在东南亚地区，包括柬埔寨、印度尼西亚、老挝、缅甸、菲律宾、泰国和越南等，农牧耦合系统中畜牧业产值占整个 GDP 的 20%，而上述国家 43%～88%的农民仍然依靠农业谋生。③ 另外，农牧耦合生产系统是促进该地区由粗放农业向集约农业转变的重要举措。农牧耦合系统中，小家畜可以成为小农缓冲现金储备，而大家畜则可以为农户提供财产积累，增强农户应对作物季节性减产和抵御自然灾害的能力。肉制品与奶产品加工企业还可以为数以万计的农民提供就业机会，增加家庭收入。④

（3）农牧耦合是保证农田生物多样性的重要措施

由于农业规模化和专业化的发展，世界上很多地区都广泛采用连作或者少数几种作物进行短期轮作的方式。尽管该种生产方式在经济上取得了很大成功，却对环境造成了许多负面影响，尤其是导致了农田生物多样性的丧失。相反地，已有研究表明，相对于连续草场和耕地，农牧耦合系统，结合免耕及禾本科/豆科饲草栽培，能明显改善大型土壤动物群落结构，⑤ 原因之一是

---

① Sneessens I, Veysset P, Benoit M, et al. Direct and indirect impacts of crop-livestock organization on mixed crop-livestock systems sustainability: a model-based study [J]. animal, 2016, 10 (11): 1911-1922.

② Thomas D, Zerbini E, Rao P P, et al. Increasing animal productivity on small mixed farms in South Asia: a systems perspective [J]. agricultural systems, 2002, 71 (1/2): 41-57.

③ Devendra C, Thomas D. Crop-animal systems in Asia: importance of livestock and characterisation of agro-ecological zones [J]. Agricultural Systems, 2002, 71 (1/2): 5-15.

④ Pretty J, Toulmin C, Williams S. Sustainable intensification in African agriculture (special issue: sustainable intensification: increasing productivity in African food and agricultural systems) [J]. International Journal of Agricultural Sustainability, 2011, 9 (1): 5-24.

⑤ Marchao R L, Lavelle P, Celini L, et al. Soil macrofauna under integrated crop-livestock systems in a Brazilian cerrado ferralsol [J]. Pesquisa Agropecuaria Brasileira, 2009, 44 (8): 1011-1020.

农牧耦合生产方式可以明显降低杂草数量，从而减小对除草剂的依赖，进而达到保护环境和生物多样性的目的。① 与单一作物系统相比，农牧耦合系统本身增加了生物多样性，引入大量饲草作物与区域主体种植作物进行间套轮作又增加了农田生物多样性，减少了各种外源投入，对于实现可持续发展具有重要作用。

（4）农牧耦合可以增强农田系统碳汇能力，缓解温室效应

在农牧耦合农作系统中，引进牧草于现有种植系统中，可以增强碳汇能力。如 Causarano 等在美国东南部将美国雀稗—家畜农牧耦合系统引入原有的花生—棉花种植系统中，构建以牧草为主导的种植模式。如果将该模式进行广泛推广，每年碳汇可达 1.2 亿～2.7 亿吨，相当于全美碳汇潜力的 13%～29%，且类似种植制度还可以减少 40%～60%的养分流失。已有研究表明，增施有机肥提高了农田土壤二氧化碳排放，② 同时也增加了土壤有机质含量，增长幅度随有机肥用量的增加而增加。总体来看，通过长期施用有机肥来增加土壤碳汇是可行的。③ 另外，农牧结合系统能综合提高食物（粮食及畜禽产品）产量，进而降低系统单位产出的温室气体排放量。④

（5）农牧耦合有利于实现有机肥还田，是促进农田系统内物质循环的有效途径

世界范围内，每年畜禽厩肥所产生的有机肥资源丰富。通过农牧耦合，将畜禽粪便投入种植业系统，可以减小作物生产对化学肥料的依赖。厩肥不仅可以提高土壤肥力，还可以为土壤微生物和土壤动物的生长与繁衍创

---

① Tracy B F, Davis A S. Weed biomass and species composition as affected by an integrated crop-livestock system [J]. Crop Science, 2009, 49 (4): 1523-1530.

② 董玉红，欧阳竹. 有机肥对农田土壤二氧化碳和甲烷通量的影响 [J]. 应用生态学报，2005，16 (7)：1303-1307.

③ 陈义，吴春艳，水建国，等. 长期施用有机肥对水稻土 CO_2 释放与固定的影响 [J]. 中国农业科学，2005，38 (12)：2468-2473.

④ Devendra C, Thomas D. Crop-animal systems in Asia: importance of livestock and characterisation of agro-ecological zones [J]. Agricultural Systems, 2002, 71 (1/2): 5-15.

造优良的环境，维持土壤生态健康。① 农牧耦合可以促进养分在土壤—植物—动物构成的耦合系统内循环利用，减少畜禽粪便造成的环境污染和秸秆焚烧造成的大气污染，实现清洁生产与健康养殖。在中国，“农牧分离是农牧系统养分利用率低的根本原因”，② 农牧分离导致畜禽粪尿利用率低，进而导致系统养分利用率低、环境排放高。③

5.2　农牧系统耦合的模拟效益分析

科左后旗农牧系统耦合后会产生较好的经济效益、社会效益和生态效益，会极大地提高农牧资源的使用效率。为了提高农户生计能力，要不断地提升农户生计资本，改善农户生计策略，充分利用地区农牧业资源优势，不断优化和升级农业产业结构，鼓励牧草和经济作物的种植，构建高效的农牧耦合系统。通过农牧系统耦合，缓解农牧业资源的时空矛盾，节省农牧业发展的成本，促进农牧民增产增收。重点发展的产业主要有畜牧业养殖、农产品加工、兽医药、饲草料加工等，不仅有助于协调农业生产时间与劳动时间之间的矛盾，还有助于开发冬季农业和优化畜牧业产业结构，具有明显的时空耦合作用。农牧业的产业化发展，改善了农牧系统中的物种结构，增加了农牧系统产出的经济效应。通过农牧系统的耦合，实现了物质的多级循环和能量的多阶流动，从而增强了农牧系统耦合的可持续发展能力，取得了明显的生态耦合效应。另外，农牧产品在生产、加工、销售产业化过程中，会衍生出其他相关产业，如草业、乳业、绒业、农产品贸易行业等，不仅增加了

---

① Haynes R J, Naidu R. Influence of lime, fertilizer and manure applications on soil organic matter content and soil physical conditions: a review [J]. Nutrient Cycling in Agroecosystems, 1998, 51 (2): 123-137.

② 马林，柏兆海，王选，等. 中国农牧系统养分管理研究的意义与重点 [J]. 中国农业科学，2018，51 (3)：406-416.

③ Bai Z H, Ma L, Oenema O, et al. Nitrogen and phosphorus use efficiencies in dairy production in China [J]. Journal of Environment Quality, 2013, 42 (4): 990-1001.

农业附加值，还实现了农村剩余劳动力的再就业，具有明显的社会耦合效应。因此，农牧耦合系统是更高一级的系统，与原来的种植业系统和牧业系统相比，具有更为明显的经济、社会和生态效益。①

5.2.1 经济效益

根据科左后旗养育肥牛投入产出分析，按 2019 年饲草料价格、养牛价格进行模拟计算，以 1 户家庭养殖周期 8 个月、养殖 10 头牛为标准，进行成本效益核算，具体计算步骤如下：

牛犊的价格以 2019 年秋天肉牛犊价格来算，400 斤左右的牛犊，市场价格在 0.8 万元/头左右。牛犊越大，育肥养殖周期越长，总价越高。

如果饲养 10 头牛，则无须建造特殊的大型棚圈，可以通过翻新闲置的房屋或建造简单的牛舍来进行养殖。养 10 头牛需要建造大约 50 平方米的棚圈，预计投资 2 万元。如果按使用 10 年计算，每年的折旧费用在 0.20 万元。

每个地区的饲料价格不同、养殖方式不同、饲料类型不同，每头牛的饲料总成本也不同。舍饲养殖一定比放牧投入的成本高，但因为科左后旗实行了全年禁牧政策，没有放牧条件，只能以舍饲的形式进行喂养。1 头牛一般养到 1200~1400 斤出栏，因为这个时候的肉料比最高，出栏的经济效益最好。如果按一头 400 斤肉牛犊养到 1200 斤出栏、大概养殖 8 个月计算，结果如下：平均每天需要粗饲料（以玉米秸秆为主）25 斤，每斤 0.08 元，10 头牛一个养殖周期（8 个月）的粗饲料总投资为 10 头×240 天×25 斤/（头・天）×0.08 元/斤=0.48 万元；精饲料以玉米面为主，价格在 1.20 元/斤，平均每头牛每天饲喂 10 斤，10 头牛的精饲料总投资为 10 头×240 天×10 斤/（头・天）×1.20 元/斤=2.88 万元。根据以上计算结果，10 头牛的全部饲料总成本大概是 3.36 万元（0.48 万元+2.88 万元）。

养殖过程中，给牲畜使用的药物、水、电等其他费用可以与出售牛粪的收益互相抵销一部分，按每头牛 100 元计算，10 头牛共计 1000 元。

---

① 何绍福. 农牧耦合系统的理论与实践研究——以马坪镇为试验区［D］. 福州：福建师范大学，2005.

养殖 10 头牛，家庭劳动力就够用。这种家庭舍饲的养殖方式，养 10 头牛的总投资为 8 万元（牛犊）+0.20 万元（棚圈折旧）+3.36 万元（饲料）+0.10 万元（杂费）= 11.66 万元。以上所列的就是养 10 头牛的全部成本，共计 11.66 万元。

目前，市场上出栏成品牛的价格是 13 元/斤。那么 10 头牛的市场价格就应该是 1200 斤/头×13 元/斤×10 头 = 15.60 万元。总收益 15.60 万元扣除总成本 11.66 万元，纯利润为 3.94 万元。最后得出的结论是，养 10 头牛一年大约能赚 4 万元。饲养 10 头牛总成本不高，普通农户家庭都可以承受，经济效益比较好，也不影响种植业生产，因此，发展养牛业大有可为（见表 5-1）。

表 5-1　养育肥牛成本——投入产出分析

项目	成本明细	总成本	收益	纯利润
牛犊	0.80 万元/头×10 头	8.00 万元	1200 斤/头×13 元/斤×10 头	
棚圈	0.20 万元	0.20 万元		
粗饲料	25 斤/（头·天）×0.08 元/斤×240 天×10 头	0.48 万元		
精饲料	10 斤/（头·天）×1.20 元/斤×240 天×10 头	2.88 万元		
杂费	100 元×10 头	0.10 万元		
合计		11.66 万元	15.60 万元	3.94 万元

数据来源：根据调研访谈获取。

5.2.2　社会效益

5.2.2.1　农牧民专业技能水平提高，社会就业机会增加

随着农牧耦合系统的构建、完善和发展，农牧业得到了协调发展，农牧民的生计策略得到了优化和提高，农村社会经济生产力迅速提高。家庭农场牧场、合作社、产业化联合体的出现，会倒逼农牧民去学习和掌握先进的农牧业生产技术。与此同时，这些新型经营主体的出现，将会增加社会就业，扩大农户生计的多样性，形成良好的社会效应。

5.2.2.2 促进产业结构的优化升级

随着农牧系统耦合模式的发展，越来越多的农户将增加和改善畜牧业养殖的基础设施，在广大农村将会出现一批懂得畜牧业养殖技术、会经营和管理的畜牧业养殖带头人，可以把高质量的牲畜品种和先进技术不断应用于畜牧业的实际生产项目中。传统畜牧业生产经营方式将进一步转变，有利于丰富和优化当地人的饮食结构，满足人们对奶制品、肉类等高档营养食品的消费需求。农牧系统耦合之后，由于成本下降、收益提高，将会提高广大农牧民科学饲养牲畜和参与市场经济的积极性，优化农业产业结构，提高劳动生产效率和经济效益，有利于改善基层畜牧兽医技术社会化服务体系的功能，吸收更多的农村剩余劳动力参与农牧产业化发展，加快经济发展。

5.2.2.3 增强当地政府和群众的可持续发展意识

农牧耦合系统的构建推进了地方政府行政管理的发展。按照构建农牧耦合系统的路径要求，地方政府将加大对龙头企业、专业合作社、家庭农牧场的支持力度，形成以龙头企业和农业科教服务中心为龙头、个体经济等多种经济形式投资建设的农牧业产业化联合体系。另外，农牧耦合系统联动产生的效益也增强了广大干部群众的可持续发展意识。总之，农牧系统耦合可以使科左后旗地区的农村产业结构得到合理的调整和优化、农牧业资源得到更充分利用、农牧业的综合效益得到显著提高。

5.2.3 生态效益

生态效益是指自然界中的生物系统根据生产中的生态平衡定律对人类的生产、生活和环境条件产生的有益影响。它与人类生存和发展的根本和长远利益密切相关。生态平衡和生态系统的良性循环是产生生态效益的前提条件。农业现代化的发展要求，就是追求经济效益和生态效益的良性互动发展。

随着农牧耦合系统的构建、完善和发展，农田系统中大量牧草的种植将会改变传统的粮经二元结构。实践和研究表明，牧草进入农田系统后，对提高农田土壤的肥力有积极作用，改善了土壤的有机组成和水土流失现象。

通过农牧系统耦合具体项目的实施，牲畜的粪便将被返还田地，不仅增加了土壤肥力，还丰富和扩大了农作物和草料等植物的植被覆盖面，从而提高了土壤的肥力，增加了单位面积的产量。通过畜牧业的发展，可以促进农业和牧区有机农业的进一步发展，实现动植物与生态系统之间的补偿和平衡，对于生态环境的改善和农牧业的可持续健康发展都具有重要的意义。

5.3 农牧系统耦合的实证分析

5.3.1 数据来源与评价指标体系

5.3.1.1 数据来源

本书数据来源主要是《内蒙古统计年鉴》（2009—2018）、《科左后旗统计年鉴》（2009—2018）和实地调研数据。

5.3.1.2 评价指标体系

根据科左后旗种植业系统和畜牧业系统的经济指标，按照代表性、全面性、可比性的原则构建农牧系统耦合水平评价指标体系，主要分为两个层次：一级指标为综合评价指标，由种植业系统（A1）和畜牧业系统（A2）组成；二级指标为种植业系统和畜牧业系统的具体指标，共选取了 12 个指标，其中种植业系统由 7 个指标构成，畜牧业系统由 5 个指标构成，如表 5-2 所示。

表 5-2 科左后旗农牧系统耦合水平评价指标体系框架

目标层	一级指标	二级指标	单位	指标权重
科左后旗农牧系统耦合	种植业系统（A1）	耕地面积（B1）	万亩	0.1119
		农作物总播种面积（B2）	公顷	0.1174
		粮食作物播种面积（B3）	公顷	0.1383
		农村用电量（B4）	万千瓦·时	0.1033
		化肥施用（折纯量）（B5）	吨	0.1836
		粮食产量（B6）	吨	0.1407
		油料产量（B7）	吨	0.2049
科左后旗农牧系统耦合	畜牧业系统（A2）	草牧场面积（B8）	万亩	0.2379
		牛肉产量（B9）	吨	0.2762
		羊肉产量（B10）	吨	0.1731
		羊毛产量（B11）	吨	0.0664
		年末牲畜存栏数（B12）	万头、只	0.2464

5.3.1.3 指标的标准化处理

对 m 个样本、n 个指标，则 x_{ij} 为第 i 个样本的第 j 个指标的数值（$i=1, 2, \cdots, m$; $j=1, 2, \cdots, n$）。构建原始矩阵：

$$\boldsymbol{X}=\begin{bmatrix} x_{11} & x_{12} & \cdots & x_{1m} \\ x_{21} & x_{22} & \cdots & x_{2m} \\ \vdots & \vdots & \ddots & \vdots \\ x_{n1} & x_{n2} & \cdots & x_{nm} \end{bmatrix} \tag{5-1}$$

通过极差变换法将原始矩阵式（5-1）进行标准化处理，即把各指标不同的绝对数值进行归一化处理，转化到［0，1］。指标属性不同，代表的含义和标准化算法也不相同。正向指标的数值越大越好，计算方法见式（5-2）；负向指标的数值越小越好，计算方法见式（5-3），由此可以得到标准化矩阵式（5-4）。

$$y_{ij}=\frac{x_{ij}-\min(x_{ij})}{\max(x_{ij})-\min(x_{ij})} \tag{5-2}$$

$$y_{ij}=\frac{\max\ (x_{ij})\ -x_{ij}}{\max\ (x_{ij})\ -\min\ (x_{ij})} \tag{5-3}$$

$$\boldsymbol{Y}=\begin{bmatrix} y_{11} & y_{12} & \cdots & y_{1m} \\ y_{21} & y_{22} & \cdots & y_{2m} \\ \vdots & \vdots & \ddots & \vdots \\ y_{n1} & y_{n2} & \cdots & y_{nm} \end{bmatrix} \tag{5-4}$$

其中，$\boldsymbol{X}$ 是原始矩阵；$\boldsymbol{Y}$ 是标准化矩阵，由 $\boldsymbol{X}$ 通过式（5-2）、式（5-3）的极差变换法计算获取。

5.3.1.4　指标权重的计算

计算第 i 个样本在第 j 个指标下所占的比重：

$$p_{ij}=\frac{y_{ij}}{\sum_{i=1}^{m}y_{ij}} \tag{5-5}$$

计算第 j 项指标的信息熵值：

$$E_j=\frac{-1}{\ln m}\sum_{i=1}^{m}\ (p_{ij}\ln p_{ij}) \qquad E\in\ [0,\ 1] \tag{5-6}$$

计算各指标的权重：

$$W_i=\frac{1-E_j}{n-\ \sum E_j} \tag{5-7}$$

5.3.1.5　综合评价函数

计算综合评价指数：

$$C_i=\sum W_iX_{ij} \tag{5-8}$$

建立种植业系统与畜牧业系统综合评价指数：

$$F\ (x)\ =\sum_{i=1}^{n}a_ix_i \tag{5-9}$$

$$H\ (y)\ =\sum_{i=1}^{m}b_iy_i \tag{5-10}$$

式（5-9）中，$F\ (x)$ 为种植业系统综合评价指数模型，n 代表评价指标的个数，a_i 代表种植业系统的第 i 个指标的权重，x_i 代表第 i 个指标的标准化值。根据此模型计算出种植业系统的综合评价指数，指数越高，表明种植业发展水平越高。

式（5-10）中，$H(y)$ 为畜牧业系统综合评价指数模型，m 代表评价指标的个数，b_i 代表畜牧业系统的第 i 个指标的权重，y_i 代表第 i 个指标的标准化值。根据此模型计算出畜牧业系统的综合评价指数，指数越高，表明畜牧业发展水平越高。

5.3.1.6 耦合度模型

耦合度是两个系统之间或者子要素之间相互影响和协调的程度，是两个系统之间同方向相互影响、相互关系的量度。① 本书根据种植业系统与畜牧业系统综合评价指数式（5-9）和式（5-10），构建农牧耦合度模型：

$$C=\left[\frac{F(x)\times H(y)}{\frac{F(x)+H(y)}{2}}\right]^{M} \tag{5-11}$$

式（5-11）中，C 为农牧系统的耦合度，数值越大越好；M 为调节系数，取值范围在［2，5］，本书取值为 2。$0\leqslant C\leqslant 1$；当 $C=0$ 时，表明两系统处于失衡状态；当 $C=1$ 时，表明两系统处于最佳协调发展状态。

5.3.1.7 耦合协调度模型

耦合协调度能够衡量同一区域不同时期或者同一时期不同区域，各个子系统内部要素之间相互影响、相互作用、相互配合的耦合程度在某一状态的定量值。耦合协调度比耦合度更能全面地反映出农牧系统的整体功能与发展水平，通过计算农牧系统的耦合协调度，可以清楚地看出两大系统的发展水平，从而提出促进农牧耦合发展的路径。

耦合协调度模型的计算公式为：

$$T=aF(x)+bH(y) \tag{5-12}$$

$$D=\sqrt{C\times T} \tag{5-13}$$

式（5-12）、式（5-13）中，T 为两个系统的综合评价指数；a、b 为待

① 袁榴艳，杨改河，冯永忠. 干旱区生态与经济系统耦合发展模式评判——以新疆为例［J］. 西北农林科技大学学报（自然科学版），2007，35（11）：41-47.

定系数，表示种植业和畜牧业系统在评价指标中的权重，本书中 a、b 取值均为 0.5，表示种植业与畜牧业同等重要；D 为耦合协调度，其数值越高，说明农牧协调发展水平越高。

5.3.1.8 耦合协调度划分标准

为了直观地分析内蒙古经济与生态系统的耦合协调度，借鉴当前研究成果，①② 将耦合协调度划分为 3 种水平分类、9 种耦合协调发展类型，如表 5-3所示。

表 5-3 农牧系统耦合协调度划分标准

水平分类	耦合协调度	耦合协调发展类型
协调发展类（$0.5\leqslant D\leqslant 1$）	$0.8\leqslant D\leqslant 1$	极度耦合协调发展
	$0.7\leqslant D<0.8$	良好耦合协调发展
	$0.6\leqslant D<0.7$	中级耦合协调发展
	$0.5\leqslant D<0.6$	低级耦合协调发展
过度发展类（$0.3\leqslant D<0.5$）	$0.4\leqslant D<0.5$	调和耦合协调发展
	$0.3\leqslant D<0.4$	勉强耦合协调发展
失调衰退类（$D<0.3$）	$0.2\leqslant D<0.3$	轻度不耦合协调发展
	$0.1\leqslant D<0.2$	严重不耦合协调发展
	$0\leqslant D<0.1$	极度不耦合协调发展

5.3.2 农牧系统耦合评价

5.3.2.1 数据处理

应用式（5-2），通过极差转换法对参与科左后旗农牧系统耦合评价的原始数据进行标准化，其结果如表 5-4 所示。

---

① 杨梅. 四川省生态环境与经济协调发展评价与分析研究［J］. 四川环境，2018，37（4）：153-161.

② 周燕妃，何刚，金兰，王雯雯，等. 经济发展与生态环境耦合协调发展研究［J］. 安徽理工大学学报，2018，20（2）：38-44.

表 5-4 2008—2017 年科左后旗农牧耦合系统原始数据标准化结果

指标	2008 年	2009 年	2010 年	2011 年	2012 年	2013 年	2014 年	2015 年	2016 年	2017 年
耕地面积	0.0000	0.1442	0.1442	0.1776	0.3009	0.5038	0.5707	0.9221	1.0000	0.2605
农作物总播种面积	0.0000	0.1136	0.1480	0.1750	0.2942	0.4978	0.5678	0.9243	1.0000	0.2405
粮食作物播种面积	0.6406	0.0000	0.1102	0.6595	0.7427	0.7425	0.7939	0.9443	1.0000	0.7580
农村用电量	0.0648	0.0000	0.4231	0.1716	0.3320	0.4558	0.7863	0.9683	0.9821	1.0000
化肥施用（折纯量）	0.0584	0.0463	0.0000	0.0987	0.1077	0.1755	0.7910	0.9450	1.0000	0.9921
粮食产量	0.0000	0.0165	0.0165	0.1979	0.2803	0.6019	0.6019	0.7091	0.6909	1.0000
油料产量	0.2186	0.0039	0.0922	0.0000	0.0005	0.2051	1.0000	0.2035	0.3263	0.3360
草牧场面积	0.0000	0.0041	0.0052	0.3638	0.6879	0.8416	0.7969	0.8390	1.0000	0.8806
牛肉产量	0.1399	0.0983	0.0000	0.0644	0.0672	0.4412	0.6836	0.7417	0.8083	1.0000
羊肉产量	0.1568	0.3144	0.3040	0.3161	0.3192	0.0000	0.2089	0.6501	0.7935	1.0000
羊毛产量	0.0000	0.9469	0.9529	0.9734	0.9831	0.9831	0.8865	0.9082	0.9529	1.0000
年末牲畜存栏数	1.0000	0.8326	0.0000	0.0265	0.1454	0.0675	0.3978	0.7456	0.5957	0.9320

5.3.2.2 指标权重确定

利用式（5-5）、式（5-6）、式（5-7）确定各指标的权重，结果如表 5-5 所示。

表 5-5 科左后旗农牧耦合系统各项指标的熵值及权重结果

指标	信息熵	权重
耕地面积	0.8548	0.1119
农作物总播种面积	0.8477	0.1174
粮食作物播种面积	0.8205	0.1383
农村用电量	0.8660	0.1033
化肥施用（折纯量）	0.7617	0.1836
粮食产量	0.8173	0.1407
油料产量	0.7341	0.2049
草牧场面积	0.8349	0.2379
牛肉产量	0.8083	0.2762
羊肉产量	0.8799	0.1731

续表

指标	信息熵	权重
羊毛产量	0.9539	0.0664
年末牲畜存栏数	0.8290	0.2464

5.3.2.3　耦合度及耦合协调度分析

根据式（5-8）至式（5-13）计算出2008—2017年科左后旗种植业和畜牧业的综合评价指数、耦合度及耦合协调度指标，并根据科左后旗农牧系统耦合协调度划分标准确定耦合协调发展类型（见表5-6）。

表5-6　2008—2017年科左后旗农牧耦合度、耦合协调度及耦合协调发展类型

年份	综合指数		耦合度 C	耦合协调度 D	耦合协调发展类型
	种植业 $F(x)$	畜牧业 $H(y)$			
2008	0.1508	0.3122	0.0414	0.0978	极度不耦合协调发展
2009	0.0411	0.3506	0.0054	0.0326	极度不耦合协调发展
2010	0.1136	0.1171	0.0133	0.0392	极度不耦合协调发展
2011	0.1953	0.2302	0.0447	0.0975	极度不耦合协调发展
2012	0.2645	0.3386	0.0882	0.1631	严重不耦合协调发展
2013	0.4235	0.404	0.1710	0.2660	轻度不耦合协调发展
2014	0.7563	0.5715	0.4239	0.5305	低级耦合协调发展
2015	0.7572	0.7611	0.5763	0.6614	中级耦合协调发展
2016	0.8166	0.8086	0.6603	0.7325	良好耦合协调发展
2017	0.6572	0.9549	0.6062	0.6990	中级耦合协调发展

5.3.3　农牧耦合态势分析

5.3.3.1　种植业、畜牧业耦合的子系统分析

总体上看，科左后旗种植业系统和畜牧业系统的综合指数呈现不断上升的趋势，畜牧业系统的综合指数高于种植业系统的综合指数，畜牧业系统的增幅大于种植业系统，说明科左后旗畜牧业的发展比较快。

种植业系统综合指数在2016年达到最大，为0.8166。通过数据分析，年

末耕地面积、油料产量、农作物播种面积和化肥施用量等四项评价指标在系统中占有较大比重，说明加大对农业生产资料的投入和保持油料等作物的种植可以促使科左后旗种植业稳步发展。

畜牧业系统综合指数整体上呈现逐年增长的态势，高于种植业系统的综合指数，说明畜牧业养殖是科左后旗的主导产业。综合来看，2012 年党的十八大以来，科左后旗农牧业呈现快速发展的态势。

5.3.3.2 农牧耦合度和耦合协调度分析

科左后旗种植业和畜牧业之间的耦合度不高。2012 年以前，耦合度都没有达到 0.1，自 2012 年开始耦合度逐年提高，2016 年达到 0.6603。从耦合协调度看，科左后旗农牧系统在 2012 年以前处在极度不耦合协调发展阶段，2012 年后经过不断调整、磨合，逐渐趋于协调，2016 年达到良好耦合协调发展。

研究结果表明，科左后旗农牧业经济在今后的发展过程中以及在目前的宏观经济政策的指导下，会朝着农牧系统良性耦合协调发展的方向迈进。种植业与畜牧业生产经营管理水平的提高，将进一步促进农牧系统的协调发展，但实现良好耦合协调发展需要一段磨合时间，耦合速度较为缓慢。实现农牧系统更好地协调发展、促进农牧民增收，需要科左后旗在今后的经济发展中，大力提倡畜牧业养殖，不断提高种植业生产技术和生产条件。

第6章　影响农牧系统耦合的制约因素研究

农牧系统耦合的影响因素较多，人口数量增加导致不合理的经营活动次数增多，使得农牧业结构调整的步伐加快。① 经济体制与社会制度因素影响了农业的种植面积、作物品种、产量和牧业的放牧形式、畜种选择、畜牧量等。② 同时，国家实行的退耕还林和封山禁牧等政策制约了畜牧业的发展，政策与制度的变化对农牧业的发展是一把“双刃剑”。③ 地区资源优势因素有利于选择不同的发展模式，形成地区生产优势，发挥区域资源与产业优势。上述因素共同影响着农牧业经营结构的选择，综合考虑多重因素才能优化农牧业经营结构，增加农牧业综合效益。

农牧系统耦合可以实现两个系统的能量、物质和信息的交换。农牧系统耦合存在于整个农业系统中，农牧耦合的基本框架是将种植区的植物生态系统与畜牧区的动物生态系统耦合。畜牧业的发展离不开植物生产系统，应以植物生产系统为基础，并产生相应的畜牧业生产体系。畜牧业的发展通过耕地农田系统与草地畜牧业系统的相互联系、相互促进、相互结合，形成了更高水平的农牧耦合系统。在植物生产系统和动物生产系统协同耦合发展的过程中，两个系统之间存在着一些固有的系统矛盾，即系统冲突，根源在于两个系统的结构性不完善结合而导致的功能不协调运行。

---

① 张彩清，苏金华，杜昭宏. 内蒙古阴山山麓农牧交错带生态问题及对策［J］. 中国生态农业学报，1999（4）：77.

② 甄霖. 蒙古高原农牧业系统格局变化与影响因素分析［J］. 干旱区资源与环境，2008，22（1）：144-151.

③ 崔宇红. 浅析畜牧业产业化与农业经济发展［J］. 当代畜牧，2013（14）：1-3.

6.1 生计资本因素分析

6.1.1 生计资本分布的时空差异性

6.1.1.1 饲草料资源分布的时空差异

科左后旗农耕区和畜牧业养殖区由于自然条件、生态环境和社会经济发展条件的差异，从时间和空间上看，畜牧业养殖的饲草料资源呈现分布不均匀的态势。时空差异制约了农牧系统耦合。草原畜牧业养殖区的产草时间段大概是在每年的5—10月，而这个时间段正是农业种植业区饲草料短缺匮乏时期。相反，10月至次年5月是草原畜牧业养殖区饲草料资源短缺匮乏时期，正是农业种植业区农作物秸秆和农副产品的收获期，也是饲草料资源最丰富的时间段。饲草料资源的时间差异，制约了两个系统的协调发展，因此，应当采取人工干预的形式，促进农牧系统耦合发展。从饲草料资源分布的空间上看，科左后旗中西部地区天然草地面积较大，但生产牧草的能力较差，并且科左后旗目前实行全年禁牧政策，草地生产牲畜牧草的生产力水平不高。东部种植业区以农作物生产为主，能够生产出大量的农作物秸秆和农副产品，为畜牧业的养殖提供了大量的饲草料资源。因此，饲草料资源的时空分布差异，制约了科左后旗农牧耦合协调发展。

6.1.1.2 牲畜分布的空间差异

科左后旗位于内蒙古农牧交错带，东部地区耕地面积较多、质量较好，西部地区草地面积较多、质量较差，中部地区耕地与草地交错分布。不同的土地类型形成了东部地区以种植业为主、西部地区以畜牧业养殖为主、中部地区以半农半牧为主的生产方式。随着土地类型的变化，科左后旗由东至西养牛的数量逐渐增加、养山羊的数量逐渐减少、养绵羊的数量逐渐增多，这说明科左后旗的牲畜主要分布在中西部地区，但东部地区养绵羊的数量较多（见表 6-1）。

表 6-1 2017 年调研镇（苏木）牛、羊畜种结构

单位：%

镇（苏木）	牛	绵羊	山羊
金宝屯	34.45	62.03	3.52
查日苏	17.46	81.79	0.75
常胜	22.15	70.66	7.19
阿古拉	30.73	60.41	8.86
甘旗卡	47.20	44.37	8.43
巴嘎塔拉	40.67	54.84	4.49
茂道吐	29.49	60.45	10.06

数据来源：根据科左后旗农牧业局资料整理计算。

由表 6-2 可知，牛主要分布在牧区，占比为 43.69%，其次是半农半牧区，占比为 36.11%，最后是农区，占比为 20.20%；绵羊主要分布在半农半牧区，占比达到 37.64%，其次是农区，占比为 32.39%，最后是牧区，占比为 29.37%；山羊主要分布在半农半牧区，占比为 48.15%，其次是牧区，占比为 38.34%，最后是农区，占比为 13.51%。牲畜与饲草料资源空间分布不均匀，也就是与适宜的牲畜分布密度不协调，导致农牧系统相悖。

表 6-2 2017 年调研区牛、羊空间分布概况

畜种	农区		半农半牧区		牧区	
	头数/头	占比/%	头数/头	占比/%	头数/头	占比/%
牛	22775	20.20	40710	36.11	49264	43.69
绵羊	70143	32.39	80018	37.64	62442	29.37
山羊	3293	13.51	11739	48.15	9347	38.34

注：农区牲畜头数为金宝屯、查日苏、常胜镇的平均值，半农半牧区为阿古拉镇牲畜头数，牧区牲畜头数为甘旗卡、巴嘎塔拉、茂道吐的平均值。

6.1.2 生计资本的弱质性

根据对调查区7个镇（苏木）农户生计资本的定量分析（见表6-3、图6-1），科左后旗中部地区的半农半牧区（阿古拉镇）和旗政府所在地（甘旗卡镇）的农户生计资本值较高，其次是东部的农耕区（查日苏镇、金宝屯镇、常胜镇），较低的是西部畜牧业养殖区（巴嘎塔拉苏木和茂道吐苏木）。从自然资本、物质资本、金融资本、人力资本和社会资本的单项测量值看，各地区之间存在较大差异。协调好生计资本在区域之间的物质、能量、信息流动，对科左后旗农牧系统耦合的发展将具有重要的指导意义。

表6-3 调查区7个镇（苏木）农户生计资本的综合测量值

调查区	自然资本	物质资本	金融资本	人力资本	社会资本	生计资本
金宝屯	0.3892	0.3795	0.4999	0.3340	0.3837	1.9863
查日苏	0.3588	0.6369	0.3767	0.3620	0.3139	2.0483
常胜	0.3593	0.3834	0.1896	0.2976	0.4015	1.6314
阿古拉	0.5552	0.4245	0.3472	0.3063	0.4214	2.0546
甘旗卡	0.5088	0.7000	0.6496	0.5335	0.4057	2.7976
巴嘎塔拉	0.3005	0.3052	0.1460	0.4470	0.3150	1.5137
茂道吐	0.4024	0.1354	0.1370	0.2845	0.5180	1.4773

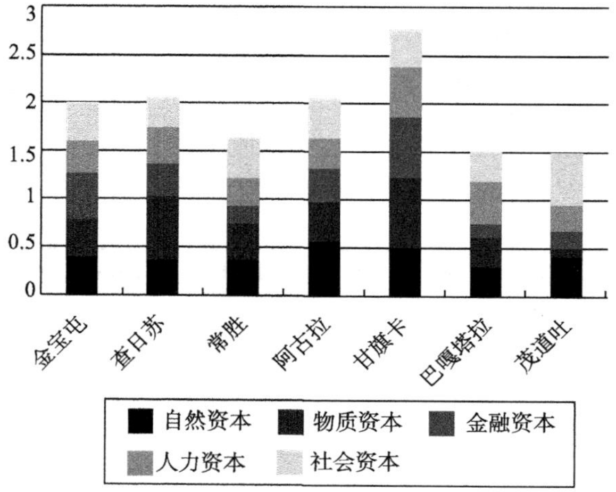

图6-1 调查区7个镇（苏木）农户生计资本的综合测量值

6.1.2.1　自然资本

草原和农田是农牧民赖以生存和发展的重要资本。科左后旗草原生态环境的质量与牧民的生计可持续发展密切相关，更是国家的生态安全屏障。耕地作为农民重要的自然资本，其数量与质量影响着家庭收入水平。科左后旗草原面积 1050 万亩，受气候持续干旱和人为因素的影响，天然草地退化、沙化和盐渍化面积占原总面积的近一半，严重退化的荒漠化面积占草地总面积的 17.6%。与 1985 年相比，草地资源质量评价的草级有明显的下降趋势。因为草群结构趋于单一，产草量受自然条件的影响很大，导致草畜平衡的变化幅度较大。2011 年国家实行草原生态保护政策奖励机制，自政策实施以来，草原生态环境得到了恢复和改善，不仅有效增加了农牧民的政策性收入，还加快了草原畜牧业生产经营方式的转变，对草原生态环境的保护产生了积极作用，取得了阶段性成果。但是与 20 世纪 80 年代相比，目前，草原生态环境的总体水平还没有恢复。总体而言，科左后旗大部分牧区的草地退化状况没有得到根本扭转，草原保护和建设任务依然艰巨，禁牧政策限制了牧区牧业的发展空间，影响了牧区牧民的收入。

科左后旗耕地主要分布在降水较充足的东南部地区。由于家庭种植结构单一，受气候影响，在自然灾害较严重时期，可能会导致农作物减产甚至绝收。同时，农民抵抗风险的能力较弱，会产生较大的损失。在农业生产过程中，由于采取的还是粗放式的经营方式，受管理水平落后、资金投入不足和农产品深加工技术薄弱的制约，农业生产力水平比较低下。总体而言，种植业生产水平还有很大的提升空间。同时，近些年，由于不合理的种植和过度的开发利用，科左后旗耕地沙化较严重。耕地资源和草地资源的沙化，导致了农户自然资本的弱质性，影响了科左后旗农牧系统的耦合。

6.1.2.2　物质资本

物质资本是指农牧民在日常生产经营活动中必须使用的生产生活用具等基础设施。例如，在耕种过程中使用的机械设备、饲养牲畜所必需的棚圈、用来加工饲料的机械等。物质资本是农牧民提高生产能力不可或缺的重要资本，拥有物质资本的数量与质量直接决定农牧民的生计能力水平。近些年，随着科左后旗农牧业经济的现代化发展，农牧业物质资本水平不断提高。但制约科左后旗农牧系统耦合的物质资本依然很薄弱，主要体现在以下几个方面：首先，农牧区棚屋建设缓慢、质量差、畜圈少，抵抗自然风险的能力较弱。其次，缺乏现代化的机械设备，饲草料加工机械化程度低，直接限制了畜牧业的发展和大规模经营。最后，畜牧业是牧民的主要谋生手段，牧民通过扩大牲畜养殖数量来增加收入，而牲畜数量的增加加大了草原生态环境的压力。为了修复和改善草原生态环境，科左后旗实行休牧禁牧政策，休牧禁牧政策增加了牧民饲养的成本，因为为了扩大养殖规模，牧民不得不扩建畜圈和棚舍（见图 6-2）。

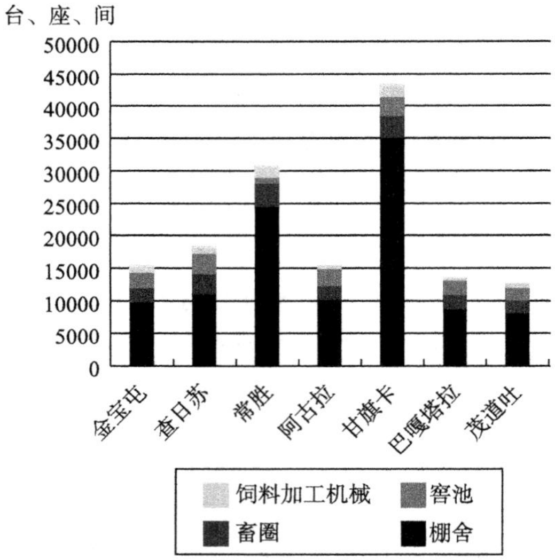

图 6-2　调查区 7 个镇（苏木）农户拥有物质资本情况

6.1.2.3　金融资本

从调研的实际情况看，被调查户的家庭年平均收入在 0~5000 元的有 24 户、5000~10000 元的有 65 户、10000~20000 元的有 85 户、20000~30000 元的有 233 户、30000 元以上的有 81 户。可见，被调查户的家庭年平均收入主要集中在 20000~30000 元，说明被调查户的家庭收入水平偏低。生产生活消费支出在 0~5000 元的有 63 户、5000~10000 元的有 74 户、10000~20000 元的有 248 户、20000~30000 元的有 60 户、30000 元以上的有 43 户。可见，农牧民的消费水平比较低。每年没有获得政府补贴的户数有 0 户，年平均得到的政府补贴在 0~300 元的有 34 户、300~600 元的有 45 户、600~900 元的有 120 户、900 元以上的有 289 户，可以看出，农牧民家庭每年得到的政府补贴较高。认为贷款非常困难的有 198 户，认为贷款困难的有 186 户，认为贷款难度一般的有 81 户，认为贷款容易的有 23 户，没有人认为贷款非常容易。认为贷款非常困难或困难的有 384 位受访者，说明农牧户向银行贷款普遍偏难。没有社保的被调查户为 0 户，有 1 种社保的有 360 户，有 2 种社保的有 116 户，有 3 种社保的有 12 户，说明在调查地区大部分农牧民拥有 1 种社保（见图 6-3）。

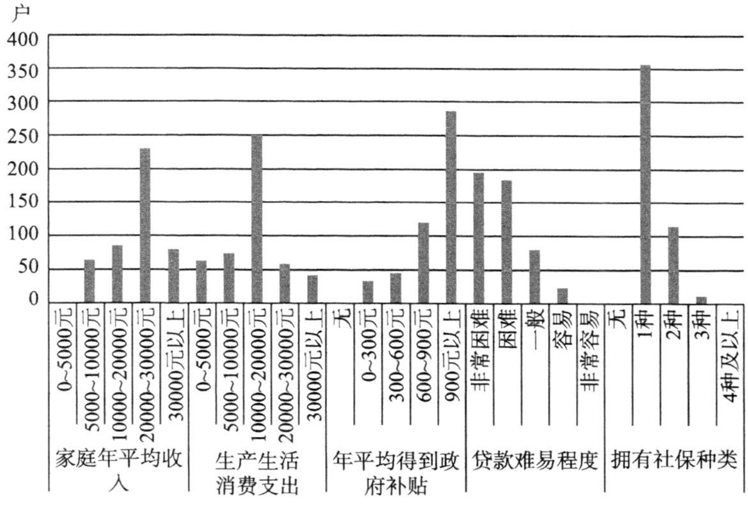

图 6-3 调查区农户金融资本情况

家庭中拥有金融资本的数量直接反映了未来的收入水平。反映家庭收入增长的两个指标是储蓄水平和借贷情况。储蓄水平高和借贷情况好的家庭，家庭收入能力强。近年来，随着中国金融体制改革的日趋完善和成熟，国家为了支持农业农村经济发展，针对“三农”信贷出台了多项金融措施。事实证明，在促进农牧区经济发展和农牧民收入增长方面，以农村信用社和中国农业银行为主的涉农金融机构确实起到了金融扶持作用。实际上，家庭收入水平的变化与家庭储蓄水平的变化是相互影响的。随着农村金融机构对“三农”金融支持力度的不断扩大和农牧民收入水平的不断提高，储蓄水平也将进一步提升。

对于农牧民的借贷情况，尽管农牧民多年来的借贷条件在金融机构的支持下得到了很大的改善，但因为农业属于弱质性产业，自然风险与市场风险并存，具有风险高和收益低的特征，金融机构在服务农牧民信贷方面的信贷收益和信贷风险不对称，金融机构的贷款积极性不高。目前，农牧区金融机构开展的金融业务非常有限，金融服务产品种类单一、覆盖范围有限，许多农村牧区甚至没有金融服务等业务。金融机构在提供信贷过程中，金融供给的数量和还款期限与农牧民贷款的实际需求之间也存在很大的矛盾。农户家庭为了维持正常的生产和生活，主要还是通过私人借款获取资金，这类借款的特点是借贷金额少、利息高、偿还期短。如果农牧民扩大生产规模、组建合作经济组织需要银行贷款时，使用金融服务的力度往往不够。因为这些资金主要用于大型畜牧业的基础设施建设，这类贷款往往需要较长的偿还期限，资金周转缓慢，投资回收期相对较长，而目前金融机构提供给农牧民的贷款多为短期贷款，不符合农牧民的实际需求，阻碍了农牧业的耦合协调发展。

6.1.2.4 人力资本

通过对 488 份有效问卷进行统计计算，从家庭拥有的劳动力看，无家庭劳动力的有 9 户，1～2 人的有 262 户，3～4 人的有 213 户，5～6 人的有 3 户，7 人及以上的有 1 户，可以看出，家庭劳动力主要集中在 1～4 人，有 475 户。从受访者文化程度看，未上学的有 24 户，小学的有 56 户，初中的有 289 户，高中/中专的有 108 户，大专及以上的仅有 11 户，这说明科左后旗农牧民的文化程度普遍偏低，文化程度主要集中在初中文化。从农牧民种植养殖技术掌握程度看，完全不懂的有 112 户，不懂的有 123 户，一般的有 150

户，熟悉的有 63 户，非常熟悉的有 40 户，可见，农牧民对种植养殖技术掌握程度不高，特别是科左后旗东部地区农民对养牛、养羊技术掌握程度不高。从家庭劳动力健康状况看，受访者家庭有长期患病者、残疾人的有 46 户，经常患病者有 71 户，偶尔患病者有 182 户，很少患病的有 172 户，家人都非常健康的有 17 户。可以看出，很少患病或非常健康的家庭仅有 189 户，农牧户家庭健康状况不是很好（见图 6-4）。通过对农牧户家庭劳动力数量、受访者文化程度、种植养殖技术掌握程度及劳动力健康状况的分析，可以发现科左后旗农牧民拥有的人力资本普遍偏低。

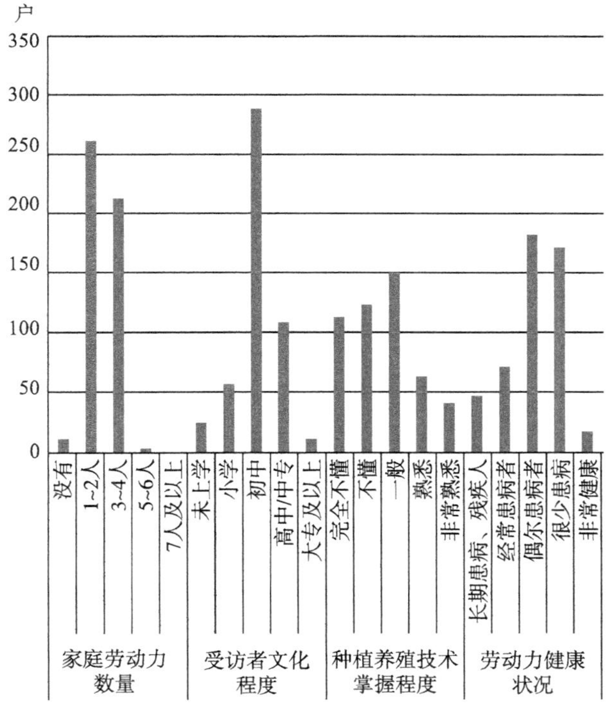

图 6-4　调查区域农牧民人力资本情况

人力资本是影响经济增长和农牧系统耦合的重要因素之一，为此，人力资本的数量和质量在增加农牧民收入、促进农牧系统耦合发展中具有非常重要的作用，特别是人力资本的质量起着关键作用。科左后旗农牧业劳动力的受教育程度普遍较低，大多为初中文化，严重制约了农牧民对新技术的学习和掌握，无法满足用人单位对劳动力的需求。在草原禁牧政策实施后，必须改变畜牧业的生产经营方式，转变为舍饲喂养，但由于文化程度不高，一些养殖户对新技术、新品种、新经营方式的掌握程度不高，在实际生产中也不能很好地应用。在种植业区长期从事种植生产的部分农民对养殖技术掌握得也不是很熟练。此外，农区和牧区的农牧民接受培训再教育的机会严重不足，虽然有短期技术培训课，但是培训内容简单、时间短，农牧民很难真正学到养殖技术。农牧区长期缺乏职业教育，再加上农牧民受教育程度低，制约了农牧系统耦合的发展。

6.1.2.5 社会资本

社会资本在促进农牧业协调发展和提高农牧民生计能力方面发挥着重要作用。社会资本是个人或者家庭在社会交往过程中所掌握的社会资源，主要通过人际网络、人际信任、制度信任、组织网络、互惠规范、道德约束等表现出来。对于缺少其他生计资本的农牧民来说，他们可以通过人际关系网络和组织网络来获取和分配资源，以获得更多的经济资源，提高生计水平。

在牧区，拥有较多社会资本的牧民可以获得更多的社会资源，从而获得更高的收入。相反，社会资本少的家庭，获得经济资源的能力就相对较差。根据调查，科左后旗牧区牧民家庭的社会资本具有以下特点：第一，大多数牧民家庭的社会资本相对较低。西部地区以畜牧业为主，自然环境和交通条件较差，大多地区远离城镇和其他人口聚集地，牧民之间的交往有限，在很大程度上限制了社会资本效应的发挥。第二，牧民家庭的社会资本结构相对单一，与外界的接触主要是邻居之间的交往。遇到困难时，获得帮助的渠道相对单一，主要是邻居之间的互助。对社会资源的掌握和获取相对有限，获取外部信息的渠道不畅通，在一定程度上阻碍了农牧业资源的流动。第三，农牧民对嘎查干部的信任程度不高、参加集体活动的次数少，说明科左后旗农村牧区社会化组织程度低。第四，农牧民间的信任程度、团结程度不高，不利于农牧业发展过程中能量的流动和信息的共享。第五，农牧民保护草原的积极性不高，不利于草原牧区畜牧业经济的发展。因此，社会资本的弱化将会制约科左后旗农牧系统耦合发展①（见图 6-5）。

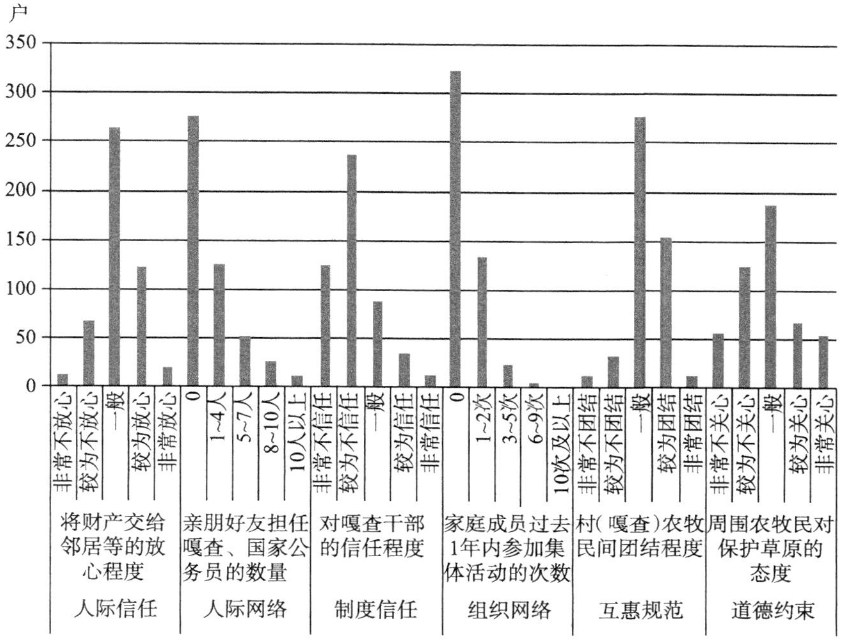

图 6-5　调查区农户社会资本情况

6.2　生计策略因素分析

6.2.1　农牧业经营特征因素

农牧业经营特征因素包括资源禀赋因素和产业链因素，对农户经营特征的分类有利于分析农户的行为选择问题。

① 王海春. 可持续生计资本对牧民收入影响研究：以内蒙古为例［D］. 呼和浩特：内蒙古农业大学，2017.

6.2.1.1 资源禀赋因素

农户在农牧业经营过程中进行模式选择，农户的生产要素投入遵循资源禀赋理论，资源禀赋影响着农户的行为方式。耕地数量多，农户的基本口粮能够得到保证，农户愿意选择种养业结合经营模式；农户饲养牲畜数量多，所需的饲草料数量较多，农户也会愿意选择种养业结合经营模式。

6.2.1.2 产业链因素

农户经营行为的选择种类多样。从横向比较，主要分为两类，即农户选择种植粮食作物和农户选择种植粮食与饲料作物。从纵向比较，农户的种养业结合经营主要体现在产业链的延长方面。选择种植饲料作物主要受政府政策与耕地面积的影响，政策补贴对农户经营模式的改变具有显著影响，政策补贴的数额因地区的不同而不同。①

6.2.1.3 农户社会特征因素

农户社会特征因素主要包括劳动力的年龄、文化程度、数量和家庭财产等因素。劳动力既是农牧业生产的基本要素之一，也是农牧业生产与经营的行为者，还是农牧业经济活动的主体。劳动力质量对农户决策行为的影响表现为：劳动力的文化程度直接决定农户的认知能力与对新事物的态度，影响农户对新技术的接受程度、经营管理水平及生产决策能力等，制约农户农牧业经营模式的选择。农户家庭如果财产充裕，则有利于改变传统的种养业经营方式，选择种养业结合经营模式。

6.2.2 生计模式落后

农牧业生产的宏观格局是由微观农户的农牧业生产方式构成的，从微观农户生计的视角研究目前农牧业生产系统的相悖，不但可以了解草食畜牧业缺乏的原因，而且可以了解农牧业生产系统中各种典型种植业生产系统和畜牧业生产系统的结构和功能。换句话说，从农户生计的视角深入研究科左后

① 王怡然，孙芳，张寒序．“粮改饲”背景下农户种养业结合经营行为实证分析［J］．河北北方学院学报，2018，34（6）：76-81.

旗农牧业生产方式，可以发现种植业生产系统与畜牧业生产系统的耦合情况，为今后种植业生产系统的结构调整提供方法。

由于土地类型和自然资源禀赋不同，科左后旗农户生计模式主要有 3 种：第一种是种植业型，主要包括水稻、玉米和豆类等农作物。第二种是“种植+牲畜自繁自育型”，以种植业为主，繁育少量的牛、羊。在农区或半农半牧区，农民自己饲养少量的牛、羊等牲畜，主要是用自己生产的玉米秸秆、稻草或者其他农副产品作为饲料，特点是生产水平低、生产规模较小。第三种是“畜牧业+为牧而种”。牧民的生计主要靠饲养牛、羊等牲畜，家里也有少量的耕地，但耕地质量较差，耕作的目的主要是为牲畜提供饲草料，而不是产粮。

近年来，在农耕区，农户饲养牲畜的比重在增加，但饲养规模还较小、养殖的技术水平还很低。在草原畜牧区，由于实行了全年禁牧政策，畜牧业养殖主要采取舍饲圈养的形式，饲草料一部分来源于自家耕地的种植，一部分要通过购买获取。由于耕地质量差，农作物副产品数量有限，从自家耕地获取的牲畜饲料远远不能满足畜牧业养殖需求。现阶段，异地育肥这种农牧耦合生产模式规模依然比较小，农户的生计模式主要是自繁自育饲养牛羊等草食牲畜，不能产生规模经济效益。分散的、小规模的养殖，使每个农户的经营利润比较低，有些农户不愿意饲养或只饲养少量的牛、羊和其他草食牲畜，导致整个地区的农副产品资源过剩。因此，草食牲畜相对较少和农副产品相对过剩，是耕种地区植物生产系统与动物生产系统之间的矛盾。农耕地区缺少食草牲畜，导致了耕种地区的种植生产系统与畜牧生产系统之间耦合不完善，构成了耕种地区的种植生产系统与畜牧生产系统之间的矛盾。系统矛盾导致耕地食草牲畜密度分布异常，还导致耕地种植结构不合理。这种系统矛盾也直接造成了农区种植结构调整的障碍。农田生态系统缺乏人工草地和牧草种植，而农田生态系统缺乏人工牧草种植，加剧了农牧系统的矛盾。

科左后旗草原畜牧业养殖区和农耕区实行异地育肥农牧耦合后，能有效地解决畜牧业养殖区牲畜多的问题，对于缓解草地生态平衡、贯彻落实围封禁牧政策都有积极的作用。每年 10 月到次年 5 月在草原畜牧区只保留基础母畜，其余可育肥的牲畜转移到农耕区，就可以实现牲畜的舍饲。采取草地季节性禁牧、划区轮牧等技术措施，既可以实现牛羊等牲畜的繁殖育肥，又能够保持草原牧草的生长；农耕区既可以实现农户生计的多样化、提高农牧民的收入水平，又可以防止不合理种植和过度开垦带来的耕地沙化和水土流失。① 异地育肥农牧耦合是恢复科左后旗生态系统、发展农牧业生产的最佳途径。但是，较小规模的育肥现已成为科左后旗农牧耦合的制约因素。在实践发展过程中可以采取“公司+合作社（养殖大户）+农户”的联合机制，实现公司、合作社、农户三家互惠互利。分散的农户将适合育肥的牲畜交给合作社（养殖大户），合作社利用资金、技术、人才、饲草料资源丰富等优势进行育肥。同时，龙头企业对畜产品进行深加工和销售，有效地降低了农户的生计风险，保护了农牧民的利益，提高了畜产品的质量，实现了农业的产业化经营。

6.2.3 农户的生计策略选择方式

区域自然条件的差异影响农户的生计策略选择，而不同生计的选择又表现出有差异的土地投入。农户在大的农牧交错背景下，形成了半农半牧的生计方式，在西北地区与东南地区自然条件差异的小背景下，呈现出典型多样的生计策略，表现为西北地区以种养结合方式为主，东南地区以玉米和水稻的种植为主。农业是农户主要的生计来源，农户对自然资本的依赖程度高。

第一，自然条件较差区域的农户在结合自然条件的长期耕种过程中，为保证农业生产的正向收益，保持着较低的土地投入集约度，表现为种子、化肥、农药、灌溉投入都比较少。同时，受自身文化程度的限制。从事着与农业相关的兼业活动。而自然状况略占优势区域的农户则从事着更多的经济作物种植和兼业活动，生计风险有所降低。

第二，不同类型农户表现出不同的土地投入情况。西北地区农户的土地投入少于东南地区农户，而在两个区域内家庭收入以种植业为主要来源的种

① 张英俊．农田草地系统耦合生产分析［J］．草业学报，2003，12（6）：10-16.

植型农户和种植兼业型农户对土地的投入均高于其他类型农户，表现出土地利用集约度随种植业收入占家庭收入比例的升高有变大的趋势。

第三，农户特别是自然条件较差的西北地区的农户在耕地利用过程中，实际的耕地面积普遍较承包耕地面积多，存在着或多或少的土地开垦行为，可以看出农户仍然寄希望于广种薄收来抵抗雨养农业的不稳定。此外，农户的种植结构趋于单一化，抵抗自然灾害的能力大大降低，养殖规模又较小，因此受市场影响大。农户抵御风险的能力差，渡过难关的方式多为借款或留存牲畜待价格合适再卖等一些事后策略。

针对以上问题，想要进一步提高农户生计、保护生态环境，必须以减少农户对自然环境的依赖为目标，采取分区、分对象的手段。即在自然条件恶劣、草场资源较丰富的西北地区，发展生态友好型农牧业，落实草场承包责任制，帮助农牧户通过改造草场来支撑家庭养殖业的发展；其次加强种植、养殖技术的培训，并加大农户贷款、农业保险的优惠力度。对于东南地区，应发展以水稻为主的种植业，加强水利设施建设，为种植业发展打造更好的平台；其次适当增加东南地区非农就业的机会，对农户进行培训，提高农户的生计多样性，降低农户对自然环境的依赖。①

6.3　农牧业产业化因素

农业现代化的发展必然要实现农业产业化经营、不断提高农业生产力，创新农业生产方式是农业现代化发展的重要途径。通过农业生产、经营和组织方式的创新，农业产业化实现了融农业生产、加工、销售和相关服务于一体，并将人力资源、技术、资本、管理、信息等要素引入整个农业生产过程，实现农业生产要素的资源整合，可大大提高农业劳动生产率和农业生产效率，极大地促进农业生产力的发展，有效地促进农业生产方式的现代化。

① 杨云，徐艳. 农牧交错区农牧户生计与土地利用问题研究——以内蒙古科尔沁左翼后旗农户调研为例［J］. 中国农业大学学报，2016，21（12）：114-123.

当前，科左后旗农牧业发展正处在由传统农牧业向现代农牧业转型升级的关键时期。通过农牧业产业化的发展逐步推进农牧系统耦合，成为科左后旗农牧业经济现代化的最佳途径。但是，目前农牧业产业化滞后已严重制约了科左后旗农牧系统耦合。

6.3.1 龙头企业数量少、规模小

农业龙头企业的带动作用连接着农业产业化的两端。从龙头企业在产业化过程中的功能作用看，农业龙头企业的规模和在市场中的地位，直接决定了产业化各经营主体的规模和实力，龙头企业的农产品深加工能力和销售能力影响着产业化水平。但从宏观方面看，科左后旗农业企业规模小、数量少，尤其是龙头企业很少，在工业化和市场化面前，企业规模显得非常薄弱，这意味着农业企业拓展市场能力不强，将不可避免地导致每个产业链主体规模变小、驱动力不强，很难为产业链内部成员提供充足的资本、技术和采购服务支持。主要表现在以下几个方面：

第一，很多加工企业共同生产同一种产品，缺少知名品牌，产品的销售渠道单一，市场协调服务能力弱。目前，科左后旗农业产业化发展水平比较低，仍处于初级阶段。农业加工企业始终关注一种或几种优势产品，缺少创新产品，在利益的驱使下经常进行重复建设和生产，导致生产或加工相同产品的本地企业有几家甚至数十家。当市场出现波动时，这些企业就会同时出现经济效益下降，导致亏损甚至倒闭。

第二，生产经营管理方式落后，技术水平低。大多数农业企业深加工技术水平比较低，仅依靠传统技术对农产品进行初级加工，产品的技术含量和附加值不高，大大降低了产品的市场竞争力。一些企业在项目选择时缺乏透彻的市场调研，产品的科技含量不高，无法满足市场需求。缺乏竞争力和发展动力已成为制约农业产业化发展的重要问题。

第三，企业规模小，缺乏做大做强做长的远期规划，影响和制约着企业的发展壮大。通过调查研究发现其中的主要原因是，农业产业化发展水平低，科技含量和产品附加值不高。从对农产品的加工程度上看，大多数农业

企业对农产品的加工停留在初级阶段，农产品转化率不高。其结果是科左后旗农产品在国内外市场上的需求空间小、市场竞争力弱、品牌效益差，限制了企业的发展壮大，影响了整个农业产业化的产业链效益。另外，由于缺乏资金和对技术创新的重视不足，企业过多地关注短期经济效益，许多资源和投资都集中在初级生产加工环节，农产品深加工程度不高、产业链短，[①] 导致多数龙头企业产品技术水平偏低、科技含量低、技术和市场创新能力弱。还有一部分企业缺少现代企业的经营管理制度，管理水平低下，阻碍了其进一步发展壮大。[②]

6.3.2　合作组织发展不完善

农业产业化从本质上讲，是通过企业管理和组织的方式来组织农业生产经营。随着农业市场越来越开放，越来越多的商业资本融合了农业主体法人。农业产业化联合体的构建，将企业、合作组织、农户的利益有效地连接了起来。虽然联合体不是法人组织，但是联合体和各成员的最终目标是实现联合体利润的最大化。因此，从性质上来讲，农业产业化联合体的性质和企业的性质类似，都是以利润最大化为目标。但联合体与其他合作社和家庭农场（牧场）又不同，这也就决定了实力强大的农业龙头企业在构建联合体时要发挥领导带头作用。合作社和家庭农场（牧场）的主体地位是基本要素，并不影响联合体构建的本质。首先，合作社和家庭农场（牧场）不擅长公司股份制的组织和运作方式；其次，市场的主导作用不体现在生产过程和服务过程，而是由需求和供给决定。因此，在建立农业产业化联合体中，农业龙头企业注定要成为领导主体，因为领导者应该是最有实力的一方，容易掌控联合体的资源。农业产业化联合体的构建形式是各个生产要素的整合与合作，农业龙头企业具有资本、信息和市场渠道的优势，家庭农场（牧场）拥有土地和劳动力生产要素，农民合作社具有各种服务配套和中间联系。在各种生产要素中，土地和劳动力是不可或缺的最基本的生产要素，但它们并不

① 樊芸香. 云南省农业产业化经营现状与发展对策研究［J］. 经济视角，2016（6）：116-117.
② 李建玲. 青州市农业产业化经营研究［D］. 淄博：山东理工大学，2018.

是起决定作用的。农业本身所固有的特点的弱质性。随着工业化、市场化的推进，农工、农商之间的碰撞与融合，土地和劳动力生产要素的社会和经济地位依然不高。因此，如果农业产业化联合体生产经营不当，可能会使土地和劳动力生产要素成为资本的附庸。农业产业化联合体的具体经营运作过程是，农业龙头企业负责农产品的加工和销售、农产品标准和规格的开发、市场定位等，从农业产业链的长度来看，龙头企业所占的比例是绝对的。同时，农业生产所需的各种资源通常由农业企业提供。作为农业龙头企业和家庭农场（牧场）的衔接对象，农业合作社对它们的依赖远大于对它们的影响。关于农产品和服务的价格以及农产品的收购价格，家庭农场和合作社在市场中的话语权和谈判力度没有龙头企业大。在具体的实践中，要协调好龙头企业、合作社和家庭农场（牧场）三者的利益关系，最大限度地实现互利共赢，防止因话语权的薄弱导致合作社和家庭农场（牧场）逐渐被边缘化。①

6.3.3 利益联结机制不完善

目前，科左后旗的农业产业化水平仍处于初级阶段，尚未完全建立起与农民的利益联结机制，无法充分反映出对农村经济、农业发展和农民收入的驱动作用。主要体现在以下几个方面：

第一，农业产业化的主要经营方式是“龙头企业+农户”，主要建立在松散的业务关系的基础上。企业在生产前、生产中和生产后为农产品提供的服务不足，尚未建立健全利益共享和风险共担的机制。

第二，合作社发展滞后。农民专业化程度低，组织化程度低，处于产业链的末端，受龙头企业和其他农业经营企业主体的影响大，自身利益无法得到充分保证。

第三，农业龙头企业数量少，实力比较弱。农业龙头企业发展水平不高，缺少资金和技术创新，市场开发能力弱。地方政府也非常重视对龙头企业的扶持，但由于财政资金支持力度非常有限，影响和制约了龙头企业的发展壮大。

① 周国鲲．我国农业产业化联合体的理论与实践研究——以安徽省宿州产业化联合体为例［D］．烟台：烟台大学，2019.

第7章　农牧交错带农牧系统耦合的战略与实践路径选择

7.1　农牧交错带农牧系统耦合的战略

从自然条件看，农牧交错带的主要特点是干旱，水分和热量条件较差，多旱灾、风灾和霜冻；土层薄，土壤贫瘠，肥力下降，丘陵区的水土流失和风蚀化严重；水资源匮乏；等等。从社会经济条件看，地多人少，广种薄收，农机、水利等生产条件差；第二、第三产业不发达，贫困人口众多，县、乡财政困难，缺乏扩大再生产的能力，社会化服务体系不健全；远离中心城市，交通和通信闭塞，劳动力素质差。

实现农牧交错带农牧系统耦合发展，必须尊重自然和经济两个规律，树立科学和系统两个概念，抓住合理利用资源与提高农户生计能力两个重点，整合社会力量资源，依靠科学技术进步，提高整体效益，促进社会经济与生态环境建设的共同发展。

7.1.1　生态优先战略

由自然系统的生态环境、物种、生物学状态、性质和生态过程所生产的物质及其所维持的良好生活环境为人类提供的服务性能被称为生态服务。它不仅为人类提供了食品、医药及其他生产生活资料，更重要的是维持了人类赖以生存的生命支持系统，维持了生命物质的生物地化循环与水文循环，维持了生物物种与遗传多样性，净化了环境，维持了大气化学的平衡与稳定。全面认识农牧交错带的生态服务功能，以生态经济学的规律指导实践，对于实现人与自然的和谐发展具有重要作用。

7.1.1.1 全面认识生态服务功能价值

农业生态系统服务功能的恢复与保持，对区域乃至全球的生态系统服务功能的保持与可持续发展都具有重要的作用。生态系统服务功能一般是指自然生态系统及其所属物种支撑和维持人类生存的条件和过程。人类早就认识到生态系统对人类生存和发展的重要作用，但关于生态系统服务功能的研究始于20世纪70年代Westman提出的“自然服务”的概念及其价值评估问题。到20世纪90年代后期，很多专家和学者针对生态系统服务价值进行了广泛的讨论，并力图通过计算方法的研究，把自然因素归并到生产函数之中，评估资源、生态系统的全部价值，特别是无形服务价值的重要意义及量化问题。

生态系统对维持生命所做的贡献到底有多大价值，从某种意义上讲，是无法估量的。如果没有空气和水的净化，旱涝的缓解，废弃物的去毒和分解，土壤及其肥力的形成和更新，农作物和天然植物的授粉，农作物大量潜在害虫的控制，种子的传播和养分循环，生物多样性的维持，农业、医药、工业关键生产要素的提供，太阳有害紫外线的防护，气候的局部稳定，极端天气的调节和控制，人类多样性文化的支撑，人类审美和益智需求等生态系统生态功能，全球经济很快就会崩溃。但这种“无法估量”在指导制定生态保护政策方面往往等于“零”，因此，需要通过具体的数字来帮助决策者避免破坏良好的生态系统。

目前，国际上对于生态系统服务的研究主要集中在自然生态系统，而对于农业生态系统服务功能的研究较少。中国农业大学高旺盛教授通过对处在农牧交错带的农业生态系统的研究认为，生态系统每年提供的服务价值包括营养循环价值、涵养水分价值、土壤保持价值、氧气释放价值、固定二氧化碳价值、净化环境价值等，其总价值远远超过其产品价值。其中营养循环价值最大，对保持生态系统的稳定有重要意义。但也有专家认为，一个生态系统的社会价值不一定相当于该生态系统各组成部分的经济价值之和，正如一个生态系统可能超出各部分之和一样。生态系统服务的使用价值可以基于市场或人们的市场行为直接或间接量化，但由于非使用价值不会像使用价值一样影响人们的买卖行为，因此非使用价值不能通过市场和人们的经济行为量化。

我国草地面积是农田面积的 3 倍，在地域上位于农田的“上中游”地带。阐明农牧交错带巨大的生态系统服务价值，有利于认识整个农牧交错带内各复杂子系统的能流、物流、信息流及价值流的相互关系和定量转化关系，改变人们“资源和生态系统服务价值是天生的、可以不付代价使用”的传统观念，激发人们保护生态环境的动力，并从国家宏观调控的角度重视草地改良和建设投入不足的问题。

7.1.1.2　全面认识生态系统平衡的重要性

人类在生存和发展过程中不断地从生态系统获取产品，享受生态系统提供的服务，同时也不断地干扰生态系统的产品输出能力。当干扰力超过生态系统的承载力时，生态系统就会退化、受损。农业生态系统既有社会经济系统的基本特征，又有农业生态系统的一些特性，使得农业生态系统的内涵与自然生态系统有些不同。这种双重特性决定了人类活动的干扰对其影响更为深刻。不能简单地依靠自然的力量来维持农业生产，还需要人工辅助能的投入来维持农业生态系统的发展。

农牧交错带内各子系统的能流、物流、信息流及价值流之间存在相互依存的定量转化关系。长期以来，人类为了生存和发展，忽视了对农业生态系统的维持和保护，许多农业生态系统服务功能正日益退化或消失。如日益严重的水土流失、土地荒漠化等问题，就是自然生态系统对人类过度获取资源的警告。只有认识到农牧交错带生态系统的现状与问题，采取科学、合理、可行的生态系统恢复对策，维持农牧交错带生态系统服务功能的平衡，才能为生态—经济系统的可持续发展提供保障。

7.1.1.3　建立保护生态环境的多元化生态补偿机制

党的十九大报告对生态补偿机制的建立提出了多元化的要求，为破解当前政府公共财政补偿面临的困境指明了方向。报告提出了加快生态文明体制改革、建设美丽中国的新战略，并把建立多元化生态补偿机制列为重要内容。生态补偿机制调配着“绿水青山”保护者与“金山银山”受益者之间的利益，成为全面深化改革的重要着力点。农牧交错带作为空间整体性强、地区关联度高的生态系统和经济地域系统，在生态补偿机制的研究和实践方面都比较活跃。建立多元化生态补偿机制是生态补偿政策的改革方向，其目的是通过在政府补偿的基础上增加市场化和社会化补偿手段，改变当前政府公共财政补偿面临的困境，健全生态补偿长效机制。

农牧交错带的经济发展水平和人们生活水平较低。根据人类需求层次理论和区域发展理论，国家和社会在要求该地区发挥生态系统服务功能的同时，应当考虑如何调动当地农牧民的积极性，在保证他们基本生存条件的基础上，不断提高其生计能力，缩小农牧交错带与经济发达地区的差距。因此，必须从当地实际情况出发，建立多元化生态环境利益补偿机制，坚持生态效益和经济社会效益兼顾的原则，把生态环境建设与经济社会发展统一起来。要搞好三个结合，处理好三个关系，即把生产建设与生态建设相结合，处理好经济发展与生态恢复的关系；建设与保护相结合，处理好当前与长远、局部与整体的关系；技术措施与管理措施相结合，处理好资源开发和资源永续利用的关系。因地制宜地探索生态与经济的最佳结合点，做到既保护生态环境，又有利于经济发展。

7.1.2 重点发展草业战略

以恢复和保护受损草地生态系统、建立高效人工草地为基础，人工草地与天然草地相结合，以发展高效草产业、高效低耗饲料业、草食畜牧业为核心，是协调生态和生产矛盾的有效突破口。退耕还林还草、恢复退化天然草地及建立一定规模的防风固沙林、水土保持林，是实现改善生态、发展经济“双赢”目标的有效途径。

7.1.2.1 草业是协调农牧交错带生态—经济发展的关键

农牧交错带这一区域的年均降水量为300~450毫米，总体上看，本底植被为草原，大部分沙地由草原开垦荒化而来。如果停止开垦，一些沙地能恢复成草地。充分利用此区域的水资源和丰富的光照资源，重建沙地生态系统，恢复草地生态系统，是以草地建设为中心的农牧结合型生态农业建设、提高生产力、发展经济并恢复或整治环境的现实途径。

草具有改善区域气候环境、防止水土流失、丰富生物多样性、促进养分的循环与贮存、保障生物量的生产等多种生态功能，是生态—经济协调发展的关键点。草地农业生态系统包括前植物（草地环境）—植物—动物—外生物 4 级生产层，是目前地球生物圈中结构较为完善、功能较为健全的陆地农业生态系统之一，是自然生态系统在人为干预下不断地向农业化方向发展的产物。在草地农业系统中，除天然草地外，人工草地也有巨大的作用。人工草地建设代表一个国家草地农业的综合水平。研究表明，我国西部地区人工草地介入生产系统，可以把日光能利用率提高 30%、水分利用率提高 40%。单一的谷物生产农业系统，将导致农牧交错带土地资源的严重破坏和生产水平的下降。草地农业系统层次多，技术内涵丰富，可以从管理结构、管理层次、管理过程等方面接纳现代科技；尤其是系统耦合将发挥草地农业系统的巨大潜力（任继周等，2000）。因此，农牧交错带草地农业系统相对稳定发展、提高植物生产力特别是草地生产力水平，对于地区发展草地畜牧业、提高农牧耦合系统的整体生产力水平具有重大意义，是人与自然和谐相处的可持续发展模式。

7.1.2.2 优化产业结构，恢复畜牧业的主产业地位

农牧交错带的产业结构是指其内部农、牧、林及加工业的比例关系。而这种结构是在人类的强烈干预下，由单纯的草原畜牧业演变而来的，是在草原畜牧业不断被动萎缩及农业种植业不断扩大的状态下形成的一种动态结构。多年来，由于传统思想观念及政策的影响，重农轻牧，大面积草原被垦为农田。垦后的农田投入低或不投入，缺乏应有的生态保障，致使土壤肥力下降，荒漠化严重，农业生产水平低而不稳。同时，草原面积减少，牲畜数量增加，草原超载打破了草畜平衡，造成了草原严重“三化”（退化、荒漠化、沙化）。随着农业结构调整，20 世纪 90 年代，农牧交错带畜牧业产值占当地

农业总产值的比例有上升的趋势，但畜牧业产值占全国畜牧业产值的比例呈现下降的趋势，说明农牧交错带的畜牧业发展速度仍低于全国结构调整的水平，畜牧业的生产水平有待进一步提高。

农牧交错带作为农区和牧区的交错地带，具有发展畜牧业的自然资源优势。中长期的发展目标是使该区畜牧业产值占农业总产值的比例达到70%以上，并通过大力发展畜牧业，拉动畜产品加工等相关产业发展，增加农民收入，振兴地方经济。尊重自然规律，调整农业产业结构，恢复畜牧业的主产业地位，是实现农牧交错带可持续发展的必由之路。

7.1.2.3 退耕还草是遏制农牧交错带生态环境恶化的重要途径

在农牧交错带，草本植物和灌木比乔木更适应该地区严酷的环境，防止水土流失的效果更好，又能为草食家畜所利用。通过退耕还草，建立人工草地，恢复退化天然草地及建立一定规模的防风固沙林、水土保持林，可以逐步扭转该地区生态环境恶化的局面，真正发挥其对我国农区的生态屏障作用。退耕还草的总体原则是在满足当地居民口粮及饲料用粮的前提下，宜草则草，草林结合。实践证明，在退耕地上种草，建立优质、高效、高产饲草料基地，可以有效缓解农牧交错带的草畜矛盾。

7.1.2.4 建立草场合理利用体系

目前，我国农牧交错带的草场都不同程度地出现超载和退化。为了保护草场，必须建立以合理放牧制度和合理利用方式为主要内容的草场合理利用体系。

第一，在确定合理载畜量的基础上，建立并严格执行季节转场制和分片放牧制。建立“以草定畜”、减少畜牧承载量的草地资源利用制度。根据草场的生长季节特点和类型特点，均衡放牧。

第二，确立合理的畜群结构，改良畜群品种。要“增牛压马、稳定绵羊、限制山羊”，使牛羊头数保持在比较合理的状态。增加母羊比例，淘汰老羊、羯羊。

第三，重视草场灭鼠和治蝗。应坚持群防群治，调动广大农牧民的积极性，从单一依靠药物灭鼠和治蝗向以生物方法为主转变。应重视保护天敌，同时发展草地养禽业，对防治蝗虫也有很好的效果。

第四，发展农区种草养畜。通过封育、补播、补植本地优良牧草改良草场，有条件的地方辅以施肥等抚育措施，对不同类型的退化草地进行恢复和改良，提高其生产力和稳定性，增加牧草的产量并提升其质量。

7.1.3　提高农户生计水平的经济发展战略

农牧交错带农村经济基础差、社会经济结构不协调、人类经济活动不合理是生态环境恶化的主要原因。要解决农牧交错带农业可持续发展中的问题，使地区的生态环境进一步优化，必须把解决当地农民的生计问题放在首位，统筹安排生态环境建设与经济建设，努力提高农民的生计水平。

7.1.3.1　生态建设与经济发展同改善农户生计密切结合

对于农牧交错带来说，农户经济的发展是生态环境保护得以持续的重要保障。生态环境的建设，不可避免地与农户经济发展的需求存在一些矛盾。如禁牧、退耕还林还草，必然导致某些地方农户不能放牧、耕地数量减少，农户既减少了收入，也减少了耕作的时间；封山育林、草场围栏封育后，必须考虑农牧民的生计策略调整问题。因此，在进行生态建设的同时，要切实帮助农牧民开辟生产门路，提高农牧民生计多样化水平，解决生活中的实际困难。在发展大田经济的同时，要注意发展庭院经济；在推动城乡经济建设时，要与环境建设同步规划、同步实施。实施生态家园富民计划，充分利用沼气、太阳能、地热能、风能等自然资源，从根本上帮助农民解决生活能源，改善农牧民的生活和生产条件，有利于加强生态环境治理。

7.1.3.2　调整生产结构，精心培育畜牧业主导产业

正确认识农牧交错带自然生态系统的环境承载力，农业的生产活动必须与自然环境的承载力相适应。针对不同地区的气候、土壤、地貌和植被等，因地制宜地调整种植业内部以及种植业与牧业、林业间的结构关系。以生态经济利益协调为核心，改变当前单一的种植方式，发展多样性和多层次

性、适应市场需要、经济效益高的农业，促进农、林、牧、草合理发展。

从农业内部的产业结构看，畜牧业比例过小且不断下降，种植业中经济作物的比重偏低，优质作物和品种较少。合理利用土地，由传统的重粮轻牧或过粮过牧，转变为以发展草食畜牧业和特色农业为主，逐步形成具有市场优势的特色产业。丰富的畜产品、地区特色作物和生物资源将使农畜产品加工业成为农牧交错带未来的主导产业之一。

7.1.3.3 加快产业融合，促进农户生计多样化

（1）以农畜产品加工业为龙头带动产业结构调整

通过引进畜产品、药材、建材、果蔬加工高新技术，以市场为导向，以加工为龙头，建立“种植—养殖—加工—储运—营销”一体化经营的多元化产业结构。农产品结构的调整应根据市场和加工的需要进行，避免盲目性。通过农畜产品加工业的发展，建立具有区域特色的模式和样板，实现联合性的集约化、规模化、产业化的生产治理模式和农工商一体的治理开发模式。发挥耦合效应，提高综合经济效益，促进农牧民增产增收。

（2）以商贸为纽带完善市场经济体系

发挥农牧交错带联系牧区与农区的纽带作用，建成北部牧区牲畜的育肥带和初级产品的中转市场。各地应根据本地区的特点，扶持和培育适应不同需求的专业农牧市场或工业市场（肉牛、奶牛、基础母牛等市场），建成全区乃至全国的集散中心，以促进商贸活动、活跃农村经济。政府要为农贸市场的良性运行创造环境，加大宣传力度，挖掘市场信息，实现“政府搭台、金融保证、商家唱戏、农牧民增收”。

（3）以农牧业产业化促进生计策略多样化

长期以来，农牧交错带向外输出的大多是初级农畜产品，不仅产品价值低，而且难以形成大规模生产。必须打破传统的小农经济模式，扶持龙头企业，延长农产品加工链条，发展农畜产品深加工，实现产业化经营，拓宽农牧民增收渠道，加快农牧民生计策略调整，为农牧民增收提供条件。农畜产品的产业链长，切入点多，加工增值的比较效益高，制定政策吸引有实力的企业到当地投资办企业是完全可能的。农产品加工增值是农牧交错带地区农

牧业可持续发展、农牧民增收的重要途径。①

7.2　农户生计视角下农牧系统耦合的路径

通过对农户生计、农牧系统耦合、农牧系统耦合的制约因素的分析可知，科左后旗农户五大生计资本整体比较稀缺，其中人力资本和金融资本较为匮乏，自然资本、物质资本和社会资本相对丰富，农户生计资本单一且配置不合理，导致农户生计脆弱性高。选择从事农业生产的农户家庭自然资本和物质资本都比较丰富。提高农户生计多样性和兼业化技能水平，不仅可以有效解决农户生计脆弱性问题，还可以提高农户抗风险能力，有效减少农业生产对生态环境的破坏，从而减轻生态环境的压力。

科左后旗具有显著的半农半牧的经济特点，是我国重要的粮食产区和畜牧业生产基地，已形成了从种植业到半农半牧的东西向农业布局。科左后旗拥有草地、林地和耕地等多种土地类型，为科左后旗的农牧系统耦合和农业生产系统的升级提供了良好条件，为地区依托畜牧业发展多种特色经营和提高农牧业生产水平提供了可能。本章根据科左后旗的现有经济基础和自然条件以及被调查户的不同生计类型，分别制定了适宜的农牧系统耦合发展路径。

7.2.1　生计资本视角

农业种植与草原畜牧业之间存在着相互促进、相互影响、相互制约的关系。从生计资本的视角来看，农区拥有造价低廉和丰富的饲草料资源，牧区拥有较多的畜牧资源，因此，要利用好农区饲草料资源丰富和牧区畜种资源丰富的优势，进行农牧系统耦合。在一些生态环境较差的种植业地区，可以进行退耕还草，从事畜牧业养殖。种植业区和牧区不同子系统之间的物质和能量交换构成了农牧系统耦合的基本条件。但是，种植业区和牧区的农牧系

---

① 陈建华，魏百刚，苏大学. 农牧交错带可持续发展战略与对策［M］. 北京：化学工业出版社，2004.

统耦合并不是自发而积极地完成的，农牧系统耦合的构建需要一定的耦合键。科左后旗应将“牧区繁殖，农区育肥”或者“农户繁殖，合作社育肥”作为农牧系统的耦合键。通过实施“农户+种养合作社+产业化联合体”的耦合模式并利用制度安排和人为控制来优化耦合系统，促进农牧业的可持续发展和农牧民的稳定增收。

农业种植区有大量农作物秸秆和农业副产品，可作为牧区的牲畜饲草料。在牧区，随着饲养牲畜头数的增加，对饲料的需求也相应增加，因此，可以采取“牧繁农育”的模式将牧区的幼崽牲畜转移到农业种植业区进行育肥。充分利用农牧交错区丰富的土地资源和畜草资源，加强科左后旗农牧系统的耦合，在适合畜牧业发展的地区进行畜草的种植，调整农业种植结构。通过种植优质牧草，不仅可以解决冬春季饲草的问题，还可以进行短期育肥，提高牲畜的肉产量，大大提高经济效益，对改善草原生态环境、促进农牧业良性耦合发展具有重要意义。

7.2.2 生计策略视角

7.2.2.1 农户种养结构调整视角

（1）种植业

农牧交错带农业资源及其地域变化差异显著，具有发展特色农业的优越自然条件。许多土特产品，如杂粮、杂豆、中药材、薯类、肉用牛羊等，多为我国传统的保健食品原料作物或出口产品，在国内外市场享有较高声誉。围绕以特色产品和无公害种植业开发为结构调整的主要方向，实行“为牧而种”的种植业调整战略，改变过去种植业与畜牧业分离的结构状态。在调整畜牧业结构的基础上，按照农牧耦合系统的生态—经济关系，合理确定种植业规模和结构，是该地区建立保护性农业系统的重要出路。发展以畜牧业、草业、种植业生产为主体的多种生产方式。

农牧交错带有优越的自然条件，如光照充足，有利于果实成熟和着色；昼夜温差大，有利于物质的积累和转化；风沙土透气性好，春季土壤升温快，有利于根系生长；夏秋气候干燥凉爽，不易发生病虫害；农药使用较少，提高了商品的“绿色”价值。同时，本区工业发展滞后，远离大、中城市，农药、化肥等化学物质投入较少，甚少有现代工业污染，为发展绿色农产品生产提供了有利条件。

从气候条件看，温度和水分条件有利于一些耐旱、喜凉作物生长，而光照充足和温差大又有利于这些作物的高产和优质。从土地条件看，部分地区可发展节水灌溉，建成高等田后，土壤水分、养分状况可显著改善，实行精耕细作和集约化经营，可以建成相对高产稳产的基本农田。随着全国性种植结构的调整和地区退耕还牧的进展，对种植业的发展也会提出新的要求。

第一，以特色产品和无公害种植业开发为发展方向。应抓住退耕还林还草的大好时机，大力发展饲料（草）作物，加快种植业结构由粮经二元结构向粮经饲三元结构转变。

第二，大力发展人工饲草业—舍饲畜牧业。发挥农牧交错带农业生态系统的耦合效应，充分利用当地的资源优势条件，大力发展有地方特色的农牧产业，建设以人工草地—饲料地为基础的舍饲畜牧业基地，恢复畜牧业在农牧交错带的主产业地位。这样，不仅可以恢复绿色覆盖度，大量育肥草原牲畜，还可以减轻对草原的压力，带动农牧交错带第二、第三产业发展，从而形成畜牧业生产与加工的新的经济产业带。其中，建设人工草地、推行新型畜牧业经营管理模式、促进天然草场改良复壮是农牧交错带地区发展畜牧业的重中之重。

第三，实施草田轮作。目前，农牧交错带种植业中作物品种单一，以粮食作物和经济作物为主，饲料作物虽有种植但面积不大，基本上是“二元”或“弱三元”种植业结构。伴随着大面积的退耕还牧还草，退耕地上大力发展人工种草，建立优质高产饲料基地，并与农田作物品种结构配合，实施草田轮作，使土地得以休养生息。通过农作物与豆科牧草草田轮作，可以显著提高土壤肥力，在保证作物总产量不减产的情况下，又获得了大量优质豆科牧草，减缓了草畜矛盾，因此，在农牧交错带实行草田轮作，是该区域维持和提高土壤肥力、确保农业可持续发展的一种成功模式。

发挥草田轮作的耦合效应，压缩粮食面积，变粮经二元结构为粮经饲

（草）三元结构；建立“油草混播”“麦草混播”人工草地，发展农区种草养畜。

（2）畜牧业

畜牧业发展的思路是：合理利用资源，以草定畜，控制数量；调整养殖结构，改善条件，提高效益；加大科技投入，推广技术，优化品质；发展产业化经营，增强畜产品竞争力。

第一，科学合理利用草业资源发展畜牧业。农牧交错带的畜牧业应该以保护生态环境为基础，同时要科学合理地利用草业资源，发挥宜农宜牧的自然资源优势，发展饲料（草）种植，缓解牲畜对自然草场的压力，统筹安排，合理确定载畜量。在国家实施退耕还林（草）、治理水土流失、草场围栏封育项目的过程中，发展畜牧业的饲料（草）要特别重视利用农作物秸秆和人工种草。对围栏封育的草场，制定合理的轮牧周期，将保护环境与合理利用资源结合起来。发挥农牧交错带农区与牧区的优势，异地育肥是实现牧区与农区的经济互补、建立农牧耦合的良性机制的成功试验。

第二，调整养殖结构，提高饲养水平。突破传统单一的养殖结构，形成“立草为业”大力发展草食肉畜的战略格局；调整畜群结构，优先发展肉牛、肉羊商品化生产基地；适当压缩传统粗放的脂肪型猪、散养鸡饲养量，促进其向集约化、产业化发展。

加强畜牧技术推广服务体系建设，加大畜禽疫病防治的力度，实行科学饲养管理。将放牧为主改为舍饲为主，充分利用现有农作物秸秆资源，推广青贮、氨化、碱化，并广贮牧草、树叶，努力提高精饲料资源的利用效率。引进推广牲畜育肥技术，推广羊羔当年育肥出栏技术，降低牲畜冬季存栏数。科学防治鼠害、蝗虫、雪灾等，减轻自然灾害造成的损失。

第三，提高畜产品质量，走产业化经营之路。依靠持续有效发展，走产业化经营道路，提高产品市场竞争力。国外的畜牧业往往是现代化的经营组织形态。我国畜牧业在价格、质量和品种上与之相比存在差异，根本原因还是我国畜牧业的发展长期以来以分散经营为主，没有形成一个集约化、产业化的畜牧业组织形态。在产业化和持续有效发展思想的指导下，我国的畜牧业应加快组织产养、产供销、科工贸一体化经营，建立一大批“双高型”高科技投入、高效益产出的新型畜牧业企业。

按照国际标准以及世贸组织规定，我国应制定和实行具有权威性的检疫标准体系，加强检疫工作，提高我国出口畜产品卫生检疫水平。在畜牧生产过程中，要加强对生产环境、生产过程、加工工艺的环保监测，保证我国出口畜产品符合无污染、安全、卫生和营养标准。同时，扩大牧草种子繁育基地，扶持龙头企业，带动畜牧业发展。

7.2.2.2　农户参与产业化视角

受农户生计资本的约束，科左后旗农户以家庭为单位的畜牧业养殖规模较小，因此，需要将分散的、小规模的养殖户与专业化较强、规模较大的合作社、龙头企业或者产业化联合体有机地结合起来。根据资源禀赋条件，可以在种植业区组建畜牧业饲草料合作社、畜牧业育肥合作社、畜牧业养殖技术指导合作社等，以解决畜牧业规模化小、技术水平低、产业化程度低和市场准入难等问题。内蒙古自治区自 2003 年开始实施草原禁牧休牧政策，政策实施后草原生态环境得到了一定改善，但也加大了牧区牲畜的饲养成本，减小了牲畜的饲养规模。因此，可以分别采取合作社、家庭农场（牧场）、龙头企业带动等模式，促进农牧系统的耦合。具体办法如下：

（1）“农牧户+合作组织带动”模式

合作组织带动模式是指在农民自愿、平等协商的基础上，成立专业合作社、协会等经济组织。合作经济组织的形式多种多样，但本质上都是为合作成员提供有关生产、加工、销售、技术和市场的信息，在农业产业化过程中提供产前、产中、产后等相关服务，鼓励和引导农户参与市场的分工和协作，实行专业化、规模化、标准化生产。合作经济组织一般是由乡村能人发起和建立的。合作经济组织为组织成员提供免费的种植养殖技术指导以及农畜产品的统一销售服务。该模式可以有效地减少生产过程中的盲目性，增强农户抵御市场风险的能力。

（2）“农牧户+家庭农场（牧场）带动”模式

“生产+销售”的形式是家庭农场（牧场）带动的主要发展模式。这些家庭农场（牧场）将第一产业、第二产业和第三产业整合在一起，形成强大的生产、加工和销售能力，并直接将产品销售到市场上，实现了家庭农场（牧场）与市场之间的直接连通。家庭农场（牧场）通过与农户签订合同，将土地、人力、设备、技术进行资源整合以不断扩大其规模，并引进工业技术，加工农畜产品，增加产品的附加值。这种模式实现了农业资源的整合和高效配置，有力地促进了内部分工与合作，实现了农业的多元化经营，降低了市场风险。

（3）“农牧户+龙头企业带动”模式

农业产业化发展的重要因素就是龙头企业带动。通过签订合同，农业龙头企业和农户共同参与到农业生产中。农户根据农业企业订单或市场需求进行农业生产，农业企业凭借自身的技术、管理经验、设备等优势为农民提供生产服务，待农产品收获后，企业统一采购、加工并销往市场。该模式能够使企业与农户的利益联结在一起，分散了农户的风险，提高了农业生产的效率和效益，实现了农业产业化经营。农业生产方式的两个决定性因素是社会生产力和生产关系。生产力决定生产关系，发展现代农业生产方式必须大力发展农业社会生产力，调整农业生产关系。生产关系反作用于生产力，农业产业化通过规模化、专业化、标准化生产，提高了农业社会生产力水平。农业生产的组织化、专业化、产业化有效地促进了农业生产关系的优化和提高，从根本上为农业生产方式的现代化奠定了坚实的基础。

农业现代化的必由之路是农业产业化经营，实现农业产业化经营必须建立健全农业产业化生产组织。通过发展和改善现代农业生产组织形式，促进农业生产规模化、技术设备现代化和劳动者生产技能的提高。在这一过程中，要发展现代农业劳动交换形式，实现农业资源配置的市场化，促进农业生产方式的现代化。从总体上看，不同的产业化管理模式在一定程度上促进了农业产业化的发展，但是，在不同的产业运行方式下，农业生产方式的现代化发展水平存在差异。在农业产业化经营模式下，如果农业经营主体更完善，那么农业生产方式现代化的整体发展水平也将更高。①

总之，无论哪种合作经济组织模式，都是连接农户、龙头企业和市场的桥梁和纽带。农业现代化的发展离不开农业合作组织的现代化，农业合作组织对农业生产方式现代化的影响主要体现在两个方面：首先，农业合作组织可以将农户家庭中分散的、小规模的土地整合到一起进行集约化、规模化、专业化生产，不仅能有效降低交易成本，还可以规避市场风险，从而实现产业化经营、现代化种植养殖，增加农民收入，提高农业产出效益。其次，在当今的市场发展中，个体农民没有应对市场风险的能力，不能保证其经济地位和经济利益。农业合作组织可以联合所有会员，与企业和收购方进行对话，摆脱单个农民话语权不高的局面，提高农民从事农业生产的积极性，促进乡村振兴发展。

7.3　农牧系统耦合的实践路径形式

7.3.1　种植业户农牧系统耦合的路径选择

7.3.1.1　农户生计策略现状

种植业区主要分布于科左后旗东部和南部，包括查日苏镇、金宝屯镇、常胜镇等地。这些地区农民的生计策略主要是种植作物，如玉米、水稻、豆类、花生等粮食经济作物，这也是家庭收入的主要来源。种植豆类、花生容易使土地沙化、肥力下降，而农户为了保持地力一般会选择隔年种植的方式。在农闲时节或自然灾害严重之时，有些劳动力外出打工。由于灌溉农业基础设施薄弱，粮食产量受降水影响较大，一般年份玉米产量在 500~600 千克/亩，如果遇到干旱年份，产量一般是 150~200 千克/亩，甚至颗粒无收。在调研区的查日苏镇、金宝屯镇、常胜镇，水资源较丰富，降水量也较大，并且

① 殷宪臣．产业化经营视角下农业生产方式现代化变革研究［D］．曲阜：曲阜师范大学，2018．

适合种植水稻。水稻属于旱涝保收型作物。相对而言，东南地区的粮食产量较西北地区更稳定。因此，东南地区的种植型农户明显比西北地区多。为了增加家庭收入，少量农户养殖牛、羊等牲畜，但数量较少、规模不大。同时，该地区农户兼业类型较多，多选择开杂食店、卖化肥、开修理店，或有一些工资性收入，表现出比西部、北部地区更多样的生计策略。

7.3.1.2　农牧系统耦合的路径形式

（1）“畜牧业+种植业+加工业”耦合路径

从事种植业生产是科左后旗东南部农户的主要生计方式。种植业的生产能够为牲畜提供饲草料和农副产品，同时，发展畜牧业能够产生大量的粪便等排泄物，为耕地提供肥料。含油作物、果蔬等初级产品的生产加工过程中还会产生大量的皮渣废料，若能将这些废料进行循环利用，实现种植业、畜牧业和加工业三者的有机结合，就可以形成“生态种植、产品加工、生态养殖、有机绿肥、生态种植”的良性循环。“畜牧业+种植业+加工业”耦合路径如图 7-1 所示。

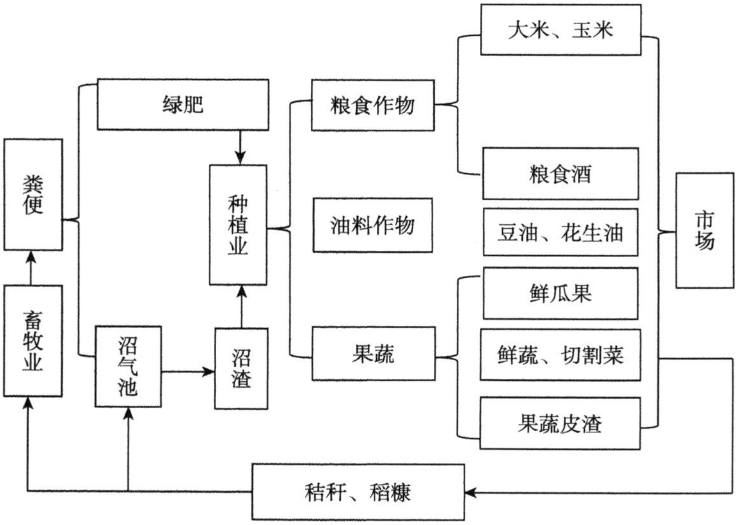

图 7-1　“畜牧业+种植业+加工业”耦合路径

由图 7-1 可知，此耦合路径主要可分为三个平行的子循环：第一个子循环是畜牧业的养殖能够产生大量粪便作为农作物的绿肥，绿肥作为种植业生产所需的肥料进行还田，进一步促进种植业的发展。食品加工业的原材料主要来源于种植业，通过对农产品进行深加工，食品加工产品投放到市场，而加工过程中产生的农副产品可以作为牲畜的饲料进行畜牧业的养殖。第二个子循环是将沼气池中水果和蔬菜皮残留的沼气残渣返回田间，并返回到种植系统，增强土壤肥力并提高单位面积的产量。第三个子循环是“畜牧业—粪便—沼气、沼气残留物—种植业—加工业—畜牧业”循环。通过这些子循环，将畜牧业、种植业和加工业结合起来。废物的回收利用可提高资源利用效率并提高土壤肥力。与此同时，加工和生产环节集成在一个完整的产业链中，既节省了成本，又增加了收益。①

（2）“畜牧业+粮食加工业”耦合路径

科左后旗的东部以种植业为主，玉米和水稻产量较高。对产品进行深加工是延长产业链、优化产业结构、增加产品附加值的主要表现，也是解决“三农”问题的重要举措。例如，玉米可以制作成酒精、玉米胚芽粉、玉米蛋白粉、酒精胚芽粉饲料、玉米皮喷浆、玉米皮、麸皮等。作为主要粮食作物，玉米在商品市场上一直是种类繁多的品种。除了最基本的农业种植以及作为主要的食品和饲料加工之外，还可以使用物理、化学方法和发酵工程以及其他技术对玉米进行深加工。生产出的产品有玉米淀粉、变性淀粉、玉米蛋白粉、玉米淀粉糖、食用酒精、燃料乙醇、谷氨酸、赖氨酸、聚乳酸、木糖醇、蛋白饲料、纤维饲料等上千个品种。通过玉米深加工制作出的产品，被广泛用于纺织、食品、医药、汽车、材料等行业。收割玉米时可产生大量秸秆，秸秆通过加工粉碎可以制作成饲料。另外，玉米在进一步加工的过程中将产生玉米皮糠、二次粉末和其他副产品，在酿酒过程中又会产生酒糟等副产品，这些副产品可以作为牲畜的饲料。在畜牧业养殖过程中，牲畜又会产生一些粪便，可以通过追肥将粪肥返回田间，反过来又促进了玉米的

① 樊胜岳，琭婧，韦环伟. 西藏地区沟域经济系统耦合模式研究［J］. 西南民族大学学报，2009（1）：72-77.

生产，并形成良性循环的“畜牧业+粮食加工业”耦合路径（见图 7-2）。

在“畜牧业+粮食加工业”耦合路径下，各种由玉米制成的产品直接销售到市场中。在玉米深加工过程中，玉米糠等副产品直接转化成为畜牧业养殖所需的饲料，而收割时所留下的秸秆，经过隔离空气和青贮饲料的发酵后，在进行无菌化处理的同时产生有机酸，可以全年实现绿色饲料的均衡供应，促进牲畜育肥，提高牲畜产量。与此同时，牲畜的代谢产物可以用来生产绿肥和沼气，沼气残留物和绿肥返回田地，以促进粮食作物（如玉米）的生产。

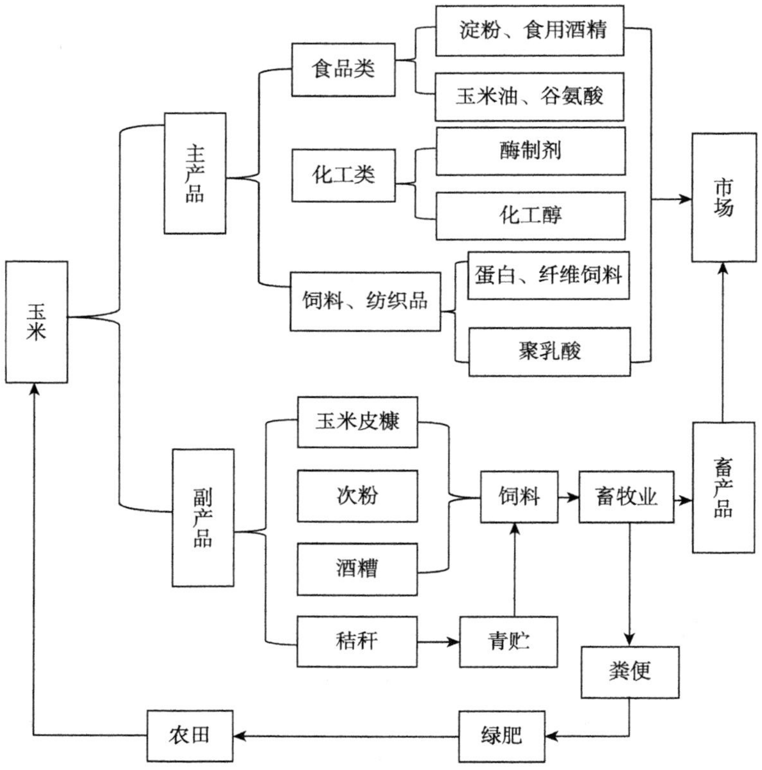

图 7-2　“畜牧业+粮食加工业”耦合路径

7.3.2 畜牧业养殖户农牧系统耦合路径选择

7.3.2.1 农户生计策略现状

畜牧业养殖户以种植业为辅，通过扩大养殖来提高生计，种植是为了给牲畜提供饲料，养殖规模一般在牛 6 头、羊 20 只左右，人均毛收入在 2 万元以上，其中约 60%来自畜牧业养殖收入。调研中畜牧业养殖区主要集中在中部和西北地区。

整体来看，牧户生计策略较单一，这与该地区地理位置、交通便利程度、信息是否闭塞、土地是否辽阔有直接联系，而对于农户而言，养殖业相对于种植业占用劳动力的时间长，因此，从事畜牧业养殖的家庭一般无暇再从事其他生计活动。

7.3.2.2 农牧系统耦合路径分析

（1）畜产品加工业耦合路径

畜牧业养殖区畜产品丰富，因为牲畜养殖会产生大量的肉类、奶类和皮毛等主产品，内脏、骨骼、血等副产品，以及代谢产物等废物。大力发展畜产品加工能够带动畜牧业的发展、促进农牧业产业结构的调整和优化。畜产品加工业耦合路径如图 7-3 所示。

（2）“畜牧业+种植业+设施农业”耦合路径

该耦合模式主要是在畜牧业养殖区的部分地区实行，这些地区由于耕地质量较差，粮食产量比较低，可以种植一些农作物，为畜牧业养殖提供饲草料（青贮饲料），从而大规模地养殖牛、羊等牲畜，实现种植业与畜牧业的耦合，最终实现整个生产系统的良性循环与高效转化。“畜牧业+种植业+设施农业”耦合路径如图 7-4 所示。

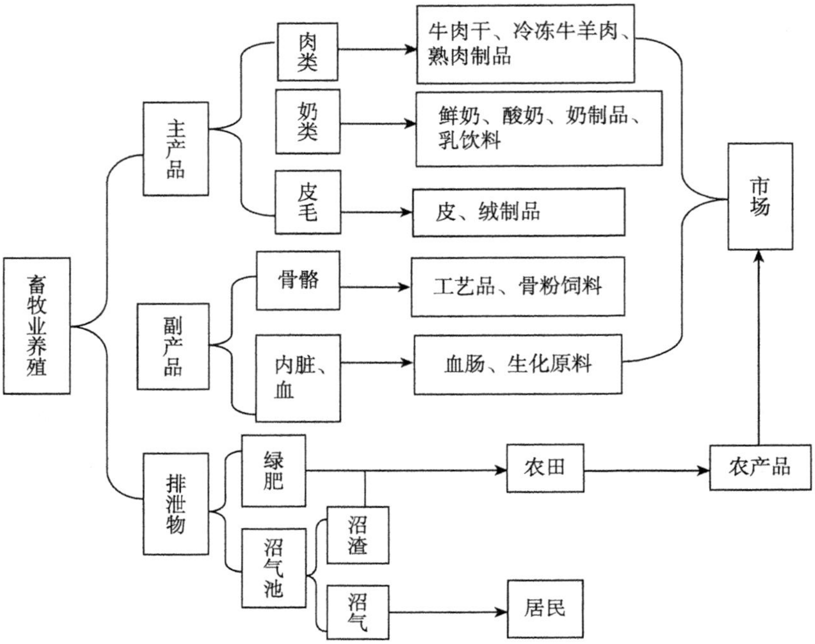

图 7-3　畜产品加工业耦合路径

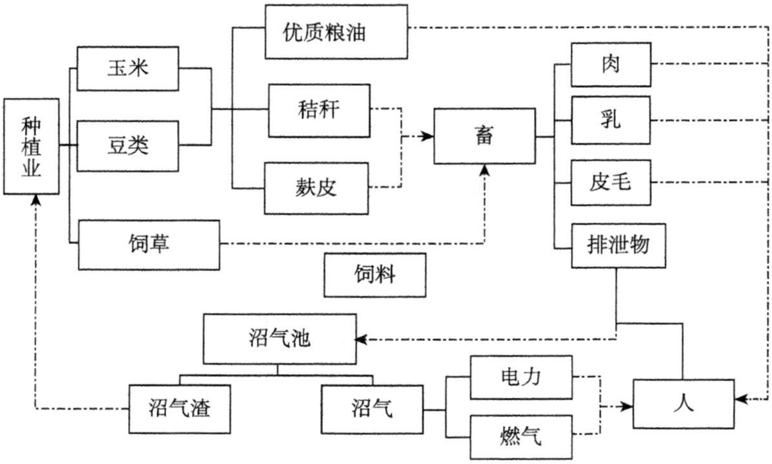

图 7-4　“畜牧业+种植业+设施农业”耦合路径

7.3.3　农牧业兼作户农牧系统耦合路径选择

7.3.3.1　农户生计策略现状

农牧兼作区农户以养牛和羊为主。在调研时，当咨询农户是种植业收入稳定还是养殖业收入更稳定时，大部分农户都认为种养结合的收入更稳定，因为种养结合降低了家庭面临的自然风险，可以使农牧资源得到循环利用。另外，由于市场信息不确定，农产品价格受市场波动影响大，与靠天吃饭的粮食作物生产相比，实物形态的畜牧业养殖会给农户带来更大的安全感。同时，该地区农户兼业类型多为倒卖牛或扎秸秆、收玉米，大多没有脱离农业相关活动。

7.3.3.2　农牧系统耦合路径分析

农牧业资源丰富的地区，要充分利用其地理和资源优势，对其有竞争力的产品进行深度开发，以带动当地的经济发展。农牧业资源丰富的地区，农户的生计策略可调整为"畜牧业+蔬菜种植业"的小规模庭院经济，也可以发展农牧业产业化联合体形式。

（1）"畜牧业+蔬菜种植业"耦合路径

设施农业主要是使用温室大棚生产无公害蔬菜。沼气设施从安装到运行需要大约 3 年的时间。使用后，将采取蔬菜和沼相结合的形式，在沼气池外部建造一个温暖的棚屋，并在棚屋内种植蔬菜。由于阳光充足，棚屋温度较高，可以为沼气池提供保暖，因此，一年 12 个月都有沼气产生，沼气残渣也可以施肥。如此一来，利用农民的院子、农田或农场，可以使牲畜棚、沼气池和温室大棚的能量形成一个封闭的循环，合理地配置物质流和能量流交换，从而实现"产气与积肥同步，种植与养殖结合"的良性循环（见图 7-5）。

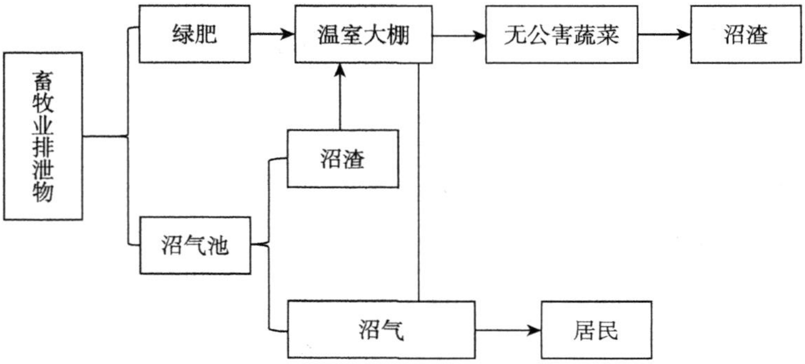

图 7-5 “畜牧业+蔬菜种植业”耦合路径

（2）农牧产业化联合体耦合路径

利用科左后旗甘旗卡镇周边交通方便、市场条件好的农牧业资源优势，整合工业资源优势，培育壮大龙头企业，积极发展农牧民合作社组织，培育和发展家庭农牧场，培育创建产业化联合体，实现产业结构优化和升级。其可行的产业优化发展模式如图 7-6 所示。

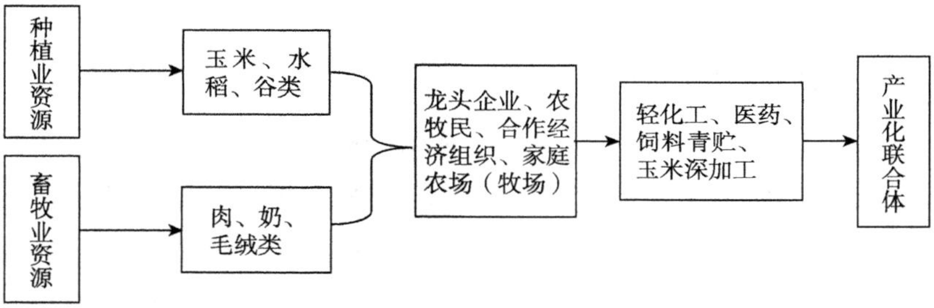

图 7-6 农牧业产业化联合体耦合路径

第 8 章　农户生计视角下促进农牧系统耦合的对策

8.1　自然资本

8.1.1　整治农村土地资源

农村土地整治对提升农户生计资本、促进农户生计策略选择、改善农户生计结果具有积极的作用。农村土地整治能够加强农业基础设施，保护耕地质量、数量和生态，调整土地利用结构，促进城乡协调发展，对解决农户生计问题、促进农户脱贫致富具有显著的作用，是助力国家乡村振兴战略的重要途径。单一的农村土地整治对农户生计资本的提升有限，应该大力推广以乡村振兴为目标，重点推进农村产业融合发展，涵盖农用地、农村建设用地、未利用地等在内的区域性、综合性农村土地整治。农村土地综合整治以土地利用总体规划和土地整治规划为依据，加强农田基础设施建设，改善农业生产条件；通过农村建设用地整治，整治“空心村”、废弃宅基地，与城乡建设用地增减挂钩政策相结合，加强农村基础设施建设，改善农村居住环境和生活环境。

与传统的政府主导模式相比，农业经营主体主导模式在农村土地整治项目的规划设计、工程建设质量、工程后期管护等方面更有优势，对农户生计资本的提升作用更大，更能促进农户生计策略向农业规模经营和非农化生计策略转变，更能改善农户生计结果。而当前，我国农村土地整治项目的实施仍以政府主导模式为主，农业经营主体主导模式特别是新型农业经营主体主导模式的实施数量还非常有限。因此，应积极创新农村土地整治实施模式，逐渐缩减政府主导模式的农村土地整治项目，在政府资金扶持、税收优惠、用地政策等方面，鼓励和引导农业产业化龙头企业、农民组建的农业生产合作社、家庭农场等新型农业经营主体参与农村土地整治，全面推广、扩大农业经营主体主导的农村土地整治项目实施规模。

农村土地整治模式的实施，不能千篇一律、生搬硬套，各地都应该结合实际情况，选择合适的农村土地整治模式。具体而言，应坚持以下原则：第一，农村土地整治应立足于现代农业发展。要促进农村土地流转、农村土地权属调整与农村土地整治的耦合度，在此基础上配套完善农业和农村基础设施，促进农业适度规模经营，提高农业生产效率；要充分挖掘地方特色，发挥各地的资源优势，围绕特色产业开展农村土地整治，使农村土地整治服务于各地特色产业的发展，促进整治区产业融合发展，最终达到促进农村产业兴旺、改善农户生计的目的。第二，要整合政府各类涉农资金项目。目前政府涉农资金项目分属于国土、农业、财政、水利、交通等政府部门，分散投资，分散管理，在解决“三农”问题中没有形成合力，整体效果不明显。有些地方的农村土地整治项目（如恩施黄金洞项目和万寨项目）整合了政府各类涉农资金项目，以农村土地整治为平台，创新实施“土地整治+”的政策，将土地整治与美丽乡村建设、城乡建设用地增减挂钩等相结合，充分发挥了各类涉农资金的综合效应，最大限度地改善了农户生计。第三，要突出农民权益主体本位，引导和鼓励农民全程参与整治。农民是农村土地整治项目的直接受益者，具有发言权，不论是政府主导模式还是农业经营主体主导模式，农村土地整治都应该拓宽农户参与的渠道和途径，鼓励农民全程参与农村土地整治项目，以提高农村土地整治项目的综合质量，最终改善农户生计。①

---

① 许玉光. 农村土地整治对农户生计的影响研究——基于湖北省天门、潜江、恩施的实证分析［D］. 武汉：华中农业大学，2018.

8.1.2　完善牧区草原确权制度，优化生态奖补机制

2008 年经济危机之后，联合国提倡绿色凯恩斯新政和绿色经济发展模式。2013 年习近平总书记提出“我们既要绿水青山，也要金山银山。而且绿水青山就是金山银山”，指出了自然资本的重要性。投资和保值增值自然资本成为恢复经济增长和未来经济发展的新目标。自然资本属于稀缺性资源，供给是有限的。随着社会经济的发展，其稀缺性表现得越来越明显。而且，自然资本对区域经济的发展有着直接的影响。

科左后旗农耕地区由于土地沙化、荒漠化和水资源短缺，耕地质量下降，农作物减产；畜牧业区由于草原植被减少，生态环境破坏严重，严重影响了农牧民的生计，制约了地方经济的发展。

8.1.2.1　完善牧区草原承包权制度

草场是牧民拥有的重要的自然资本，是牧民收入来源的重要载体。由于草场的供给是有限的，单纯依靠增加草场面积是不现实的。在人均草场定额的情况下，收入水平低的牧户为了增加收入，就会增加牲畜的饲养数量。随着牲畜数量的增加，草原的承载力就会超负荷，草原生态环境就会遭到破坏，草场质量就会变差，从长期来看，就会严重影响牧民生计水平的提高。因此，有学者指出，牧户草场质量下降的根本原因是我国目前实行的草原家庭承包责任制，这一制度在一定程度上破坏了草原生态系统的完整性，使得草场利用冲突加剧。①②③ 对于草原家庭承包责任制实施中出现的问题，应尽快通过完善牧区的草原确权承包制度来解决。

自 2014 年以来，内蒙古自治区人民政府就开始从事草地权利的确定和承包工作，建立产权明确、权责明晰、科学管理的草地承包经营机制，逐步实

---

① 敖仁其. 草原牧区可持续发展问题研究 [J]. 财经理论研究，2005 (2)：26-29.

② 王晓毅. 从承包到“再集中”——中国北方草原环境保护政策分析 [J]. 中国农村观察，2009 (2)：36-46.

③ 曾贤刚，唐宽昊，卢熠蕾. “围栏效应”：产权分割与草原生态系统的完整性 [J]. 中国人口·资源与环境，2014，24 (2)：88-93.

现在稳定现有草地承包制的前提下，获取草地资源的资产，更加有效地保护承包草原的所有权、使用权和收益权，进一步激发草原牧区的潜在生产力。① 同时，应尽快制定促进草场产权流转的相关政策，可以通过促使牧民联合承包、确权等方式积极引导和促进草场的流转行为，有利于改善草场的细碎化利用问题，使草场资源得到有效的配置和利用，也有利于实现畜牧业的适度规模经营，从而加快现代畜牧业发展的进程。

8.1.2.2 优化草原生态补偿政策

实现草地生态环境保护与牧民增收“双赢”目标是当前国家实施草地生态补偿与奖励机制的核心目标。实施草原禁牧休牧政策，从长远来看，对草原生态保护和农牧民增收是有积极意义的。但从短期来看，无论是草原生态修复奖励机制的禁牧政策还是草畜平衡政策，都会使牧户因为减少牲畜养殖而承担固定的机会成本，但目前的草原生态修复奖补政策无差别奖励标准的奖励机制并未考虑各个牧户减少畜牧业损失的异质性。这一部分差异的原因是有些牧户畜牧业减少程度高，收入损失更大。因此，应完善草原生态补偿政策，增加对牧民的转移支付，促进牧民收入的增加。要优化草地生态补偿标准，牧民牧草资源禀赋的差异必然导致牧民超载程度的差异，因此，在实施政策时，不同牧草规模的牧户牲畜减少和收入损失的程度是不同的。拥有草原面积较小的牧民为了维持正常的生计不得不饲养一定数量的牲畜，这将导致这些牧民成为草原超载的主体。②③ 因此，在今后草原生态奖补机制的实施过程中，界定超载主体时要考虑每个牧户拥有的草场资源禀赋的不同，然后依据超载程度对超载主体实施差别化的奖补标准，以保证奖补政策的高效实施。

若想使生态奖补制度发挥效用，政府应采取以下措施：首先，地方政府

---

① 温铁军. 缓解“三农”问题的五项政策建议［J］. 中国改革，2003（8）：15-16.

② 靳乐山，胡振通. 谁在超载？不同规模牧户的差异分析［J］. 中国农村观察，2013（2）：37-43.

③ 胡振通，孔德帅，焦金寿，等. 草场流转的生态环境效率——基于内蒙古甘肃两省份的实证研究［J］. 农业经济问题，2014，35（6）.

应加大政策宣传力度，确保牧区每户牧民都能清楚生态奖补政策的具体要求，并且认真落实监督管理工作。考虑到政府监督存在过高的执行成本，在可行的区域，政府可以推进社区自主治理、合作生产等新型牧业经营方式，通过有效联结牧民的共同利益，发动牧民间的相互监督，最大限度降低政策的实施成本，保障政策的实施效果。其次，上级政府应当适度提高禁牧和草畜平衡补偿标准，并在制定标准过程中合理采纳牧民的意见，确保牧民合理放牧的积极性能够被真正调动起来。最后，生态奖补政策的执行标准不应过于单一。考虑到牧民间的贫富差距，可以分类制定减畜标准和减畜计划。其实，草原的生态恢复是各方努力的共同目标，牧民作为草原的主人，比任何一方都更加了解草原、依赖草原，因此，在草原生态重建的过程中，不应该将牧民仅仅放在一个被监管的位置。只有将生态奖补政策不单单作为一项“凭空而起”的生态补偿制度去设计，在政策制定过程中吸收牧民的经验智慧、在政策实施过程中发挥牧民的关键作用，才能让受政策影响最大的牧民成为真正的受益者和草原的守护者，还原牧民与草原和谐共生的关系。①

8.1.2.3　降低对草地资源的依赖，改造草场，发展家庭农场组织模式

为了改善草原生态环境，科左后旗实行全年禁牧政策。家庭农场主要以农户的家庭成员劳动力为主，具有生产的集约化、规模化、商品化程度高的特点。家庭农场改变了过去传统的种养分离的模式，发展家庭农场组织模式能够有效地将种植业与畜牧业有机地结合起来，能够实现资源与环境的可持续发展，能够减轻牲畜对草原生态环境的压力。目前，科左后旗家庭农场的发展还处于初期阶段，由于缺少金融和技术资本的支持，其发展还很缓慢。在今后的发展过程中，可以利用当地的农牧业资源、技术、资金等优势，发展多种形式的农业循环经济模式，以实现农牧民增产增收、节约环保的目的。

8.1.3　保护耕地，促进粮食生产

传统观念下的耕地保护机制，大多是作用于粮食安全的耕地数量保

---

① 戴微著，谭淑豪. 草原生态奖补政策效果评价——基于内蒙古典型牧区调研的制度分析[J]. 生态经济，2018，34（3）.

护，具体体现在需要在耕地使用规划期内保证耕地保有量和保护面积的数量指标。由于我国人口基数较大，对粮食的需求量较高，再加上我国自古以来是农业大国，因此耕地保护机制大多围绕粮食的安全性建立，忽视了耕地功能的多样性。粮食保护下的耕地保护机制极大地促进了我国的经济效益以及社会发展需求，解决了我国人均资源稀缺的困扰，但是耕地保护中的生态价值并未得到重视和体现。

党的十七大报告首次提出要建设生态文明，这是时代的产物，无疑是正确的发展方向。“生态优先”是自然资源管理工作的指导思想，是战略层面的，在战术层面还要酌情考虑。从技术可行性上来说，生态红线和生态（自然）保护区的划定缺乏定量的技术方法。因此，在战术层面上，当无法划定生态红线，或确定不了需要多大面积的生态用地才能保持生态系统平衡或让那些濒临灭绝的物种不至于消失时，我们就应该先把永久基本农田划定，确定耕地保护面积。因为保护多少耕地、保护什么样的耕地（生产能力）、保护的耕地在哪里，是可以根据耕地的等级（有农业地分等成果支撑）、产能和需求（国内基本保障，国外适度进口）定量计算出来的。当然，如果某些物种仅分布在中国，我们不保护，这个物种就会灭绝，那么我们必须退耕，恢复生态，扩大保护区面积。这就是生态优先的战略意义。①

在生态文明视角下建立耕地保护机制，就是要实现耕地数量、质量、生态、文化、权益的保护。实现耕地数量的保护的实质是在一定时期内，使耕地生产的粮食数量满足该区域人们的粮食安全需求量，保证耕地生产的最低保有量。具体执行手段为：首先，严格控制城市建设用地规模的增长速度，转变土地的利用方式。其次，对农村土地进行整理，实现农村土地复垦、土地经营管理的规模化，最大限度地提升该区域的耕地供给面积。最后，将城市用地建设与乡镇土地建设进行有机结合，实现区域人口与城市人口向乡镇转移。耕地质量是区域耕地自然性以及经济性的综合反映，我国中产田的耕地面积占全国耕地面积的 37.3%，低产田的耕地面积占全国耕地面积的

---

① 张凤荣. 从疫情应对看耕地保护与生态优先的关系［J］. 中国自然资源报，2020（3）：1-2.

41.2%。由于土地自然供给的刚性制约以及开垦耕地的备用资源越来越少，耕地占补平衡政策的实施越发艰难，耕地开垦的成本不断增加。① 为此，需要实现耕地质量的保护，以高标准形态开展基本农田建设，改造中、低产田建设形势，提升中、低产田的粮食生产数量，实现耕地的有效保护。

耕地资源作为小型的经济生态复合系统，保证耕地的生态效益是提升耕地经济效益以及社会效益的基础条件。耕地生态功能具备多样性，其中不仅包含生物多样性以及废物处理等，还包括防洪功能以及气候调节功能等。同样威胁到耕地生态功能完整性的还有人为因素以及自然因素，其中人为因素包括过度应用农药、化肥等药物，自然因素则是土地退化、土地沙化等因素。为此，需要充分利用生态文明背景下的发展机遇，发展绿色农业，以实现农业的低碳转型。同时，需要加大对土壤的动态监测力度以及土壤污染的修复力度，综合多种污染形式的防治措施，实现对生态环境的有效保护。

耕地文化包括教育价值、美学价值以及伦理价值。② 耕地文化中的教育价值，主要体现在参与者通过参加农业生产活动，了解农作物的生长规律，拓宽视野，更加珍惜劳动成果；耕地文化中的美学价值，主要体现在将田园景色转型发展为旅游业，不仅能为艺术家的艺术创作提供创作灵感，还能提升农民的人均收入水平；耕地文化中的伦理价值，主要体现在耕地利用形式符合社会发展需求，具备符合社会发展的道德观。为此，实现耕地文化的保护，要鼓励艺术家不断创作反映农村积极生活的艺术作品，同时加大对不符合社会伦理道德的耕地利用方式的控制引导力度。

耕地不仅是一种资源，也是农民财产的一部分。实现耕地权益的保护，需要改革耕地征用制度，赋予农民处置和发展耕地的权利，让农民获得由于土地流转带来的经济效益，提升农民的人均收入水平，推动我国经济的增长，维护社会的公平稳定。

总而言之，为了实现我国经济永续持久发展，需要以生态保护为核心探

---

① 杨波，刘晓兵，吕典秋．荷兰马铃薯种薯生产与质量认证［J］．中国马铃薯，2016，30（3）：181-185.

② 申宇．马铃薯种薯质量溯源平台的设想与实现［J］．信息技术，2016（9）：202-204.

究耕地保护机制，以耕地的数量和质量作为保护机制的内容，以耕地的生态、文化和权益作为保护机制开展的保证体系，实现生态文明与耕地保护的携手共赢，有效处理耕地保护与生态建设之间的关联性。①

耕地作为科左后旗农牧民最重要的自然资本，在为地区人口提供所需要的粮食方面起着重要的作用。受气候条件等因素的影响，降水量对粮食的产量有很大的影响。耕地主要分布在科左后旗的东部地区，粮食作物以玉米和水稻为主。关于降水量在多大程度上能满足农作物的生长需求，刘钰等(2009)② 研究显示，春玉米全生育期需水量为500~600毫米。水稻的灌溉还是以抽取地下水灌溉为主，生产成本较高。根据调研得知，即使在降水量较充足的东部地区，其降水量也没有达到玉米全生长期的降水要求，中西部地区降水量更少。因此，在降水量不能完全满足农作物生长的情况下，仍需要人工进行浇灌。近些年，随着粮食价格的下降、牲畜价格的提高，已有不少农牧户进行牛、羊畜牧业养殖。在每年的7—8月，由于放牧与灌溉同时进行，需要劳动力较多，同时，畜牧业养殖的经济收入又高于传统种植业，有些农户就放弃了对农作物的人工浇灌，粮食减产甚至绝收的情况时有发生。降水条件差、土地开荒、不适当种植（种植花生导致土地沙化）等问题，造成土地沙化、退化。因此，在降水量有限的条件下，通过开垦土地，采取广种薄收的方式并不适合地区农业生产发展，不仅破坏了地区的生态环境，也限制了农业的可持续发展。在有些不适合农业、种植业发展的地区，应实行退耕还林还草。在降水量较丰富的地区，应加强农田水利基础设施建设，实施灌溉农业，提高耕地质量，促进农业可持续循环发展。

① 李玉良．生态文明视角下的耕地保护机制研究［J］．问题探索，2019（10）：115-117.

② 刘钰，汪林，倪广恒，等．中国主要作物灌溉需水量空间分布特征［J］．农业工程学报，2009，25（12）：6-12.

8.2　物质资本

物质资本是提升可持续生计的重要生计资本，住房、基础设施、牲畜拥有量、棚圈、农业机械等物质资本在提升可持续生计方面发挥着积极的作用。提高当地居民的卫生条件水平和加强环卫基础设施建设也是改善居民生活环境、提升生计可持续性的重要措施。

8.2.1　改善农牧民生活条件

“生活富裕”是乡村振兴战略的出发点和落脚点。近年来，特别是党的十八大以来，全区深入贯彻落实中央和自治区出台的一系列惠农惠牧政策，农牧民生活水平逐年提高，生活质量明显改善，为实现“生活富裕”目标奠定了坚实基础。因此，要根据农民需求来补农村基础设施和公共服务设施建设的短板。如果说国民收入初次分配时要注重效率，那么在国民收入再分配时就要注重公平和正义。政府要充分发挥在消除城乡社会二元结构上的调节功能，承担起缩小城乡基本公共服务差距的主体责任，补齐农村基础设施和公共服务设施建设的短板，创造一个有利于农民增收、农村发展的居住环境。根据第二次全国农业普查资料，在农村的社会事业和公共服务方面，有 2265 万个农村住户反映获取饮用水存在困难，仅有 24.5%的村饮用水经过集中净化处理，15.8%的村实行了垃圾的集中处理，20.6%的村实施了厕所改造；基础教育设施仍然不足，有幼儿园、托儿所的村占比不到 1/3；基本医疗服务设施不足，有 26%的村没有卫生室。

乡村振兴战略是中央根据农村形势和农民群众的现实需求和潜在需求做出的顶层设计，具有一定的前瞻性和自上而下贯彻的特性。但各地情况千差万别，各地农民群众最迫切的需求也不相同，他们对政策措施的具体实施重点和步骤最有发言权。在农村人居环境整治行动中，地方各级政府对资金与资源利用的优先顺序与老百姓心目中的优先顺序有时并不契合。政府往往想做的是能出业绩、出亮点的工程或项目，有时过于追求规模、声势和形式，容易脱离实际；而老百姓希望的是解决他们最迫切希望解决的问题。只有建立健全民主决策机制、资源和资金的利用真正让老百姓说了算，才能充分调动老百姓的积极性、主动性、创造性，才能真正体现资金投入的效应。切忌“一刀切”、运动式地推行政策措施。① 我国居民最为重要的实物资产是住宅资产，在居民家庭中发挥着日益重要的作用。改善居民的居住条件是提高居民可持续生计水平的重要途径，而修建农村居民集中居住区是改善居民居住条件的重要措施，具体来说，可以从以下几个方面入手：

首先，根据乡村振兴战略提出的实现产业兴旺、生态宜居、乡风文明、生活富裕、治理有效的要求，科学规划居民居住区的土地利用。在保护生态环境的前提下，根据区域的资源禀赋、土地规划以及农牧户的生活习惯，科学、合理地营造符合农牧民居住的生活环境。

其次，要完善基础设施和公共服务的保障，提高居民的生活质量。地方政府要提高医疗、教育、养老、购物等方面的保障措施，增加居民的获得感，不断加大对农村道路、卫生、绿化等基础设施的投入和建设力度，提高他们的生活质量。

最后，根据科左后旗各个地区的实际情况，因地制宜地做好水利基础设施建设，保障农牧民种植养殖过程中的植物灌溉和牲畜用水问题。大力推广清洁能源沼气工程建设，从沼气工程建设的财政支持、技术指导、运行建设、管理维护等方面给予大力帮助和扶持。另外，中央和地方政府应当加大对“农机补贴”和“家电下乡”的资金支持和政策优惠，刺激广大农牧民的消费需求，开发农村潜在消费市场，促进其消费升级。这些措施有助于农牧民物质资本建设和人民生活水平的提高。

8.2.2 加快农牧区生产基础设施建设

提高农牧户的物质资本水平，除了提高农牧民的居住生活条件外，还需

① 张晓山. 实施乡村振兴战略确保经济持续健康发展［J］. 经济纵横，2019（1）.

要加强农牧区的畜牧业生产基础设施建设，为农牧民实现农牧系统耦合提供物质基础。首先要加强农牧区的生产基础设施建设，为农牧户进行畜牧业经营提供良好的现代物质装备。具体表现为：加强农牧区的棚圈建设，帮助农牧户提高应对自然风险冲击的能力；在具备条件的地区加强农牧区水利设施建设，建立人工饲草料基地并推行节水高效灌溉技术，在资源约束条件下，促使草原畜牧业由天然放牧向舍饲、半舍饲圈养转变，实现“禁牧不禁养，减畜不减收”；增强畜牧业的科技创新能力，其次要加快种畜繁育场、牧草良种繁育基地的建设，提高优良畜种和草种的供应能力。其次要加快草原生态恢复与重建技术、动物疫病防控技术的研发。

8.2.3　提高畜产品附加值

科左后旗在畜牧业发展方面具有独特的优势，特别是在绿色优质畜产品的开发中，潜在优势更为明显。当前，随着人们生活水平的日益提高，人们对畜产品质量的要求也越来越高。但是，就目前情况而言，畜牧业养殖区的农户还没有很好地利用这一优势，还没有从畜牧业发展中获得更多的收益，销售的只是初级产品。初级畜产品销售收入的增加仅取决于牲畜数量的增加，畜产品的增加值非常低。但是，受草原禁牧政策和草畜平衡政策的约束，牧民很难在短期内通过增加牲畜的养殖数量来实现增收。另外，由于饲草料价格的上涨和畜产品受市场价格波动的影响较大，以畜牧业收入为主要收入来源的农户家庭收入增长的空间非常有限。因此，科左后旗农牧民要利用好区位优势，积极转变畜牧业生产经营模式，推进畜牧业产业化发展，积极打造畜产品品牌建设，促进畜牧业产业化、标准化、专业化发展，提高畜牧业的质量和效率，增强畜产品的市场竞争力，从传统畜牧业向现代畜牧业产业化发展。在推进产业化过程中，着重加强肉、奶、绒等传统产业的转型与升级。加强畜产品生产基地建设，积极促进标准化和规模化养殖。同时，要加快优质绿色畜产品的开发和认证管理，实施产品品牌战略，在市场竞争中实现“高品质、高价格”。

8.3 金融资本

8.3.1 建设金融服务体制

加快科左后旗金融服务体系建设，开放农村牧区金融市场，通过政策引导将科左后旗以外地区的资本合理地引入农牧区，与现有的农村金融机构进行资源整合和配置，为促进科左后旗农牧系统耦合提供资金支持。首先，根据科左后旗东西部农牧业发展特点、地区农牧民的实际需要，因地制宜、有针对性地建设农牧区金融服务体系。其次，建立完善农村金融服务体系的法治化建设，再将农村金融服务的具体环节制度化、法制化和规范化。最后，充分调动和发挥科左后旗本地区农村金融机构的积极性，大力发展村镇银行、畜牧业保险机制、小额贷款公司等金融机构，为农牧民解决“贷款难”问题提供金融支持和制度保障。①

“产业兴旺”是乡村振兴战略的重要目标和必然要求。当前，农业、农村经济受农村金融资本短缺的限制，难以得到良好的发展，科左后旗实现农牧系统耦合发展的过程中就表现出了这一点。为了解决农村信贷市场失灵，Stiglitz（1989）等提出了借款人组织化并且同金融组织联合以及政府适当加入的方法。金融连接模式在中国最常见的就是“农户+龙头企业+金融机构”所形成的互联型交易模式（米运生等，2013）。该模式要求借款人组织化，龙头企业在金融机构和农户之间形成链接。龙头企业首先从金融机构获得贷款，再将从金融机构得到的贷款贷给农户，既降低了金融机构的信贷风险，又有效地提高了农户的贷款能力，化解了农户难以从正规金融机构获得贷款的难题。正是由于金融连接是以龙头企业为中介，因此实现了高度整合的农业产业链与分散小农户之间的有机结合；在农业产业化经营过程中，也

---

① 徐雪高，陈洁，金书秦. 完善强牧惠牧政策促进牧民持续增收——基于牧民收入增长形势的研究［J］. 宏观经济研究，2011（4）.

正是由于农户与合作经济组织或者龙头企业的密切合作，才在农业经济主体之间互联交易的基础上，逐步实现了多种资源的整合，达到了金融资本在金融机构、企业、农户之间的合理流动。

但在具体实施过程中，政府也应该发挥其调控作用。首先，农业生产应该以合理的农业产业规划为前提。政府要做好农业产业发展规划，针对区域内农牧业发展优势，推进地区主导产业的发展，并将各种生产要素有意识地向优势产业倾斜，给农牧业产业化经营创造良好基础。其次，农牧业产业化环境要不断地在原有的基础上优化，龙头企业也要不断地提高自身发展实力、深化科技创新能力和完善管理水平，从而为金融连接提供强有力的中介支持。再次，必要的财政、税收支持以及政策优惠可以降低参与金融连接的企业的经营风险，相应提高抗风险能力，同时提升农户的信贷担保能力。最后，若要实现农户、金融机构、龙头企业等参与主体的共赢，就要对以龙头企业为中介的金融机构进行引导、监控，对金融联结运行机制进行不断修整完善，提高其市场化的运营水平。①

8.3.2　创新专业合作社信用合作模式

专业合作社信用合作模式运用“资本+合作资金”的方式，以“信誉担保为主，经济担保为辅”的形式，按照“小额、分散、短期”的使用原则，由合作社全体成员共同出资，为合作社成员及农业经营主体提供贷款。成员在进行贷款申请时，办理时间较短，一般在一天左右。获得贷款资金的社员按照约定的方式退还资金本金和利息。每年年底，合作社应根据年度运营情况按股分红。

专业合作社信用合作模式的优越性在于成员内部的信息对称，并且所有成员之间互相认识、互相了解，又有一定的血缘、地缘、亲缘、业缘关系，道德风险较低。所有成员共同出资，互助使用，改变了金融机构“一对多”模式，以较低的成本、较便捷的方式为行业主体提供了融资服务，在一

① 肖萍，张扬．龙头企业为中介的农村金融联结：成因、机理与对策［J］．中国农业资源与区划，2019，40（5）：54-61.

定程度上解决了资金短缺问题。与正规金融机构相比，专业合作社信用合作模式以草根金融的形式实现了对正规金融的弥补。这种模式的实施需要农村社区具有良好的信用环境和拥有内部管理系统完整的专业合作社，专业合作社的服务对象主要是当地村庄或邻近村庄信息对称的熟人社会。①

8.3.3 创新信贷产品与服务，匹配转型创业农户金融服务需求

在农村金融方面，我国的主力有农村信用合作社、村镇银行、大型商业银行。这三类金融机构深受农户信赖，在农村市场拥有一定渠道优势和客户群。破解金融支持农户创业的现实困境，不仅需要政府部门采取相应措施，还需要金融机构强化各项政策对接，运用互联网技术，创新信贷产品与服务，形成支持农户创业的合力。因此，农村金融机构可以借助大数据、互联网等先进技术发展契机，创新信贷产品与服务，有效匹配转型创业农户的多样化金融服务需求。

8.3.3.1 创新纯信用类贷款产品与服务

纯信用贷款是指不需要提供抵押物或担保，仅凭借个人征信记录和信用而申请到的贷款。纯信用类贷款产品与服务可以降低农户创业难度。因此，金融机构可以推出税易贷、信用贷、创业贷等纯信用类贷款，同时实施免抵押担保，缩短信贷产品办理时间，有效满足农户的融资需求。与此同时，逐步推进非现金支付工具在农村地区的应用，让贫困户通过互联网第三方支付平台享受到便捷的信贷金融服务。在信贷产品创新过程中，不断丰富信贷产品的内容和层次，拓展服务内涵，使之符合创业农户的多样化经营需求。

8.3.3.2 创新设立特惠贷产品与服务

有条件的金融机构可以将农村居民作为重点支持对象，联合相关部门创设“特惠贷”产品。例如，可提供在一定期限和限额下由财政贴息的信贷产

---

① 张林，温涛. 农村金融发展的现实困境、模式创新与政策协同——基于产业融合视角[J]. 财经问题研究，2019（2）：53-62.

品，解决农户创业缺乏有效抵押担保的问题。设计专门针对创业农户的特色智能卡，向农户发放创业补贴，并提供使用方法指导服务。在设计智能时，要开通提现、支持ATM和POS机使用等功能，保证创业补贴及时到位、专款专用，降低现金发放风险与地方政府补贴发放成本。除此之外，建议银行根据农户创业的细化特征，创新开发“农民创业贷”等多种适合的贷款新产品，并通过调整贷款风险补偿比例和银行工作奖励标准等方式，调动商业银行服务农户创业的积极性。

8.3.3.3　建立大数据创业信贷产品体系

支持农户创业的信贷产品与服务的创新，离不开创业农户不断变化的需求。因此，需借助互联网技术，建立全方位、多角度的大数据信贷产品体系，有效解决创业农户的金融需求问题。通过大数据创业信贷产品体系，全面整合创业农户的各类经营数据，为创业农户提供便捷、高效的综合化金融服务。

8.3.4　完善农村信用体系，优化农村金融生态环境

信息资源不足时，良好的信用环境可以降低农户的资金获取成本，为农户创业兴业提供保障。我国广大农户没有稳定的收入来源，偿还能力低下，且缺乏一定数量的有效抵押物，抵押品的范围较窄，无法对创业资金进行有效担保。这种情形下，农民信用等级较低，金融风险较高，金融机构也不愿意放贷给农民。为此，需要依托乡村振兴战略，完善农村信用体系，在优化农村金融生态环境的同时保障金融机构质押权，进而为农户获得贷款提供良好信用环境保障。

8.3.4.1　完善农村信用体系，推进“用信用换服务”

农村征信体系是社会信用体系的重要组成部分。相关部门需充分依托乡村振兴战略下的“乡风文明”和“治理有效”等要求，将农村信用环境建设包括在内，使其成为农户获得金融支持的有效载体。第一，建设全国统一、城乡融合的征信平台。一方面，强化农村金融机构配套软件系统开发力

度，加强各部门在征信领域内的联系和信息共享；另一方面，建立全国范围内的统一信用评估指标体系，形成多渠道采信、全组织覆盖、信息分类可查询的信用信息网络。第二，增强从事征信的专业力量。征信主体应该覆盖农业银行、农村商业银行、农村信用社及邮政储蓄银行等多个金融机构，依托金融机构的专业力量完成农户原始信用信息的收集、调查、整理、保存工作。第三，将征信体系与信用奖惩机制相挂钩。地方政府可依据当地发展实情，制定适合于自身、满足农村金融市场特殊性的地方性征信管理条例。如取消失信农民设立专业合作社、兴办家庭农场的资格，对守信农民给予信贷资金优惠条件与福利。

8.3.4.2 建立信用评级机制，提高农户信用等级

金融机构可以根据农村信用评级贷款制度，建立信用评级机制。首先，建立农户信用信息档案，充分采集农户信用信息。其次，分析农户在市场经济交往中的信用情况，包括家庭经济水平、道德水平和信誉程度等风险性指标，对农户进行信用等级评价。再次，通过创建信用村和信用乡镇等措施，引导农户和乡村建设主体积累信用资本。最后，依据信用级别结果，合理确定农民的贷款额度与利率，实行积极放贷、差别管理，促使农户自愿履约。通过此种方式增加农户信用、降低农户的贷款审批难度。

8.3.4.3 创新信贷担保方式，增加农户抵押资产收益

一方面，政府部门可借鉴国外先进经验，积极创新仓单质押、未来现金流质押、农户联合担保等信贷担保方式，提高农户信贷担保能力。例如，可赋予农户生产的农产品和运输工具金融属性，将其带来的未来现金流作为质押资产。另一方面，政府部门应开发新形式抵押担保物，拓宽抵押品范围，有效解决农户缺乏有效抵押物的问题。例如，可借鉴济南市章丘区将土地确权作为担保物的方式，帮助达到担保条件的农户办理营业执照与经营权担保贷款。在此过程中，需要出台相关法律，赋予农户财产抵押担保权，增

加农户抵押资产收益。①

8.4　人力资本

党的十九大报告明确指出，中国特色社会主义进入了新时代，我国社会的主要矛盾已经转化为人民日益增长的美好生活需要和不平衡不充分的发展之间的矛盾。发展不平衡、不充分的问题是制约我国经济社会发展，尤其是我国乡村社会发展的首要因素。在长期实施的“非农化”发展战略下，广大农村一直处于“失血”“贫血”状态，其发展远远滞后于城市的发展，这种城市偏向政策最终导致城乡二元分割。乡村振兴战略是化解乡村社会矛盾和做好新时代“三农”工作的总抓手，也是我国全面建成小康社会、实现伟大中国梦的重大战略部署。实现乡村振兴最关键的因素之一就是“人”。人力资本作为一种特殊的资源，是推动工业化和城镇化的重要力量，也是新时代下实现“农业强，农村美，农民富”目标的最有效动力。开发农村人力资本既是推动“三农”发展的新动能，更是新时代乡村振兴的战略需求。②

8.4.1　用产业会聚人才，用人才带动产业

产业是人才的依附，人才是推动产业发展的重要力量，产业兴则人才兴，只有产业发展了，才能集聚人才，才能促进人力资本在城乡之间的流动。产业发展不仅可以吸引人力资本流量，还可以积累人力资本存量。乡村振兴战略下的人力资本开发应该与产业规划和项目建设同步进行，促进农村产业与人才的对口合作，将产业发展与招才引智结合起来。广大农村应在产业兴旺要求的指导下，结合自身优势资源，按照产业兴村、人才强村的发展方

---

① 马小龙. 乡村振兴背景下金融支持农户创业的现实困境与路径破解［J］. 金融支持实体经济，2020（10）：36-46.

② 蔡小东. 乡村振兴战略下的农村人力资本开发研究［J］. 农村经济与科技，2020，31（7）：331-333.

针，做好农村“一村一品”“一乡一特”的产业布局，初步形成产业集聚效应，促进人才与产业交融，与特色农业相结合。

谋定而后动。在以产业带动人才发展的同时，要做好人才引进的顶层设计，避免盲目化、碎片化、重复化引才现象的发生。要本着“一个能人兴旺一个产业”的原则，精准引才，有效提高人力资本开发的效能。要逐步合作构建重点产业人才资源信息库，搭建人才交流平台，创新“项目促进人才引进”的人力资本开发模式，解决好人才引进过程中存在的问题，完善相关配套设施，让人才更好地为乡村振兴和产业发展服务。

8.4.2 加强农牧民技能培训

“百年大计，教育为本。”教育是形成人力资本的最有效途径，也是农村人力资本开发的最有效手段。乡村振兴离不开农村教育的振兴，农村人力资本开发离不开对农村教育的投入。对于广大农村社会成员而言，教育是其实现农业现代化的基础。长期以来，我国城乡教育发展投入的不平衡严重削弱了农村人力资本服务农村经济社会的能力，也削弱了人力资本促进农民增收的能力。在我国人口红利逐渐消失的趋势下，更应该把教育尤其是农村教育摆在关键位置，通过教育提高农村人口质量，通过农村人力资本投资来实现农村、农业、农民的发展，实现新时代下的农村教育振兴。国家要保障农村教育财政投入，加大对农村教育经费的倾斜力度，推动优质教育资源的均衡分布，科学合理地配置教育资源，消除城乡教育资源双向流动的隔阂。要拓宽乡村教育经费筹措渠道，鼓励社会资本捐资办学，畅通民间资本兴办农村教育的渠道，积极引导企业、非营利组织等参与农村学校建设和乡村振兴人才培养，大力培育和开发农村人力资本。

要建立适应乡村振兴战略需要的新型农民职业教育培训体系。改革人才培养模式，大力培育新型农民，努力造就一支懂农业、爱农村的乡村振兴实用人才队伍，为发展现代农业提供强大的人力资本支撑。要搭建实时问题反馈平台，联合企业、高等院校、科研院所、广大基层人才队伍等力量即时解决问题，通过实地实际实践培训，缩小理论与实践的差距，集聚各方人才力量，将独立的职业培训嵌入实际生产生活与产业发展。要形成尊重农业、尊重农民，崇尚劳动、崇尚奋斗的氛围，通过教育和培训化解部分农民“等”“靠”“要”的不良思想，在全社会形成合力，为农民的成人职业教育培训创造良好的环境，开发蕴藏在广大农民中的人力资本力量。①

科教兴国的第一要义是培养人才。通过实践可以看出，高素质的农村干部队伍是带领农村致富、推进农村经济社会进步、保持社会稳定的重要保证。乡村振兴、农民致富的重点是培养适应新时代的农民技术骨干和企业家。加快农牧产业化经营体制建设，龙头企业带动和农牧联合统筹发展是农牧耦合的重要途径。因此，需要培养一群拥有专业技能、了解市场行情、擅长经营管理的新时代农民。政府可以采取引导、资金扶持和跟踪服务等措施，培育拥有丰富先进文化、过硬专业技术以及可以通过广泛渠道找寻信息并进行专业化生产、规模化经营的先进农民和农民企业家。积极推进农村发展方针政策、法律法规、科技知识和实用技术的培训，并要尊重区域内农业生产和农村发展的需要以及农村季节特点。由培训师策划和指导，人才从地方选拔，最终既要培育留得住的农民培训者，又要培育离不开乡村的新型农民。

鼓励和培养在创新研究上有实力、有基础的农牧业科技领军人才和科技创新队伍，为他们提供支持和帮助。根据科左后旗农牧耦合的未来发展趋势和农牧业资源的禀赋条件，加大对农业研究机构和农业院校的指导和帮助。积极推进人才培育工程，如新型职业农民培育工程、现代农牧业人才支撑计划、基层农技推广特岗计划、农技人员知识更新培训工程等，强化农牧业科研、技术推广和教育人才等三支队伍建设，实现农业科研团队和推广团队的创新能力和专业化水平的全方位提高，为科左后旗农牧系统耦合提供坚实的人才保障和智力支撑。②

8.4.3 构建农牧耦合的技术创新体系

在乡村振兴战略背景下，内蒙古科左后旗农牧系统耦合作为一种经济发

① 蔡小东. 乡村振兴战略下的农村人力资本开发研究［J］. 农村经济与科技，2020，31（7）：331-333.

② 叶录. 构建乌兰察布市现代农牧业科技支撑体系［J］. 现代农业，2017（1）：67-68.

展模式，最重要的基础和保障是农牧业技术的改进和提高。选择适合科左后旗农牧系统耦合的技术，有利于合理开发和利用种植业资源和畜牧业资源、降低对自然生态环境资源的依赖、提高农牧业资源的循环利用效益，是优化农牧系统耦合经济模式实现路径、促进科左后旗经济社会和生态环境可持续发展的内在要求和重要支撑。

8.4.3.1 农牧系统耦合的相关配套技术

（1）秸秆处理技术

首先，秸秆还田。即用秸秆粉碎机将摘穗后的秸秆就地粉碎，均匀地抛撒在地表，随即翻耕入土，使其腐烂分解；或者深耕，直接将农作物秸秆深翻还田。秸秆直接还田对增加土壤的有机质含量、降低容重、增加空隙度等效果明显，能显著改善土壤肥力，提高水分利用效率。通过秸秆还田，可以减少农民焚烧秸秆行为，减少化肥的使用，大大减轻了对环境的污染。其次，秸秆还可用作畜牧饲料。由于作物秸秆的粗蛋白含量低，剩余部分是难以被家畜消化吸收的纤维和木素质，因此，开发利用秸秆的饲用价值也可以采用化学处理技术：①青贮。青贮是在缺氧环境中，乳酸菌大量繁殖，将秸秆中的淀粉和可溶性糖变成乳酸，乳酸积累到一定浓度时就可以抑制腐败菌的生长，秸秆得以长期保存。秸秆青贮后，营养成分损失较少，适口性有很大提高，如果添加尿素、氨化物，还可以增加其粗蛋白含量。同时，青贮还可以消灭害虫及杂草。很多危害农作物的害虫会寄生在收割后的秸秆上越冬。而由于青贮料里缺乏氧气，并且酸度较高，可将许多害虫的幼虫杀死。②微生物发酵贮存。秸秆经机械加工和微生物菌剂发酵处理后，可贮存在一定的设施内。秸秆粗饲料压块机可将秸秆、饲草压制成高密度饼块，其压缩比可达1：15~1：5，可大大减少运输与贮藏空间。若与烘干设备配套使用，可压制新鲜牧草，保持其营养成分不变，并能够防止霉变。③氨化。将氨水喷洒在秸秆上，然后将秸秆放入密闭的容器内发酵。一般来说，氨化秸秆的消化率可提高20%左右，采食量可提高20%左右，粗蛋白质含量可提高1~1.5倍。同时，还能提高畜禽采食速度。氨化后秸秆总的营养价值可提高1倍，1

千克氨化秸秆的营养价值相当于0.4~0.5千克燕麦。①②③ 由此可见，经过处理的秸秆营养价值和利用率可大大提高。因此玉米秸秆的牛代谢能值和可消化粗蛋白质均优于小麦秸秆，因此玉米秸秆宜作饲料，小麦秸秆宜还田。

（2）饲料配合技术

根据畜禽的营养需要，配合成分齐全的营养平衡饲料可大大提高饲料转化率，减少因营养不平衡而引起的饲料浪费。

（3）畜禽粪肥循环技术

畜肥也可用来修建沼气池，用于农民炊事、照明和冬天畜禽舍增温。沼肥作为优质有机肥可改良土壤、培肥地力。这样既可减少寄生虫，又降低了饲料成本。

（4）选择高产饲料粮和牧草

选择适应性良好、产量和蛋白质含量高的饲料作物和牧草，如青贮玉米和紫花苜蓿，进行大面积种植，同时配合作物秸秆饲喂草食家畜，既可节粮增效、优化资源配置，又可缓解草畜矛盾、减轻草地压力。本地区应重点发展紫花苜蓿。紫花苜蓿青草过多可晒干贮存，在秋冬季节无青草时配合秸秆饲喂。各地土壤营养状况特别是微量元素含量差异较大，应发展饲料工业，在饲料粮和饲草中投放一定量的微量元素添加剂，优化饲料配方，提高畜牧能效。

（5）完善良种繁育体系，加强疫病防治

加大扩充冷配点基础设施建设和人员培训，兴建民营黄牛冷配点，加大黄牛冷配改良力度。在肉牛品种改良上，要以当地黄牛为母本，以引进的利木赞、西门塔尔和红安格斯为父本，对当地黄牛全面进行杂交改良。选择科学育肥方式，完善良种繁育服务体系。

在疫病防治方面，要一手抓发展、一手抓保护，建立和完善市县乡村四

---

① 卢明华．秸秆微贮饲料及制作技术［J］．贵州畜牧兽医，1998，22（2）：34-35.

② 李青旺，胡建宏．秸秆微发酵技术在宁南偏旱区畜牧业中的研究应用［J］．干旱地区农业研究，1998，16（3）：114-117.

③ 陈中玉，张祖立，白小虎．农作物秸秆的综合开发利用［J］．农机化研究，2007（5）：195-196.

级动物疫病防治监测网络，依法开展计划免疫和强制免疫，杜绝内源性疫病发生。全面实行产地检疫和屠宰检疫，加强市场和公路等主要流通渠道的动物防疫监督工作，严防外源性疫病的输入。

8.4.3.2 加大农牧业技术投入，提高种植养殖技术水平

通过对内蒙古科左后旗农户生计资本的定性、定量分析可以发现，目前农牧户人力资本水平较低，特别是种植养殖技术水平还比较低。随着地区农牧业经济的发展，农牧业经济总量逐年增加，尤其是畜牧业发展加快，广大农牧民对养殖技术的需求不断提高。解决农牧系统相悖问题、促进农牧系统耦合发展的关键在于农牧业技术进步。

近些年，科左后旗农牧户育肥牛、养羊的技术有了很大进步，但与其他发达地区相比，仍存在很大差距。受传统思想及养殖模式固化的影响，至今科左后旗畜牧业仍然是以家庭为单位的小规模养殖模式。这种养殖模式生产成本比较高，经济效益和生产效率比较低。因此，实行规模养殖既可以提高生产效率、降低成本，也可以满足现代社会庞大市场的需求，还有利于养殖技术水平的进步和管理水平的提高。目前，科左后旗很多养殖户缺乏相关的养殖技术，对畜牧业养殖技术的掌握程度还处在一般或了解阶段，缺乏相应的疾病诊断与疫情防控、牛羊棚圈的科学选址与合理建设、饲料的营养搭配、环境管理等专业知识。由于养殖模式分散和技术水平较低，很难对牲畜进行集中免疫，导致免疫能力差，繁殖效果不好。

对养殖场效率产生直接影响的是饲养员的素质，尤其在规模养殖场，饲养员整体素质极其重要。因此，地方政府或者专业合作经济组织必须积极培育专业素质极强、不怕苦不怕累的专业饲养员。规模养殖场尽量挑选具有较高专业养殖技术水平的人才，并且通过上岗前的定期培训和考试，使其畜牧养殖能力和操作水平得到提升。同时，培训也要抓住侧重点，如育肥技术、疾病防疫与用药。此外，对个体养殖户也应该予以关注。农牧民更深入地了解育养殖关键技术，可以更好地从事畜牧业养殖工作，减少不合理用药，降低重大流行病发生风险，在突发疾病时可以采取有效救护措施来降低牲畜死亡率。提高农牧民对牲畜疫病的防护能力就要做到定期组织工作人员对农牧

民进行免费培训，经常性派技术人员入户指导，实现农牧民科学管理、合理生产。

8.4.3.3　构建科技创新体系，加强自主创新能力

在内蒙古科左后旗构建农牧耦合系统，有必要建立一个适合农牧耦合系统的科技创新体系，形成一个符合地区农牧耦合发展特征的创新体系。在政府和市场的共同作用下，要保证农牧耦合科技创新体系发挥作用，同时也要结合本地实际增强自主创新能力。应重点发展科左后旗的玉米、水稻、育肥牛、基础母牛、肉羊、饲草料加工等主导产业，充分利用内蒙古民族大学及其他农牧业科研机构的人才、技术优势，致力于创建新的农牧业科技创新体系，着重解决制约科左后旗农牧耦合发展的技术问题。重点开展粮食作物（玉米、水稻、谷类）和畜牧业（育肥牛、基础母牛、肉羊、饲草料等）优质品种的育种。结合科左后旗农牧业生产实际情况，研究动植物病虫害的防治方法，形成一批适用于当地农牧业生产的关键技术，充分发挥科学技术在农牧业发展方面的主导作用。对市场潜力巨大，新品种、新技术需求量大的产品，农牧业科研机构和农业龙头企业要进行联合攻关，培育一批高产、优质、多抗的具有自主知识产权的动植物新品种。主要农作物关键生产环节的机械设备的研究开发应与育种、农艺技术、机械化水平相配套使用，使科左后旗农牧业生产达到现代化水平。

8.4.3.4　加快农牧业科技成果推广应用

根据科左后旗农牧业资源禀赋条件和产业优势，在农牧业关键技术、病虫害防治、农牧业信息服务工程等方面要加快科技成果的推广和应用。在具体的实践操作中要广泛动员科研教育部门、涉农企业、行政部门推广机构、专业合作社、家庭农牧场等多部门进行协同合作，互利共赢地把农业科技成果转换成现实的生产力。通过对农牧业科技成果的示范与试验，提高技术推广的效率和覆盖面。继续重点培育科技示范户和大型农牧业户，完善“包村联户”工作机制和“专家+技师+科技示范户+辐射带动户”技术服务模式。在农业技术人员的亲身操作和面对面技术培训指导下，不断提高科技示范户

和种养大户的业务水平。全面推进农牧业技术向农村和农户的引进，提高农牧业科技成果的转化率、使用率和覆盖率。①

在新时代下，以党的十八大、党的十九大精神为行动指南，加快农业供给侧结构性改革。若要保持农牧业经济的高质量发展、提高畜牧生产能力、增加农民收入，就要不断创新农业生产技术、优化生产设施、变革生产方式。充分利用地方高校、农业科研机构、农业龙头企业的基础理论、技术研发、信息共享的优势，结合农牧耦合后的种养技术和饲料生产的关键问题，继续开展以农牧系统耦合为主题的相关研究，为科左后旗农牧系统耦合提供智力支持和科技保障。

8.5 社会资本

8.5.1 培育农牧区合作组织

农牧区社会资本普遍偏低，要加快培育农牧区合作组织。国际合作社联盟在 1995 年对合作社做了颇为权威的定义：自愿联合起来的人们通过联合所有与民主控制的企业所需的资本公平出资，公正地分担风险、分享利益，并主动参与民主管理的组织就是合作社。人的自愿的联合是合作社的首要原则，合作社的所有权是在民主的基础上归全体社员。为社员自助服务，不以追求最大利润为目的是合作社的宗旨。合作社是一种由社员共同所有和民主管理的特殊企业，同时注重公开、公正、开放与合作的效益追求。合作社是以帮助市场竞争中的弱势群体以不同资本的逻辑而生存为目的组建的，既要抗衡市场，又要适应市场。

由于传统的生产生活习惯，农牧民的社会资本普遍不足。实践表明，农牧区合作组织在增加农牧民社会资本和促进农牧系统耦合方面发挥着不可替

① 叶录. 构建乌兰察布市现代农牧业科技支撑体系［J］. 现代农业，2017（2）：67-68.

代的作用。因此，政府应积极鼓励和扶持农牧区合作组织的建设，以提高农牧民的社会资本水平。

第一，要加大农牧民合作组织的宣传和推广。由于农牧民的整体文化水平不高，对合作组织的认识并不全面，政府应加大对合作组织的宣传和推广，积极引导和支持农牧区典型合作组织的建立，使其发挥示范作用，推广成功经验，使更多的农牧民熟悉、了解合作组织的优越性，提高其组建合作组织的意愿。第二，要改善在农牧区建立合作组织的环境。合作组织的成立离不开政府政策的大力支持。政府应当在政策上给予倾斜和在资金上给予帮助，如设立专项扶持资金、实施优惠税收政策、简化信贷审批程序等，为合作组织的运行和发展提供良好的发展环境。第三，创新合作组织的利益联结机制。合作组织的优势在于能够将各种资源进行优化和整合，有效地控制风险和不确定性，既可以降低交易费用，也可以提高农牧民在市场竞争中的价格谈判能力。因此，合作组织要建立“利益共享、风险共担”的利益联结机制。具体做法就是，要厘清合作组织内部的产权关系，区分不同的利益相关者，建立基于产权的合理利益分配和风险保障机制，以确保成员之间的利益共享和风险共担。

要利用好科左后旗现有的农牧业资源优势，大力发展畜牧业，建立村级畜牧业养殖基地和专业化生产合作经济组织，充分发挥能人和村级党组织的带头作用，整合现有的小农户，不断扩大养殖规模，实现规模化、专业化、产业化养殖。可以采取“公司+养殖基地+农户+合作经济组织（或村党支部）带头”的经营管理模式，降低农牧户的养殖风险，提高农牧户养殖的积极性。畜牧业的发展也需要建立自己的品牌，通过提高产品质量，形成品牌效应。科左后旗应该利用农牧结合的区位优势，发展以奶牛和肉牛的养殖为重点、兼顾肉羊养殖的畜牧业养殖方式，确立种养结合的发展目标，形成绿色循环发展的模式，着力提高畜牧业发展的质量和效益，不断增加农牧民生计的多样性，加快农牧业产业化经营进程。另外，加强对科左后旗畜牧业发展的资金支持和政策倾斜，在退耕还林、退牧还草、草原禁牧政策实施过程中加强引导，鼓励农牧民发展优质牧草产业，提高产品质量，提升畜产品的产品附加值。在大力发展畜牧业的过程中，资金匮乏是制约畜牧业发展的瓶颈，政府和其他融资机构要建立多元化的融资渠道，解决畜牧业发展中的流动资金困难问题，保障畜牧业的快速发展。

农牧户在市场经济条件下参与经济活动的过程中，要发生各种各样的费用，分为以下几项：搜集、处理和传播信息产生的市场信息费用；要素购买价格与产品销售价格的价格搜寻费用；购买各种生产服务的费用；形成交易的谈判费用，包括监督、签约等费用。农户具有交易相对分散、商品交易量小的特征，所以总体来看，单位产品的交易成本较高。通过发展合作社能够将剩余农产品和有限需求集中起来形成较大批量的交易，降低农产品交易费用，为农产品争取有利的交易条件。改善交易条件、根据价格信号协调双方交易、减少交易中的不确定性、避免交易损失等会随着农村合作社组织规模的扩大而实现。作为一个比较强势的整体，农村合作社参与市场交易时，将提高农户在要素市场和产品市场的讨价还价能力，抵制其他方面对农民利益的不合理侵蚀，改变农户在市场中的不平等地位，提高农户的地位，使之形成保护利益的自我保护机制。通过增强农民的谈判意识，有效遏制了各种想侵犯农民合法权益的机会主义倾向，提高了农民的竞争能力，并提供了政府对农民进行直接补贴的载体。

分散的农业生产单位和大市场之间的矛盾随着市场经济改革的不断深化而逐渐突出。由于很难逾越自然风险和市场风险，一家一户的小生产往往会导致中断再生产，还会经常造成一哄而上、又一哄而下的局面，因此大起大落的周期性变动经常发生在农业生产上，损害了国民经济和农民利益。想要化解各种自然风险和市场风险对农业生产的侵蚀，建立合作社是有效途径。

合作社是一种灵活的组织模式（见图 8-1），农户组建合作社可以将土地、资本、技术和劳动力等生产要素集中起来、整合利用，最大限度地发挥了资源互补的优势。入社成员都有股东的权利和义务，通过股东大会选出合作社的董事会，并直接对生产、技术、管理、宣传和营销方面进行全面管理。合作社可以有效地收集信息，扩大市场，树立品牌，不断提高经营效率，实现入社成员在合作社中的共同富裕。

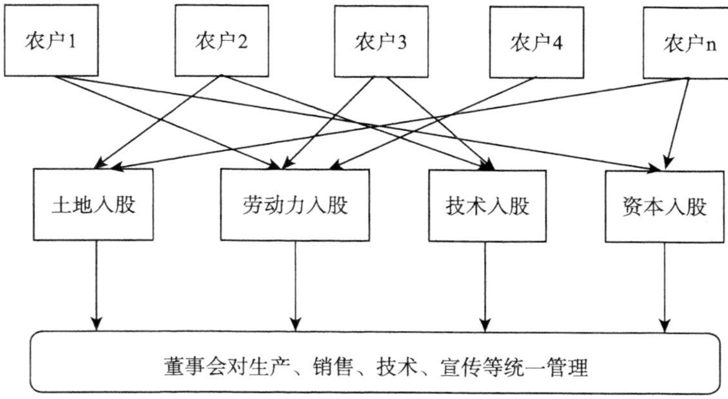

图 8-1 合作社组织模式结构

通过实地调研发现，受资金、技术、人才等资本的限制，科左后旗农业合作社仍然处于发展的初始阶段，从其经营的内容和种类来看，还是以传统的农牧分离形式为主，农牧耦合的经营模式很少。因此，要想实现农牧系统耦合的协调发展，就要加大对合作社资金、技术、人才的投入，待合作社发展壮大后带动科左后旗农牧系统耦合的快速发展。

8.5.2 培育新型经营主体，强化基层组织作用

通过对科左后旗农业产业化经营模式的实地调查，可以发现，增加农牧民收入、提高农牧户生计能力水平、加快农牧系统耦合的最佳措施就是不断地提升农牧户在产业链生产过程中的利润分配。特别要重视农牧户种养环节对整个产业链的重要作用，加大力度培育新型经营主体。一是大力发展种粮、养殖专业户和家庭农场（牧场）。优先支持种粮、养殖大户的发展，提升粮食生产能力和畜牧业发展水平，进一步建立健全耕地、草原流转相关机制，积极支持承包土地向规模化经营转变，鼓励各种生产技术和服务资源向家庭农场（牧场）配置。二是加强农业龙头企业的辐射带动能力。鼓励企业进行股份制改造，组建大型龙头企业集团，上市融资、发行债券；促进龙头企业集群发展，大力发展农业产业化示范基地。三是培育农业服务经营者，建立健全覆盖全旗、乡镇的产权交易中心平台，积极开展农村产权交易，引导大规

模土地经营，培育新型经营主体。①

大力推进农牧区基层组织建设，为农牧民提高生计水平提供有力的组织保障。受历史条件和客观因素的制约，农牧民的基层组织相对薄弱。如果没有农牧民基层组织的支持和帮助，农牧民的社会资本水平就无法提高。首先，加强农牧区基层组织人才队伍建设。选择信誉良好、头脑灵活、创新意识强、学习能力强、能带领农牧民发家致富的带头人和能人充实到基层组织中，同时根据基层组织干部的实际情况，加强教育培训活动，在农村建立学习型组织，增强组织的创新能力和领导力。其次，规范基层组织工作。加强制度建设，积极推进基层组织规范化管理，完善基层干部选拔任用机制，完善民主决策制度和财务公开制度，防止因权力的滥用导致收入的不平等。最后，建立农牧民参与网络体系。当前，一些农牧民对基层组织缺乏足够的信任，因此，应积极开展农牧民参与网络体系建设，提高他们的政治参与积极性和民主自治能力。农牧民通过建立各种非正式组织，参与到乡村治理和生产建设，融入社会，培养互信、互利、互惠、合作意识，提高参与意识和自治水平。这是社会资本最重要的作用。

8.5.3 充分发挥政府职能作用

在市场经济条件下，政府和企业作为市场经济的主体，二者之间存在着一定的经济联系。在市场经济中，政府通过法律、行政、经济手段对国家经济进行宏观调控，调节、规范市场秩序，优化资源配置，提高经济效率，促进经济发展。科左后旗实现农牧系统耦合发展，在壮大农户生计资本能力的同时，要走农业产业化经营道路，转变农业发展方式。政府在落实政策、加强服务、加大扶持等方面加大力度，为农业产业化经营模式创造良好的政策环境。

8.5.3.1 加强宏观调控，规范市场秩序

农业产业化经营是实现我国农业现代化的重要战略选择。政府必须深刻

① 李建玲. 青州市农业产业化经营模式研究［D］. 淄博：山东理工大学，2018.

认识并大力促进农业产业化建设，消除已有体制障碍，解放思想、实事求是地运用经济、法律和行政手段来规范市场秩序，为农业产业化经营行为主体提供良好的政策支持和发展环境，促进农业产业化健康发展。地方各级政府要高度重视农业产业化的重要性，各乡镇有关部门要严格按照国家对农业产业化经营的指导，进一步完善有关管理工作的职能和职责分工，明确有关组织之间的岗位职责，加大资金保障力度，建立强大的保障机制。①

8.5.3.2　优化整合资源，落实扶持政策

促进农业产业化快速健康发展，要优先扶持和培育辐射带动能力强的龙头企业，加快农畜产品生产基地建设和农牧民专业合作社发展，促进农牧经济良性循环发展和农牧民增产增收。② 要重点支持龙头企业发展。众所周知，这种组织形式在加速农业产业化发展中起着越来越重要的作用。各级部门要勇于创新，敢于突破传统管理体制，充分发挥市场在资源配置中的决定性作用和更好发挥政府作用，采取多项措施，落实扶持政策，帮扶龙头企业做大做强；运用一些鼓励政策，促进工商企业进入农产品加工或流通领域，积极鼓励民营经济参与，为龙头企业发展创造更加有利的条件。鼓励和支持自身具有完善经营管理体制，并具有较强竞争力的企业不断改进技术，扩大企业规模和实力，使其尽快走向大型企业集团。要以发展龙头企业为抓手，通过建立基地建设、发展中介组织、开拓市场等多种方式发展农牧业经济。以龙头企业为主导，积极引导和带动农业生产基地和农户向着产业化方向不断前进。无论是民营龙头企业还是其他所有制形式的龙头企业，有关部门都要继续给予支持。同时，我们也应该意识到，旗政府的财政能力是有限的，在选择扶持对象时要将发展前景良好、带动能力强的龙头企业作为重点扶持对象。③

在互联网时代，农牧业发展将以“龙头企业+家庭农场（牧场）+合作

① 《国务院关于支持农业产业化龙头企业发展的意见》（国发〔2012〕10号）
② 郭生河．国外农业产业化发展的经验及启示［J］．福建农业科技，2012（3）：151-154.
③ 陈春．深化农业产业化发展的政策建议——以湖北省为例［J］．农业经济，2008（3）：26-27.

社”的产业化经营为主流模式，这也将成为联合综合实力小、分散、小规模的农牧户与大市场的桥梁纽带。通过现代科技信息技术和扩大企业经营规模来提高农牧户的生产经营收入水平和农牧业的市场化、社会化服务程度，加快实现农牧业社会服务化体系的建成。这种新模式不仅培育了现代农牧业的各种新兴市场主体和生产经营主体，还通过土地经营流转改变了小农户土地分散的情况，加快了现代农牧业土地的集中和生产规模的扩大。通过完善农牧业社会化服务体系让家庭农场（牧场）、合作社和龙头企业三种新兴经营主体实现互帮互助与互利共赢，从而让农牧业发展越来越有活力，让农牧民的收入越来越高。科左后旗实现农牧耦合可以参考以上模式。通过对农业产业化具体模式的学习，总结各种类型的农业产业化发展模式，并且不断改进与创新，加快农牧耦合的发展，提高农业产品的市场竞争力。这样不仅能提高农牧业综合实力，还能提高农牧户的经济收入。

需要加快建设并完善科左后旗农牧区市场体系。政府部门应因地制宜，颁布切实的措施，完善农牧市场公平竞争机制和市场价格监管机制。针对科左后旗农产品中间流通环节多、转手环节多、人为抬高成本价格、市场秩序混乱等突出问题，将重心放在农村商品市场的发展规划上，建设面向农村、服务农牧民、加强农业发展的生产资料和消费品市场，投资、引导乡镇零售市场、集贸市场的建设。在农牧产品的生产区，各类专业市场的建设都需要政府的规划和引导。要逐步形成“以城市为中心区带动外围农村地区，城乡结合逐渐消除中心和外围的界限，实现城乡一体化”的商品市场网络。同时，要加强市场法制建设、加强对市场的监管、建立公平的市场交易、规范市场经营者的买卖行为、放宽各类新经济主体市场准入规则、增强市场竞争的公平性。此外，还要让农村的市场经济发挥作用，充分发挥市场的主动性，推动农产品的流通来促进农牧耦合。

根据科左后旗地区的产业发展实际情况和产业规划情况，龙头企业是实现城乡区域一体化和经济发展的重要经济增长点。农牧产业化发展在龙头企业的带动下，形成具有经济外部性的产业。农牧耦合系统是以农牧交错区为主来带动外围区域发展，是通过龙头企业的带动以及农牧业及其产品加工业的发展来实现的。参照产业化发展的各方面要求，农牧交错区内要因地制宜地建设特色农牧业产品基地。各地区要结合当地的实际情况确定培育的重点。例如，绵羊短期育肥和肉牛加工等产业，整合政府、社会和经营主体的资金和力量。政府要鼓励企业对各种经营方式的探索，实现企业创新经营，帮助企业扩展经营范围。同时，政府要加大对龙头企业的资金、技术、信息、人才等方面的支持与服务，拓宽其信贷范围。

8.5.4　筑牢村域人际交往的网络纽带

村民作为乡村振兴战略得以落地生根的重要主体，对于振兴衰落的村域生态文化有着不可替代的效能，是推动村域善治的主导性要素。在创建良好的村域共同体的前提下，必须打通资本融通的渠道，调动人力资本的组织资源，在变迁的时代语境中，培育与吸纳社区精英参与到乡村振兴事业的建设中。在以往村域民众血缘关系、地缘关系的社区状态中探索转型的路径，强化村域发展共同体观念，降低人际交往关系的信任成本，统筹村域多主体的交往活动，厚植村民生态伦理观念，修缮村民生产交往的网络关系。

村域人际网络关系的复兴，打破了生态治理的壁垒，拓宽了不同阶层群体利益倾诉的空间。只有融通政府部门、村域企业、社区民众与环保组织之间的利益互动机制，才能有效扭转割裂分块的运作状态，搭建互通协商的纽带，增进村域成员的归属感。在村域开展生态文化知识竞赛，实施村域垃圾清理活动，创新民间“村域企业+农户”与“环保机构+民间组织”协同共进的生命共同体模式。当前政府在基层生态治理环节，囿于财力、人员和协同机构等领域存在的缺陷，参与乡村振兴战略的能力有限，必须释放资本要素的激励、补充和黏合功能，降低熟人社会封闭性的交往成本，从而凝聚社区人员价值共识，提高村域生态文化观念推介的效能。生态文化观念的培育，表面上是生态治理意识的渗透推介，实质上是生态治理模式与路径的推介探索。传统的村域生态文化产品的创作，强调的是基层行政逻辑导向，而不是民众自发觉醒的生态观念宣传和生态实践活动的践行，导致群体缺失自发性的驱动力。构筑深厚的村域人际网络关系，有助于扩大治理主体成员的增量，在应对复杂生态困境时，逐步提高村民的生态环境公共保护观念和媒介推广素养，缓解利益追求与生态保护的结构性矛盾，厚植村域人际网络背景下良好的公共生态文化氛围，深化对农村产业结构的科学优化，从而实现构筑村域社会生产发展命运共同体的美好图景。①

8.5.5 发挥社会资本价值，提升乡村治理水平

优化同质性社会资本。同质性社会资本主要包括宗族关系、乡村精英等“社会关系网络”，能够为乡村治理工作的开展提供帮助。一是优化宗族关系网络。宗族关系网络能够为乡村居民带来心理依托与归属感。发挥宗族关系网络中良性社会资本的作用，乡村治理主体可以将宗族转变为乡村居民自由表达自身利益诉求的沟通平台，充分发挥宗族的组织能力，推动乡村居民广泛协商，培育乡村居民的民主思维，在乡村社会中营造民主共治的氛围。同时，乡村治理主体可以通过制定相关治理规范、加大宣传教育力度、正确引导社会舆论等方式，避免宗族势力对行政资源的占据，破除庇护关系网，从而消解宗族关系网络中的不良社会资本。二是发挥乡村精英的作用。乡村精英是正式制度与社会资本的纽带，能够引导乡村居民共同致力于建设现代化乡村。因此，乡村治理工作的开展往往需要乡村精英的配合。乡村精英一般眼界开阔、熟悉法律政策、执行力强、经济实力强、管理经验足、社会威望高。乡村治理主体应当充分利用乡村精英的优势，发挥其在乡村社会治理中的引领作用，使其在乡村事务决策过程中聚集乡村居民的共治之心，促进乡村事务的科学决策与民主管理。但与此同时，乡村治理主体也要对乡村精英的权力范围予以合理限制，引导乡村精英公开、公正地行使权力，与乡村居民共同决策乡村事务，合力治理乡村。

完善制度性社会资本。制度性社会资本主要包括村规民约、信任制度等内容，在乡村治理过程中能够有效弥补正式制度的不足，与正式制度形成配合，提升乡村治理水平。一是完善村规民约。村规民约作为一种非正式制

① 姚翼源，方建斌. 社会资本参与乡村生态治理的共鸣、局限与策略［J］. 现代经济探讨，2020（6）：127-132.

度，可以有效协调乡村社会事务，为乡村治理提供必要载体。对于缺乏村规民约的乡村，村委会应当引导乡村居民共同参与村规民约的制定工作。具体而言，应避免村规民约的内容因过于模式化而形成“一刀切”的现象，确保其内容既彰显国家法律法规的价值，又体现地区特色；不仅能规范干部的权责，还能约束乡村居民的行为。对于存在村规民约的乡村，村委会应当引导乡村居民进一步完善村规民约，既要避免村规民约与国家法律政策相抵触，也要避免村规民约过度依赖正式制度，同时还要保证村规民约符合乡村居民的意愿，获得乡村居民的认可。二是完善信任制度。政府可以将信任制度纳入法治范畴，以法律保障信任制度，促使乡村居民坚守诚实守信的原则，在乡村社会中塑造彼此信任的良好风气。政府是健全信任制度的主体，政府公务人员要坚守诚信底线，严守承诺、取信于民。村委会要塑造诚信、公正的形象，提升自身公信力，营造讲信用的乡村社会氛围，促进乡村社会信用体系的构建。

健全文化性社会资本。文化性社会资本主要包括传统宗族文化、公共精神等内容，能够在潜移默化中影响乡村居民的思想，引导乡村居民遵守乡村社会公共秩序。一是摒弃传统宗族文化中的不良成分。传统宗族文化在保障乡村社会有序运转的同时，其自身存在的一些不良成分也在影响乡村“善治”的推行。因此，村委会可以借助大众传媒，弘扬传统宗族文化中敦亲睦邻、谦恭处世等道德准则，自强不息、以和为贵的精神特质，促进乡风文明建设；还可以积极开展精神文明建设知识竞答活动，引导乡村居民摒弃家族主义、宗族主义、小团体主义等不良成分，避免其影响乡村治理工作的开展。二是培育乡村居民的公共精神。公共精神是构建乡村生活新秩序的必要文化性社会资本。培育乡村居民的公共精神，能够有效提升乡村治理水平。政府可以培育民间组织，鼓励乡村居民通过民间组织参与公共事务、表达观点，激发乡村居民参与公共事务的热情，提升乡村居民对乡村事务的关注度，增强其社会责任感与公共精神。①

① 钟树杰．用社会资本提升乡村治理水平［J］．人民论坛，2020（3）．

第9章 研究结论与展望

9.1 研究结论

9.1.1 农牧系统耦合是农牧交错带可持续发展的最佳路径

农牧系统耦合发展对农牧交错带地区经济的发展具有重要的意义，然而传统的农牧业生产经营方式对区域的可持续发展造成了严重的影响。种植业与畜牧业相悖，导致了农牧业资源的浪费、生态环境的破坏。为实现农牧耦合协调发展，本书根据不同农户类型特点，提出了农牧系统耦合发展的路径。对科左后旗农牧系统耦合的定量、定性研究表明，农牧系统耦合能够延长农业产业链条和促进农户生计多样化，具有较好的经济效益；能够提高农牧业资源的利用效率，具有较明显的改善生态环境的效果，具有较好的生态效益；能够发挥农村劳动力转移的功能，具有较好的社会效益。因此，农牧系统耦合能够更好地促进农牧交错带地区经济社会的可持续发展。

9.1.2 农牧系统耦合可为农户生计策略提供多种选择

农牧系统耦合是指通过区域间资源的重组，实现传统种植业与畜牧业有机耦合的过程，可以提高农牧业系统的综合效益。科左后旗农牧民从事各种生计活动，通过某种生计活动或多项生计活动来提高家庭生计水平。农牧业基础设施条件差，农作物和牲畜品种更新缓慢，病虫害防治、牲畜防疫技术水平低，社会组织制度不健全，农村金融发展缓慢等因素，阻碍了农牧业经济的良性耦合发展和农户生计水平的提高。因此，要想提高农牧民生计能力，必须从内部因素调整农牧民的生计策略，使农牧民的生计多样化。为了实现农牧民生计多样化，消除地域空间农牧资源分配不均，使农耕区和畜牧区总体农牧业生产力得到协调发展，实现科左后旗农区植物生产系统和牧区动物生产系统的耦合是最佳选择。

9.1.3　科左后旗农牧系统耦合拥有得天独厚的自然条件

科左后旗现有耕地面积370万亩，林地面积550万亩，草地面积800万亩，是国家重要的商品粮和绿色畜产品生产基地之一。东部地势平坦，属于辽河冲积平原，有大量的耕地资源。中部多是草地、林地与耕地的交错分布地区。西部多是固定与半固定沙丘的交错地区，也是主要的草地分布区，经济发展相对落后。科左后旗土地类型分布呈现东部以耕地为主、西部以草地为主、中部交错分布的特点。从区位条件和自然资源的分布看，科左后旗拥有较好的耕地资源和草地资源，为农牧系统耦合提供了较好的自然资本条件。

9.1.4　金融资本和人力资本是制约农牧系统耦合的重要因素

通过对科左后旗农户生计资本与农牧耦合的定量、定性分析可知，科左后旗农户的金融资本值最低，其次是人力资本值。从农户的贷款难易程度看，70%以上的农户认为从金融机构取得贷款很困难。目前，农牧区金融机构开展的金融业务非常有限，金融服务产品种类单一，覆盖范围有限，许多农村牧区甚至没有金融服务等业务。金融机构在提供信贷的过程中，金融供给的数量和还款期限与农牧民贷款的实际需求之间也存在很大的矛盾。

从人力资本角度看，科左后旗农牧业劳动力受教育程度普遍偏低，大部分在初中文化程度，严重制约了农牧民学习与掌握新技术，以及劳动力的外出就业。当前，科左后旗实施草原禁牧政策，在草原牧区，许多牧民不得不按照要求减畜或者禁牧，改变生产经营方式，部分需要转向舍饲经营，但由于牧民文化程度偏低，对新技术、新品种、新方式掌握度不高，也不能很好地应用到实际生产中；在农耕区，长期从事种植业生产的部分农民也不能很好地掌握养殖技术。另外，农牧区培训资源严重不足。农牧区目前开展的短期技术培训，内容都比较简单，时间也较短，农牧民很难真正掌握培训内容。农牧区的职业教育更是长期缺失，这些因素都制约了农牧耦合的发展。

9.1.5 壮大农业生产组织可有效地促进农牧系统耦合

在对农户生计资本与农牧系统耦合途径选择的基础上，本书提出农牧业产业经营一体化能有效地促进农牧系统耦合发展的政策和建议。在促进农牧业系统耦合协调发展中，要把农牧业技术发展与生产组织模式统一起来，用农牧业技术模式丰富组织模式的内容。本研究提出的适合科左后旗农牧业生产的组织模式有三种，即“农牧户+合作组织带动”“农牧户+家庭农场（牧场）带动”“农牧户+龙头企业带动”，并提出根据不同的组织模式，选择与其相适的农牧业经济技术模式，以便更好地促进科左后旗农牧业经济高质量发展。

9.2 展望

农牧系统耦合研究是一项值得深入研究的课题，涉及各个学科的综合知识，把农牧系统耦合研究透彻是一个非常巨大的系统工程，需要多学科的大量研究者开展紧密的协同合作研究。受本人学识水平和研究时间的限制，本书仅从农户生计视角描述了科左后旗农牧系统耦合的路径选择和实践路径框架，是从农户生计角度对农牧系统耦合的初步探索，未来还需要进一步开展以下研究。

9.2.1 扩大研究区域范围

内蒙古地域辽阔，东西跨度大，各旗（县）农牧业资源禀赋不同。科左后旗作为半农半牧区，也是蒙古族聚居区，发展畜牧业有自身的优势和劣势。但是科左后旗农牧业经济发展的经验不能完全符合其他类似地区的经济发展特点，内蒙古半农半牧区还存在多个具有个性特征的发展区域，这些区域对内蒙古经济的可持续发展同样具有非常重要的影响。要实现内蒙古农牧交错带全域的农牧系统耦合发展，需要对这些区域开展持续深入的研究，以促进内蒙古农牧交错带全面的农牧系统耦合协调发展。

9.2.2　深入开展多学科交叉研究

农牧系统耦合问题，需要多学科协同并进进行研究。本书在研究过程中运用了发展经济学、产业经济学、生态经济学、地理学、计量经济学以及计算机科学等方面的理论和知识，但是还不足以对科左后旗农牧系统耦合问题进行全面的剖析和研究，还需要诸如金融学、金融工程学等学科开展关于农牧系统耦合发展过程中的金融风险研究；市场营销学的市场预测和统筹研究；管理学配合研究制定合理的农牧系统耦合发展政策；物理学、地质学、运筹学、气象学等研究。多学科的交叉研究，将为内蒙古科左后旗农牧系统耦合协调发展提供更广阔的视角。

9.2.3　弥补研究内容缺陷

本书利用《科左后旗统计年鉴》的宏观数据详细分析了科左后旗农牧系统耦合的情况，但从农户微观视角分析农牧系统耦合时，尚未构建农牧系统耦合的评价指标体系，主要是受到样本指标的限制，无法从农户生计资本中归纳出种植业指标和畜牧业指标。希望将来可以扩大调研规模，获取更全面的农户微观数据，进而从农户生计视角构建农牧系统耦合评价指标体系并展开重点研究。

参考文献

一、著作类

［1］陈建华，魏百刚，苏大学. 农牧交错带可持续发展战略与对策［M］. 北京：化学工业出版社，2004.

［2］方甲. 产业结构问题研究［M］. 北京：中国人民大学出版社，1997.

［3］侯向阳. 中国草地生态环境建设战略研究［M］. 北京：中国农业出版社，2005.

［4］雷·额尔德尼. 内蒙古生态历程［M］. 呼和浩特：内蒙古人民出版社，2012.

［5］梁业森. 中国不同地区农牧结合模式与前景［M］. 北京：中国农业科技出版社，1994.

［6］刘斌，张兆刚，霍功. 中国三农问题报告［M］. 北京：中国发展出版社，2004.

［7］任继周. 草地农业生态学［M］. 北京：中国农业出版社，1995：14.

［8］史清华. 农户经济可持续发展研究［M］. 北京：中国农业出版社，2005.

［9］王晓毅，张倩，荀丽丽. 气候变化与社会适应：基于内蒙古草原牧区的研究［M］. 北京：社会科学文献出版社，2014.

［10］乌兰. 国务院关于进一步促进内蒙古经济社会又好又快发展的若干意见学习读本［M］. 呼和浩特：内蒙古人民出版社，2011.

［11］张晓山，等. 农民增收问题的理论探索与实证分析［M］. 北京：经济管理出版社，2007.

［12］章家恩，秦钟，叶延琼. 农业循环经济［M］. 北京：化学工业出版

社，2010.

［13］赵松乔，黄勉. 内蒙古自治区农牧业生产配置问题的初步研究［M］. 北京：科学出版社，1958.

［14］中国大百科全书出版社编辑部. 中国大百科全书（农业）［M］. 北京：中国大百科全书出版社，1990.

［15］中国农科院区划所《中国不同地区农牧结合模式与前景》课题组. 中国不同地区农牧结合模式与前景［M］. 北京：中国农业科技出版社，1994.

［16］周其仁，杜鹰，邱继成. 发展的主题［M］. 成都：四川人民出版社，1987.

［17］周廷儒，张兰生，等. 中国北方农牧交错带全新世环境演变及预测［M］. 北京：地质出版社，1992.

［18］朱鹤健，何绍福，姚成胜. 农业资源系统耦合模拟与应用［M］. 北京：科学出版社，2009.

二、期刊论文

［1］巴红霞，李涛. 肉牛养殖产业的生态循环经济探析——以河南省沈丘县星火农牧业发展公司为例［J］. 科技信息，2011（2）：384-385.

［2］包凤兰. 内蒙古农村牧区人力资本开发的制度分析［J］. 内蒙古师范大学学报（哲社汉文版），2010，39（4）：105-109.

［3］包玉山. 对“三牧”问题的几点新认识［J］. 内蒙古师范大学学报（哲社汉文版），2009，38（4）：65-69.

［4］宝音都仍，阿如罕. 兼业牧户的生产要素配置行为——以内蒙古科尔沁左翼后旗为例［J］. 干旱区资源与环境，2015，29（12）：69-74.

［5］陈富华，孟林，朱进忠，等. 天山北坡中段草原畜牧业生产经营优化模式研究［J］. 草食家畜，2000（1）：12-20.

［6］陈洁，苏永玲. 禁牧对农牧交错带农户生产和生计的影响——对宁夏盐池县 2 乡 4 村 80 个农户的调查［J］. 农业经济问题，2008，29（6）：73-79.

［7］程积民，万惠娥，雍绍萍．固原地区农牧结构调整与高效发展模式研究与示范［J］．水土保持学报，2005，19（4）：152-155.

［8］程宇光．健全农业生态环境补偿制度的若干问题探析［J］．生态经济，2010（6）：148-151.

［9］崔艳智，高阳，赵桂慎．我国北方农牧交错区农牧生计可持续性评价——以科尔沁左翼后旗为例［J］．干旱区资源与环境，2018，32（8）：38-44.

［10］道日娜．农牧交错区域农户生计资本与生计策略关系研究——以内蒙古东部四个旗为例［J］．中国人口·资源与环境，2014，24（5）：274-278.

［11］邓艾．可持续发展的草原生态经济模式——甘肃牧区生态经济问题研究［J］．西北民族学院学报（哲学社会科学版），2002（6）：7-16.

［12］邓国取．解析我国农区畜牧业发展战略模式［J］．农村经济，2007（4）：44-46.

［13］邓国取．我国农区畜牧业产业布局战略研究［J］．地域研究与开发，2008，27（2）：109-112.

［14］董孝斌，张新时．发展草地农业是农牧交错带农业结构调整的出路［J］．生态经济，2005（4）：87-89.

［15］樊江文，梁飚，霍桂林．北方农牧过渡带典型地区农牧业生产系统分析［J］．农业系统科学与综合研究，2002，18（1）：77-80.

［16］樊胜岳，琭婧，韦环伟．西藏地区沟域经济系统耦合模式研究［J］．西南民族大学学报（人文社科版），2009（1）：72-77.

［17］樊胜岳，张卉．草地使用权制度对牧民经济收入和草地退化的影响——以甘肃省肃南县红石窝乡为例［J］．甘肃社会科学，2007（5）：31-36.

［18］关树森．关于西藏一年两收农牧结合技术的探讨［J］．西藏农业科技，2004（1）：22-25.

［19］何仁伟，刘邵权，陈国阶，等．中国农户可持续生计研究进展及趋向［J］．地理科学进展，2013，32（4）：657-670.

［20］胡兵辉，廖允成，王克勤，等. 北方农牧交错带县域典型农业生态系统结构的对比演变［J］. 水土保持研究，2011，18（2）：35-39，43.

［21］胡兵辉，廖允成. 毛乌素沙地农牧生态系统能值分析与耦合关系［J］. 生态学报，2011，31（9）：2559-2566.

［22］胡耀高，朱文珊，逄焕成. 论农牧结合的基本理论［J］. 北京农业大学学报，1995，21（S1）：76-83.

［23］华着. 海北州农区畜牧业发展情况调查［J］. 青海畜牧兽医杂志，2010，40（6）：22-23.

［24］黄汉权. 农业补贴政策的反思和建议［J］. 中国国情国力，2016（1）：1-5.

［25］贾仁安，章先华，徐兵，等. 低碳生态能源经济循环农业系统工程典型模式及配套技术［J］. 系统工程理论与实践，2011，31（S1）：124-130，133，134.

［26］蒋乃华，黄春燕. 人力资本、社会资本与农户工资性收入——来自扬州的实证［J］. 农业经济问题，2006（11）：46-50.

［27］赖玉珮，李文军. 草场流转对干旱半干旱地区草原生态和牧民生计影响研究——以呼伦贝尔市新巴尔虎右旗 M 嘎查为例［J］. 资源科学，2012，34（6）：1039-1048.

［28］雷霆，王建基. 新疆农牧业循环经济发展模式研究——以哈密地区伊吾县有机农业发展为例［J］. 生态经济（学术版），2006（10）：249-252.

［29］李丙奇，孙克刚，和爱玲. 有机肥无机肥配合施用对小麦、玉米品质的影响［J］. 高效施肥，2010（2）：24-27.

［30］李聪，李树茁，费尔德曼，等. 劳动力迁移对西部贫困山区农户生计资本的影响［J］. 人口与经济，2010（6）：20-26.

［31］李飞，林慧龙，常生华. 农牧交错带种植模式与种养模式的能值评价［J］. 草地学报，2007，15（4）：322-326.

［32］李海梅，安沙舟，朱进忠，等. 牧民定居后草地畜牧业生产经营优化模式研究［J］. 草业科学，2004，21（5）：58-62.

［33］李鸿霞. 青海藏区农牧业循环经济发展研究［J］. 青海民族学院学报，2008，34（4）：82-84.

［34］李萍，杨改河，冯永忠. 西藏一江两河地区农牧复合生态系统结构分析［J］. 干旱地区农业研究，2007，25（3）：180-184.

［35］李书民，杨邦杰. 论以畜牧业为核心的农业循环经济［J］. 中国发展，2005（2）：56-58.

［36］李巍，师守祥. 甘南生态经济建设支撑体系研究——草地保护与可持续发展［J］. 草业科学，2003，20（5）：67-69.

［37］李云斌，徐文修，郑英达，等. 基于能值理论阿克苏绿洲农业生态经济系统农牧耦合研究［J］. 新疆农业大学学报，2009，32（4）：77-82.

［38］梁诸英，陈恩虎. 传统农业耕作技术保护与生态农业——以皖江地区为例［J］. 资源科学，2010，32（6）：1077-1081.

［39］刘纯阳，高启杰. 我国农民收入区域差异变动趋势分析——兼析农村人力资本的区域差异及其对农民收入的影响［J］. 农业技术经济，2004（2）：20-23.

［40］刘建铭. 农区畜牧业发展及资源约束分析［J］. 华北水利水电学院学报（社科版），2008，24（5）：51-53.

［41］刘建铭. 我国农区畜牧业发展资源约束分析［J］. 郑州牧业工程高等专科学校学报，2002，22（1）：32-34.

［42］刘建铭. 资源安全：值得农区畜牧业关注的问题［J］. 农业现代化研究，2003，24（1）：61-63.

［43］刘新平，孟梅. 土地持续利用与生态环境协调发展的耦合关系分析——以塔里木河流域为例［J］. 干旱区地理，2011，34（1）：173-178.

［44］刘新平，孟梅. 新疆农业生态经济协调发展耦合关系分析［J］. 新疆农业科学，2010，47（5）：1002-1008.

［45］刘兴元，王锁民，郭正刚. 半干旱地区农业资源的复合经营模式及生态经济耦合效应研究［J］. 自然资源学报，2004，19（5）：624-631.

［46］刘学录，任继周. 河西走廊山地—绿洲—荒漠复合系统耦合的景观

生态学机制［J］. 应用生态学报，2002，13（8）：979-984.

［47］刘忠宽，秦文利，智建飞. 河北省农牧结合战略研究［J］. 河北农业科学，2006，10（2）：26-30.

［48］刘忠宽，汪诗平，陈佐忠，等. 不同放牧强度草原休牧后土壤养分和植物群落变化特征［J］. 生态学报，2006，26（6）：2048-2056.

［49］陆文聪，马永喜，薛巧云，等. 集约化畜禽养殖废弃物处理与资源化利用：来自北京顺义区农村的政策启示［J］. 农业现代化研究，2010，31（4）：488-491.

［50］路慧玲，赵雪雁，侯彩霞，等. 社会资本对农户收入的影响机理研究——以甘肃省张掖市、甘南藏族自治州与临夏回族自治州为例［J］. 干旱区资源与环境，2014，28（10）：14-19.

［51］罗芳，孙彩虹. 生态农业及其产业化发展模式分析——以湖北省京县为例［J］. 生态经济，2010（10）：100-102.

［52］罗康隆，杨庭硕. 中国各民族农业遗产的特殊价值分析［J］. 资源科学，2011，33（6）：1025-1031.

［53］罗尊长，叶桃林，徐明岗，等. 中国南方农区畜牧业面临的问题与发展对策［J］. 农业现代化研究，2005，26（6）：3-8.

［54］吕晓，刘新平. 塔里木河流域生态经济系统耦合发展思路及其对策——基于农用地生态经济问题的思考［J］. 新疆社科论坛，2010（3）：25-29.

［55］吕玉华，郑大玮. 内蒙古农牧交错带农牧系统耦合及相悖的机理及效应［J］. 草业学报，2009，18（4）：217-223.

［56］马海霞. 新疆生态畜牧业产业化发展研究［J］. 克拉玛依学刊，2011（1）：34-37.

［57］马再义，李福荣. 中宁县发展秸秆养畜的思路与对策［J］. 中国畜禽种业，2010（12）：19-20.

［58］马忠玉，李应中. 农牧结合若干理论问题与当前中国农牧结合内容探讨［J］. 古今农业，1997（1）：67-74.

[59] 毛来荣. 畜牧业循环经济的发展模式 [J]. 饲料博览，2009 (9)：48-50.

[60] 蒙吉军，艾木入拉，刘洋，等. 农牧户可持续生计资产与生计策略的关系研究——以鄂尔多斯市乌审旗为例 [J]. 北京大学学报（自然科学版），2013，49 (2)：321-328.

[61] 孟凡艳，孙芳. 农牧交错区低碳型农牧业资源优化配置 [J]. 农业经济，2011 (4)：18-20.

[62] 潘晓峰，张永峰，那伟，等. 松辽平原农牧结合循环农业技术发展研究 [J]. 吉林农业科学，2010，35 (6)：54-57.

[63] 彭秀芬，白可喻. 内蒙古畜牧业产业化的现状与对策 [J]. 农业技术经济，2001 (1)：57-61.

[64] 任继周，贺达汉，王宁，等. 荒漠—绿洲草地农业系统的耦合与模型 [J]. 草业学报，1995，4 (2)：11-19.

[65] 任继周，李向林，侯扶江. 草地农业生态学研究进展与趋势 [J]. 应用生态学报，2002，13 (8)：1017-1021.

[66] 任继周，万长贵. 系统耦合与荒漠—绿洲草地农业系统——以祁连山—临泽剖面为例 [J]. 草业学报，1994，3 (3)：1-8.

[67] 任继周，朱兴运. 中国河西走廊草地农业系统的基本格局和它的系统相悖——草原退化的机理初探 [J]. 草业学报，1995，4 (1)：69-80.

[68] 任继周. 草地农业系统生产效益的放大 [J]. 草业科学，1986 (3)：7-12.

[69] 斯琴朝克图，房艳刚，王晗，等. 内蒙古半农半牧区农户生计资产与生计方式研究——以科右中旗双榆树嘎查为例 [J]. 地理科学，2017，37 (7)：1096-1102.

[70] 宋万林. 浅析发展农区畜牧业的几个问题 [J]. 新疆畜牧业，1989 (5)：10-13.

[71] 孙芳，王堃. 农牧交错带复合生态经济系统农牧业经济关系研究 [J]. 农业现代化研究，2007，28 (2)：221-224.

［72］孙芳. 现代农牧业纵横一体化综合效益及创新模式——以北方农牧交错带为例［J］. 中国农业资源与区划，2013，34（2）：69-73.

［73］汤青. 可持续生计的研究现状及未来重点趋向［J］. 地球科学进展，2015，30（7）：823-833.

［74］田童，刘新平，赵俊，等. 塔里木河流域农牧资源与农牧经济耦合关系［J］. 中国沙漠，2015，35（5）：1382-1387.

［75］万里强，李向林. 系统耦合及其对农业系统的作用［J］. 草业学报，2002，11（3）：1-7.

［76］王爱民，刘宇，高翔. 河西地区农牧地域分异与农牧耦合探讨［J］. 经济地理，2002，22（S1）：49-53.

［77］王成超，杨玉盛. 农户生计非农化对耕地流转的影响——以福建省长汀县为例［J］. 地理科学，2011，31（11）：1362-1367.

［78］王济民. 国外畜牧业发展模式及启示［J］. 中国家禽，2012，34（1）：2-6.

［79］王继军，郭满才，姜志德，等. 农业生态经济系统耦合过程模型的建立及应用［J］. 生态学报，2010，30（9）：2371-2378.

［80］王鸥. 草原畜牧业发展与牧民收入增长［J］. 中国畜牧杂志，2010，46（24）：12-16.

［81］王晓力，王静，陈晓菲. 浅谈发展农区畜牧业之策略［J］. 内蒙古草业，2003，15（4）：60-65.

［82］吴晓侠. 农区种草养畜是转变草食畜禽饲养方式的必由之路［J］. 现代畜牧兽医，2007（1）：7-8.

［83］王璇. 金融服务“三农三牧”的实践与建议——以内蒙古农牧区为例［J］. 金融经济，2016（11）：191-192.

［84］乌日陶克套胡，岳富贵，赵艳红. 论农区畜牧业的概念、特征及产业化发展的意义［J］. 前沿，2011（15）：104-106.

［85］武兰芳，朱文珊，焦艳平，等. 试论农牧结合与中国农业的可持续发展［J］. 国土与自然资源研究，2000（2）：33-36.

[86] 肖萍，张扬. 龙头企业为中介的农村金融联结：成因、机理与对策 [J]. 中国农业资源与区划，2019，40 (5)：54-61.

[87] 新疆和布克赛尔蒙古自治县委经济工作办公室. 自治县农区畜牧业发展存在的问题和解决的办法 [J]. 新疆畜牧业，2009 (2)：27-28.

[88] 邢成. 大力发展农区草业　振兴农区畜牧业 [J]. 内蒙古草业，1994 (Z1)：21-22.

[89] 邢廷铣. 农牧结合种植模式及其发展战略 [J]. 农业现代化研究，1999，20 (1)：47-50.

[90] 徐建英，柳文华，常静，等. 基于农户响应的北方农牧交错带生态改善策略 [J]. 生态学报，2010，30 (22)：6126-6134.

[91] 徐明岗，邓国取，文石林，等. 我国农区畜牧业发展战略思路探讨 [J]. 中国家禽，2006，28 (4)：5-8.

[92] 徐鹏，徐明凯，杜漪. 农户可持续生计资产的整合与应用研究——基于西部 10 县 (区) 农户可持续生计资产状况的实证分析 [J]. 农村经济，2008 (12)：89-93.

[93] 许强，刘跟红，杨建功，等. 宁夏粮食主产区农牧结合种植模式的研究 [J]. 干旱地区农业研究，2003 (4)：1-5.

[94] 阎建忠，喻鸥，吴莹莹，等. 青藏高原东部样带农牧民生计脆弱性评估 [J]. 地理科学，2011，31 (7)：858-867.

[95] 杨殿林，王农，乌云格日勒. 农牧耦合生态农业发展对策与建议 [J]. 黑龙江畜牧兽医，2007 (11)：1-3.

[96] 杨光梅. 草原牧区可持续发展的生态经济路径 [J]. 中国人口·资源与环境，2011，127 (51)：458-461.

[97] 杨云，徐艳. 农牧交错区农牧户生计与土地利用问题研究——以内蒙古科尔沁左翼后旗农户调研为例 [J]. 中国农业大学学报，2016，21 (12)：114-123.

[98] 于存海. 牧区社会政策建构的需求约束及适应路径分析——以内蒙古牧区社会保障制度建设为例 [J]. 内蒙古社会科学 (汉文版)，2008，29

(2): 104-108.

[99] 余成群，曲云鹤. 西藏以农牧结合为基础的畜牧业发展路径探究[J]. 西藏科技，2017 (8): 50-55.

[100] 张勃，郝建秀，李太安，等. 关于河西地区生态经济发展的几个问题 [J]. 草业科学，2003，20 (11): 36-39.

[101] 张立中，辛国昌. 农牧结合型草原畜牧业发展模式探索——以新疆为例 [J]. 科技和产业，2013，13 (11): 72-80.

[102] 张林，温涛. 农村金融发展的现实困境、模式创新与政策协同——基于产业融合视角 [J]. 财经问题研究，2019 (2): 53-62.

[103] 张照新，吴天龙. 培育社会组织推进“以农民为中心”的乡村振兴战略 [J]. 经济纵横，2019 (1): 20-35.

[104] 赵雪雁，师守祥，杜立钊，等. 甘南生态经济建设支撑体系研究[J]. 草业科学，2003，20 (2): 71-74.

[105] 赵雪雁. 不同生计方式农户的环境影响——以甘南高原为例[J]. 地理科学，2013，33 (5): 545-552.

[106] 周婧，杨庆媛，信桂新，等. 贫困山区农户兼业行为及其居民点用地形态：基于重庆市云阳县 568 户农户调查 [J]. 地理研究，2010，29 (10): 1767-1779.

[107] 周立华，樊胜岳，王涛. 黑河流域生态经济系统分析与耦合发展模式 [J]. 干旱区资源与环境，2005，19 (5): 67-72.

[108] 卓嘎，扎西多布杰. 西藏“一江两河”地区农牧结合现状与发展对策 [J]. 江苏农业科学，2010 (4): 12-14.

三、学位论文

[1] 冯茹. 我国农户生计可持续能力评价研究 [D]. 大连：大连理工大学，2015.

[2] 高娃. 牧户收入影响因素分析 [D]. 呼和浩特：内蒙古农业大学，2012.

[3] 何绍福. 农业耦合系统的理论与实践研究——以马坪镇为试验区

[D]. 福州：福建师范大学，2005.

[4] 李建玲. 青州市农业产业化经营模式研究 [D]. 淄博：山东理工大学，2018.

[5] 刘金新. 脱贫脆弱户可持续生计研究 [D]. 北京：中共中央党校，2018.

[6] 刘志颐. 内蒙古农牧交错带化德县生态经济模式研究 [D]. 北京：中央民族大学，2013.

[7] 路满. 民族贫困山区农户生计资本与多样性研究——以滇西北玉龙县为例 [D]. 昆明：云南师范大学，2018.

[8] 王海春. 可持续生计资本对牧民收入影响研究：以内蒙古为例 [D]. 呼和浩特：内蒙古农业大学，2017.

[9] 夏丽程. 内蒙古草原畜牧业经营方式比较与选择 [D]. 呼和浩特：内蒙古师范大学，2007.

[10] 谢红岭. 呼伦贝尔市农牧民收入差距及影响因素研究 [D]. 呼和浩特：内蒙古农业大学，2013.

[11] 徐承琪. 藏南农牧交错带农牧结合模式的效益分析 [D]. 兰州：兰州大学，2016.

[12] 徐冬平. 北方农牧交错区农业可持续发展路径、模式及布局研究 [D]. 西安：西北大学，2018.

[13] 杨培涛. 牧民生计资本与生计策略的关系研究——以甘南藏族自治州为例 [D]. 西安：西北师范大学，2009.

[14] 姚成胜. 农业耦合系统的定量综合评价及其区域实证研究 [D]. 福州：福建师范大学，2008.

[15] 殷宪臣. 产业化经营视角下农业生产方式现代化变革研究 [D]. 曲阜：曲阜师范大学，2018.

[16] 袁梁. 生态补偿政策、生计资本对可持续生计的影响研究——以陕西秦巴生态功能区为例 [D]. 西安：西北农林科技大学，2018.

[17] 张蓉. 区域生态环境与经济耦合协调发展的评价研究——以重庆市

为例［D］. 重庆：西南大学，2015.

［18］赵俊. 塔里木河流域农区农牧耦合资源利用研究［D］. 乌鲁木齐：新疆农业大学，2016.

［19］周国鲲. 我国农业产业化联合体的理论与实践研究——以安徽省宿州产业化联合体为例［D］. 烟台：烟台大学，2019.

［20］朱伟. 农业产业化经营发展研究——以福娃集团为例［D］. 武汉：武汉轻工大学，2017.

四、外文文献

［1］Anderson J M. Ecology of environmental science-resources and environmental science series［M］. Edward Arnold (Ltd), 1981: 87-95.

［2］Babulo B, Muys B, Nega F, et al. Household livelihood strategies and forest dependence in the highlands of Tigray, Northern Ethiopia［J］. Agricultural Systems, 2008, 98 (2): 147-155.

［3］Beauchamp E G. Animals and soil sustainability［J］. Journal of Agricultural & Environmental Ethics, 1990, 3 (1): 89-98.

［4］Bogahawatte C. Evaluating crop-livestock-based farming systems: A village level study in the dry zone rainfed district of Sri Lanka［J］. Agricultural Systems, 1984 (14): 199-212.

［5］Chaminuka P, Udo H M J, Eilers K C H, et al. Livelihood roles of cattle and prospects for alternative land uses at the wildlife/livestock interface in South Africa［J］. Land Use Policy, 2014, 38 (2): 80-90.

［6］Devendra C, Thomas D. Crop-animal interactions in mixed farming systems in Asia［J］. Agricultural Systems, 2002 (71): 27-40.

［7］Devendra C. Crop-animal systems in Asia: Future perspectives［J］. Agricultural Systems, 2002 (71): 179-186.

［8］Dovie B D K, Witkowskia E T F, Shackleton C M. Direct use value of smallholder crop production in a semi-arid rural South African village［J］. Agricultural Systems, 2003, 76 (1): 337-357.

[9] Ellis F. Household strategies and rural livelihood diversification [J]. The Journal of Development Studies, 1998, 35 (1): 1-38.

[10] Fairbaim G L. Conservation agriculture in Canada choice: economics, health and moral issues in food from animals . Chapter 7 [M]. Saskatoo: M. C. Graphic, Inc, 1989.

[11] Foley J A, Fries R D, Asner G P, et al. Global consequences of land use [J]. Science, 2005 (309): 570-574.

[12] Hoff, Stiglitz. Moneylenders and bankers: Price-increasing subsidies in a monopolistically competitive market [J]. Journal of Development Economics, 1997, 55 (2): 429 -462.

[13] Huber F, Morlok M, Weckerle C S, et al. Livelihood strategies in shaxi, Southwest China: Conceptualizing mountain - valley interactions as a human-environment system [J]. Sustainability, 2015, 7 (3): 3204-3229.

[14] Kurz W A, Stinson G, Rampley G J, et al. Risk of natural disturbances makes future contribution of Canada's forests to the global carbon cycle highly uncertain [J]. Proceedings of the National Academy of Sciences of the United States of America, 2008, 105 (5): 1551-1555.

[15] Lenne J M, Fernandez-Rivera S, Blummel M. Approaches to improve the utilization of food-feed crops synthesis [J]. Field Crops Research, 2003, 84 (1-2): 213-222.

[16] Li Z, Han G, Zhao M, et al. Identifying management strategies to improve sustainability and household income for herders on the desert steppe in Inner Mongolia, China [J]. Agricultural Systems, 2015, 132 (1): 62-72.

[17] Nair P K R. Classification of agroforestry systems [J]. Agroforestry Systems, 1985 (3): 97-128.

[18] Rao P P, Hall A J. Importance of crop residues in crop-livestock system in India and farmers perceptions of fodder quality in coarse cereals [J]. Field Crops Research , 2003, 84 (1-2): 189-198.

[19] Robles. Soil organic matter recovery on conservation reserve program fields in southeastern Wyoming [J]. Soil Science Society of America Journal, 1998, 62 (3): 725-730.

[20] Shackleton C M, Shackleton S E. Household wealth status and natural resource use in the Kat River valley, South Africa [J]. Ecological Economics, 2006, 57 (2): 306-317.

[21] Stur W W, Horne P M, Gabunada Jr F A, et al. Forage option for smallholder crop animal system in Southeast Asia: Working with farmers to find solutions [J]. Agriculture Systems, 2002, 71 (1-2): 75-98.

[22] Tsegaye D, Vedeld P, Moe S R. Pastoralists and livelihoods: A case study from northern Afar, Ethiopia [J]. Journal of Arid Environments, 2013, 91 (4): 138-146.

[23] Turner M D, Mc Peak J G, Ayantunde A. The role of livestock mobility in the livelihood strategies of rural peoples in Semi Arid West Africa [J]. Human Ecology, 2014, 42 (4): 231-247.

[24] Wang X, Zhang Q. Climate variability, change of land use and vulnerability in pastoral society: A case from Inner Mongolia [J]. Nomadic Peoples, 2012, 16 (1): 68-87.

附录：农户生计问卷

尊敬的先生、女士：

您好！

首先非常感谢您在百忙之中接受中央民族大学农户生计资本问卷调查。本调查表只作为博士毕业论文之用，不会用于任何商业用途，我们将对您的回答完全保密。调查会耽误您几分钟的时间，请您谅解。谢谢您的配合和支持，致以敬意！

一、基本情况

调查地区：__________________镇（乡）__________________村

1. 受访者性别。（　　）

A. 男　　　　B. 女

2. 您的年龄。（　　）

A. 20 岁以下　　　　B. 20~40 岁

C. 40~60 岁　　　　D. 60 岁以上

3. 您对现在的生活是否满意？（　　）

A. 非常满意　　B. 满意　　C. 比较满意

D. 一般　　E. 不满意

二、自然资本

1. 您家耕地总面积？________________亩

2. 您家草地总面积？________________亩

三、物质资本

1. 您家的房屋结构。（　　）

A. 土木结构　　B. 砖瓦/砖木　　C. 砖混　　D. 其他

2. 您家房间数量________间。

3. 您家是否有以下大型生产工具？（　　）（多选）

A. 没有　　B. 机动三轮车　　C. 拖拉机

D. 抽水泵　　E. 水稻联合收割机　　F. 其他

4. 您家是否有以下畜牧业生产资料？（　　）

A. 羊圈　　B. 牛舍　　C. 马圈　　D. 其他

5. 您家拥有的耐用消费品。（　　）（多选）

A. 电动自行车　　B. 电视机

C. 电冰箱　　D. 洗衣机

四、金融资本

1. 您家一年家庭总收入___________元，消费___________元，收入主要来源？（　　）

A. 种植业　　B. 畜牧业

C. 种植业和畜牧业兼作　　D. 打工

2. 种植业与养殖业哪个收入更稳定？（　　）

A. 种植业　　B. 畜牧业　　C. 种植业和畜牧业兼作

3. 您获得贷款的难易程度。（　　）

A. 非常困难　　B. 困难　　C. 一般

D. 容易　　E. 非常容易

4. 如果有，获得贷款的金额和资助的金额为____元。

5. 您家是否借过高利贷？（　　）

A. 是　　B. 否

6. 如果有，获得贷款的金额和资助的金额为________元。

7. 您家是否从其他亲友处借钱？（　　）

A. 是　　B. 否

8. 家畜存量：牛____头，马____匹，羊____只，猪____头。

五、人力资本

1. 户主文化程度。(　　)

A. 小学及以下　　B. 初中　　C. 高中

D. 大专或中专　　E. 本科及以上

2. 户主接受过以下哪种培训？(　　)

A. 种植业培训　　B. 畜牧养殖技术培训　C. 都没有

3. 家庭人口数量____人，劳动力数量（18~65 岁）____人。（其中务农____人，打工____人，其他____人）

4. 您对种植养殖技术的掌握程度。(　　)

A. 很困难　　B. 困难　　C. 一般

D. 容易　　E. 非常容易

六、社会资本

1. 拥有特殊经历（乡村干部、部队退伍、国企职工）的家庭成员数量____人。

2. 每年在亲戚、朋友圈中婚丧嫁娶的费用________元。

3. 对周围人的信任程度。(　　)

A. 全部信任　　B. 大多数可信任　　C. 一半可信任

D. 少数可信任　　E. 几乎不可信任

4. 家庭遇到困难，(　　) 人能帮助您。

A. 0 人　　B. 1~3 人　　C. 4~6 人

D. 7~10 人　　E. 10 人以上

5. 您对草原生态环境是否关心？(　　)

A. 非常关心　　B. 关心　　C. 一般

D. 较为关心　　E. 非常不关心

后　记

本书是在我的博士论文的基础上修改完成的。本书的完成要特别感谢我的导师中央民族大学樊胜岳教授的大力支持和帮助，以此后记作为对过去的总结，并以此作为起点开启对未来的展望。

2017 年 9 月，我有幸成为中央民族大学少数民族骨干人才培养计划中国少数民族经济学专业的一名博士研究生，更幸运的是拜读在了中央民族大学经济学院博士生导师樊胜岳教授门下。诚挚地感谢各位师、友的陪伴、支持和鼓励。

首先，感谢恩师樊胜岳教授三年来的传道授业解惑。永远也不能忘记第一堂课的“三不准”教育，教会了我们严于律己、洁清自矢之道。恩师在生态经济和少数民族经济理论与实践领域有较高的造诣。在中央民族大学求学期间，恩师既是我的学业导师，也是我的人生导师，在日常的科研和学习过程中给予我悉心指导，并指导规划我今后的学术生涯和人生奋斗目标。谆谆教诲时刻回响耳畔，必将使我受益终生。在博士学位论文选题、撰写、修改和定稿的整个过程中，恩师都倾注了大量的心血。恩师帮我查找资料并与我反复讨论，理顺思路，拟定框架，琢磨章句，逐句修改，帮助我如期完成论文撰写工作，这些恩德我将铭记于心，谢谢您！

其次，感谢在论文写作过程中，刘永佶、张丽君、黄健英、杨思远、谢丽霜、罗莉、王玉玲等教授给予我的极大支持与帮助，特别是在论文框架结构等方面的悉心教导使我受益匪浅，提出的宝贵意见与建议使我的研究思路更加清晰、文章的结构更加完善，很多困惑迎刃而解。在此，对诸位老师的感激之情再多的词汇也难以言尽，唯有以最诚挚的感情说一声：“谢谢！”

感谢我硕士时期的导师包玉山教授、内蒙古师范大学民族学人类学学院韩柱教授、内蒙古师范大学经济管理学院特格希毕力格教授以及经济管理学院的领导和各位同事给予我的支持和帮助。特别感谢在我调研期间给予我帮助的 22 个村的村干部及村民，正是他们的支持与配合，使我的实地调查工作得以顺利进行，再次表示感谢。

此外，我更要感谢我的父母，是他们的期望，让我在学术上有了一次又一次的进步，他们的关怀、关心、关爱是我不断前行的精神动力；感谢我的妻子一直无怨无悔地支持我的学业，不辞辛劳地承担着家庭的负担；感谢我的儿子，他是我强大的精神支柱，在我彷徨和无助的时候，给予我希望和力量；感谢我弟弟一家人及所有亲人对我的照顾和精神抚慰，使我安心地、毫无后顾之忧地完成了论文写作。

志同道合者，缘聚民大，人生幸事。感谢黄涛、赵丹华、刘洋、杨谨菲、吴建伟、周宁、王贺、刘文文、霍雅静、李梦瑶、张天宇、吴雪等同门师兄、师弟、师姐、师妹，以及其他更多同门的关心与帮助，是你们的欢声笑语，让我的求学生涯更加丰富多彩。感谢吴凡、吕明辉、郑思海、张茜、肖时花、席蒙蒙、张兆忠、李慧、孙咏等同窗博士好友的关心与帮助，使我顺利走过博士生生涯。“人之相知，贵在知心”，庆幸我有那么一帮陪我度过求学生涯的挚友。谢谢！

再多的感谢无法一一道尽，博士论文虽终，而科研道路不止，谨以此致谢，向所有关心帮助过我的人表达我内心最真挚的情感，并以此自勉，不断前行。

丁　继

2020 年 9 月